改訂新版

# 保 健 体 育 概 論

近畿地区高等専門学校

体 育 研 究 会 編

晃 洋 書 房

## ■執筆者紹介・執筆分担（執筆順）■

【運動編】

| | | |
|---|---|---|
| 中田　裕一（大阪公立大学工業高等専門学校教授） | 第1章 | 第1節 |
| | 第2章 | 第1節 |
| 森　　弘暢（奈良工業高等専門学校教授） | 第1章 | 第2節1・2 |
| | 第4章 | 第3節1・2 |
| 小森田　敏（神戸市立工業高等専門学校教授） | 第1章 | 第2節3・4 |
| | 第4章 | 第4節1・2 |
| 小野伸一郎（舞鶴工業高等専門学校教授） | 第1章 | 第3節 |
| 松井　良明（奈良工業高等専門学校教授） | 第2章 | 第2節，保健体育年表 |
| 春名　　桂（神戸市立工業高等専門学校教授） | 第2章 | 第3節1・2 |
| | 第4章 | 第4節3・4 |
| 橋爪　　裕（大阪公立大学工業高等専門学校教授） | 第2章 | 第3節3・4 |

【保健編】

| | | |
|---|---|---|
| 桑原　伸弘（和歌山工業高等専門学校教授） | 第3章 | 第1節1・2 |
| 中出　明人（和歌山工業高等専門学校教授） | 第3章 | 第1節3・4 |
| 小林　優希（明石工業高等専門学校講師） | 第3章 | 第2節 |
| 齊藤　　彰（近畿大学工業高等専門学校教授） | 第3章 | 第3節 |
| | 第4章 | 第3節3・4 |
| 後藤　太之（明石工業高等専門学校准教授） | 第3章 | 第4節1・2 |
| 木村　健二（舞鶴工業高等専門学校准教授） | 第4章 | 第1節 |
| 寺田　雅裕（神戸市立工業高等専門学校教授） | 第4章 | 第2節 |

# 改訂新版　保健体育概論の発行に寄せて

今般，近畿地区高等専門学校体育連盟の体育研究会編著による保健体育の教科書『改訂新版　保健体育概論』が発行されることになりました.

高等専門学校は，学校教育法に基づき「深く専門の学芸を教授し，職業に必要な能力を育成すること」を目的として設立された高等教育機関であり，社会に貢献する優れた技術者，時代が求める実践的エンジニアを育成することを使命としています. このため高専に籍を置くものを「生徒」ではなく「学生」と呼び，主体性を重視した豊かな人間形成を教育方針としており，その教育内容も知育のみに偏ることがないよう，保健体育がカリキュラムとして組み入れられています. またその実施内容についても，シラバスに規定することにより教育としての質がしっかりと保証されています. 学生諸君が在学中に実技と相互補完し，本書をテキストとして学び，運動と保健について理論的，実践的な理解を深めることにより，自らの人間形成に活用することを期待しています.

来る2020年の東京オリンピック，パラリンピックの開催や人生100年時代と言われる超高齢化社会の到来により，スポーツや健康についてこれまでにないほど人々の関心が高まっています. また，学校だけでなく地域社会で，スポーツや運動を通じ地域の活性化やコミュニティの形成に取り組もうとする動きも盛んに行われています. 学生諸君には学校時代の経験を生かして，卒業後も生涯スポーツや健康増進に取り組んでほしいと思います.

近体連体育研究会編著による保健体育教科書の創刊は，昭和52年に遡ります. 昭和57年には体育偏と保健編により構成された改訂版が刊行され，昭和62年，平成5年，12年と改訂を重ねてきました. 12年度は内容を全般的に改訂し，書名を『増補版　保健体育概論』としています. その後，平成16年の改訂

では「保健編」を，平成23年度には「運動編」を見直し大幅な改定を行い，書名も『改訂増補版　保健体育概論』としました．今回の改訂では，社会情勢の変化を踏まえ所要の修正を行うとともに，各節ごとに「課題研究」を追記し，多様な視点から学生が調べ学習に取り組めるようにしました．また書名も『改訂新版　保健体育概論』に改めました．

　これまで内容の充実のために数次の改善努力を重ねてこられた近畿地区高等専門学校体育研究会各位のご尽力に対し衷心より敬意を表しますとともに，本書がより多くの人々に利用され，その健康増進のために役立つことを願っています．

　　　平成30年12月

　　　　　　　　　　　近畿地区高等専門学校体育連盟会長

　　　　　　　　　　　神戸市立工業高等専門学校長　　山﨑　聡一

## 増補版　保健体育概論の発行に寄せて

　今般，近畿地区高等専門学校体育連盟（近体連）の体育研究会編著による保健体育の教科書『増補版　保健体育概論』が発行されることになりました．

　高等専門学校の学生諸君は，15歳の少年期に入学し20歳の青年として卒業するわけですが，この5年間の在学中は，一生を通じて最も心身の発達と変化が大きい時期であり，また将来にわたって健康な生活を営むための素地を身につける場でもあります．そのために，高専の保健体育では，スポーツの基本的技能を習得し，スポーツ科学の基礎，からだの仕組みと働き，社会生活と健康の問題などについて学ぶことになっています．

　このような観点から，近年の保健体育に関する研究の成果を取り入れ，また最近の社会的な情勢の変化に合わせて，内容の大幅な見直しを行い，保健体育の教科書としてより一層の充実が図られたことは極めて意義深いことです．学生諸君が，本書を在学中にテキストとして学ぶとともに，卒業後も生涯スポーツおよび健康増進のための座右の書として活用されることを期待しています．

　近体連体育研究会編著による保健体育教科書の創刊は昭和52年4月に遡ります．昭和57年には体育編と保健編より構成される改訂版が刊行され，昭和62年，平成5年，12年と改訂を重ねてきました．今回，内容を全般的に改訂したことから，書名は『増補版　保健体育概論』とされました．

　このように，内容の充実のために改善の努力を重ねてこられた近畿地区高等専門学校体育研究会各位のご尽力に対し衷心より敬意を表しますとともに，本書がより多くの人々に利用され，その健康増進のために役立つことを願っています．

　　平成16年2月

　　　　　　近畿地区高等専門学校体育連盟会長

　　　　　　大阪府立工業高等専門学校長　工学博士　室 津 義 定

# は し が き

　プラトンが，自らの教育論のなかで体育の必要性を説き，教育の二大支柱として，ムゥシケ $\mu o \nu \sigma \iota \varkappa \acute{\eta}$ とギュムナスチケ $\gamma \nu \mu \nu a \sigma \tau \iota \varkappa \acute{\eta}$ を配置したことは，余りにも有名である．この先哲の説いた教育論（体育論）が，今日もなお，清新な息吹を人びとに与えるのは何故であろうか．

　思うに，これは，プラトンの愛（すなわち，愛知 $\varphi \iota \lambda o \sigma o \varphi \iota a$ と人間愛 $\varepsilon \rho \omega \varsigma$）を基調とする，透徹した世界観や人間観に由来するのであろう．

　プラトンは『国家』において，まず，子どもの教育には，ムゥシケとギュムナスチケが必要であると述べている．そして，その教育論の後段で，次のようにいう．「身体 $\sigma \hat{\omega} \mu a$ は，身体自身がすぐれているから，精神 $\psi \nu \chi \acute{\eta}$ を，すぐれた精神にするのではない．むしろ反対に，精神がすぐれていると，その精神のすぐれていることによって，身体をすぐれたものにするのだ」と．

　このプラトンの思想を端的にいえば，身体に対して，精神がすぐれているというのであろう．だから，卓越した精神が，すぐれた身体を作るというのである．だが，身体に対する精神の優位性を強調したからといって，プラトンの値打ちが下がるものではない．むしろ，昨今，体育やスポーツに関与するものが，技術練習や体力づくりにのみ狂奔して，精神の鍛錬——すぐれた心，すぐれた性格を養うこと——を等閑に付している風潮に対して，大きな警鐘となるであろう．

　さて，周知のように，今日の体育は，体育実技（大筋運動やスポーツ等を素材として，身体を鍛えること）のみを指してはいない．体育は文字通り，からだの教育であるから，スポーツなどによってからだ $\sigma \hat{\omega} \mu a$ を鍛えるとともに，他の一面である，こころ $\psi \nu \chi \acute{\eta}$ を磨くことも重要な課題である．換言すれば，実技と理論が平行して行われて，はじめて，体育という教育の営みが全うされるのである．これは，上述のプラトンの体育論とも軌を一にするものである．

それでは，からだを鍛え，こころを磨くための体育理論として，どういうものが望ましいか．それは，体育の主題である「からだの仕組みや働き」を中心とする，身体運動と健康の科学的プログラムが主内容をなすであろう．

このような観点から，本書の「運動編」では，身体運動の仕組みや現代社会とのかかわりについて，最近の研究と多くの資料によって理解を深めようとした．また，「保健編」では，すべての人びとが願う健康な生活を実現するために，いくつかの分野からのアプローチを試みた．しかし，体育や保健の領域は間口が広く，簡単に内容を決定し難い．勢い，本書では，基本的あるいは序論的な内容の叙述にとどまっている部分もあることを寛恕願いたい．

旧版の『保健体育要論』は，1976（昭和51）年，近畿地区高等専門学校体育連盟の事業の一環として企画され8回の改訂を行ってきたが，初版から28年も経過したことになる．その間，体育・スポーツに関する認識も変化し21世紀を向かえ新たな内容を充実する必要性がでてきた．こうした状況を踏まえて，今回増補版を発刊することになった．従前どおり，高等専門学校の学生を対象として書かれたものではあるが，大学教養課程の保健体育のテキストとして，また，広く一般社会人の教養書としても役立つことができればと念じつつ執筆された．浅学非才の我々に対して，大方の忌憚のないご批判をいただき，本書を一層よりよいものにしていくことができれば，望外の幸せである．

本書の刊行にあたっては，近畿地区高等専門学校体育連盟会長をはじめとして，各高専の校長から，暖いご支援ご鞭撻をいただいた．また，出版に際しては，晃洋書房社長上田芳樹氏の格別のご好意に甘えた．編集，校正にあたっては，田口真理子氏の並々ならぬご尽力を仰いだ．併せて，衷心より御礼申し上げる次第である．


平成16年3月

編著者代表識

# 目　　次

改訂新版　保健体育概論の発行に寄せて

増補版　保健体育概論の発行に寄せて

は　し　が　き

# 運　動　編

## 第1章　人間とスポーツ ……………………………………3

### 第1節　スポーツの科学 …………………………………3

　　1　科学とは？　3

　　2　生理学からみたスポーツ　8

　　3　バイオメカニクスからみたスポーツ　12

　　4　運動学からみたスポーツ　17

### 第2節　運動の分析 ………………………………………23

　　1　運動の分類　23

　　2　運動の習熟過程　27

　　3　運動の技術と戦術　30

　　4　運動のチーム分析　36

### 第3節　スポーツトレーニング …………………………41

　　1　スポーツトレーニングと体力　41

　　2　スポーツトレーニングの課題　42

　　3　高専生の体力とスポーツトレーニングの必要性　44

　　4　トレーニング処方　46

　　5　トレーニングの方法　48

　　6　暑熱環境下でのトレーニング　57

## 第2章　現代社会とスポーツ …………………………………65

### 第1節　スポーツへのアプローチ ……………………………65

1　文化としての運動　65

2　体育の構造的理解　70

3　スポーツの構造的理解　75

4　身体運動の可能性　79

### 第2節　スポーツの文化史 ……………………………………86

1　20世紀のスポーツ　86

2　スポーツ文化の捉え方　95

3　歴史的スポーツの諸形態　97

### 第3節　スポーツと社会 ………………………………………106

1　スポーツの社会的役割　106

2　スポーツと地域連携　110

3　スポーツとモラル　116

4　スポーツの高度化　123


## 保　健　編

## 第3章　からだとこころ ………………………………………133

### 第1節　健康と現代社会 ………………………………………133

1　健康の概念　133

2　健康と運動　136

3　食事と健康　140

4　休養と健康　144

### 第2節　心と健康 ………………………………………………148

1　身体的要因による精神の変化　148

2　欲求と適応　151

3　思春期と性　155

第3節　疾病とその予防 ………………………………………161

　　1　疾病の経過と予防　161

　　2　感染症の経過と予防　168

第4節　大脳の仕組みと働き ……………………………175

　　1　大脳新皮質の働き　177

　　2　大脳辺縁系の働き　180

# 第4章　健康と生涯 ………………………………………187

第1節　生活と地球環境 …………………………………187

　　1　生態系とは　187

　　2　環境保全と健康　193

　　3　地球規模の環境保全　196

第2節　健康と環境 ………………………………………205

　　1　環境汚染とは　205

　　2　大気汚染と健康　208

　　3　水質汚濁と健康　211

　　4　産業廃棄物と健康　215

第3節　福祉・障害とスポーツ …………………………219

　　1　社会福祉　219

　　2　パラリンピック　221

　　3　年齢と運動　224

　　4　リハビリテーション　226

第4節　保健行政と医療制度 ……………………………231

　　1　保健行政の役割　231

　　2　医療制度とその利用　233

　　3　保健に関する国際協力　236

　　4　国際的機関の役割　238

x

## 資　料　編

保健体育年表　　245

# 運　動　編

# 第 *1* 章

## 人間とスポーツ

### 第1節　スポーツの科学

#### 1　科学とは？

#### 1）　科学について

①　science と Wissenschaft　　スポーツを科学的に把握するということは，どういうことなのであろうか？　このような問いに答えるには，まずは"科学"という言葉の語源を考えてみる必要がある．

近代に定着していった"科学"に相当する英語が science サイエンスであることは，周知の通りである．おそらく science というイメージは，実験的な響きを強く感じることであろうし，そのイメージ通り，現在 science といえば，実証科学における"自然科学"として捉えられている．実際，スポーツ科学といった場合，おおよその人がバイオメカニクス的なことを想像するであろうし，扱われている内容は，自然科学的なものになっていることが多いのである．

しかし，science の語源は，ラテン語の scientia スキエンティアであり，"知識"を原意としている．この"知識"は，ドイツ語によると，Wissenschaft ビィッセンシャフトに相当するものであり，自然科学だけではなく，人文系の学問にも使われ，知識の体系として理解されるのである．

つまり，"科学"とは，自然，社会，歴史，文化といった領域の事実を認識するために論理的手続きを踏まえた「客観的な知識」であり，"科学"といえ

ば,即「自然科学」を意味するのではなく,「論理的—体系的」な知識を意味するのである.

したがって,スポーツを科学的に把握するということは,スポーツに関わる「事物・事象」の「論理的—体系的」な知識を備えることであると理解しなければならない.

② **科学と技術の関係**　ここでは,意味内容的に深く入る事はできないが,「科学と技術」の関係を「理論と実践」に対比させ大枠として捉えていきたい.理論という日本語は,theory（英）,Theorie（独）といった近代欧米語の意味内容を持つ翻訳語であることはいうまでもない.また,これらの欧米語は,現実の説明であり,実践の導き手としての「観察・見る」という意味内容を持つ希語の $\theta\epsilon\omega\rho\iota\alpha$ テオリアを語源として成立している.定義的にいうと,理論は,現実を「必然的な精確さ」をもって把握する「普遍的な体系的知識」を意味する「論理的—体系的」な科学的知識なのである.

このような科学的知識である「理論」を「実践」へと結び付けるのが「客観的法則性の意識的適応」(武谷三男『弁証法の諸問題』1983)としての「技術」なのである.上述したことをスポーツ運動場面に置き換えると次のようになる（図1-1-1）.

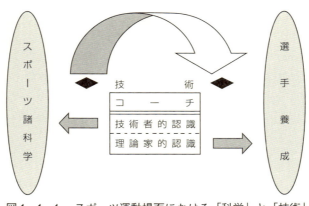

図1-1-1　スポーツ運動場面における「科学」と「技術」

第1節 スポーツの科学　5

　コーチは，選手を養成するに至って，自分の選手時代の体験のみを頼り，指導するわけにはいかないのである．例えば，体操競技におけるコーチは，「2回宙返り」をする感覚（体験）のみで，「2回宙返り1回ひねり（ムーンサルト）」を指導することはできないのである．

　コーチは，第一にスポーツ諸科学に対し，どのような科学的理論が選手育成に有効であるか選手の「個別性」を基に検討する「技術者的認識」が必要とされる．次に，運動実践の主役である選手に対しては，理論の有効性を説明する「理論家的認識」が必要とされる．このように，コーチは，自分自身の体験を超えた未知の世界を，さまざまなな科学的理論（心理学，生理学，バイオメカニクス，運動学等）の成果を検討しつつ，選手育成のために利用活用していかなければならない（客観的法則性の意識的適応）．

　まさに，「理論」を「実践」へと結び付ける「技術」的性格をもったものがコーチの役目となるのである．つまり，科学を実践へと結び付ける「橋渡し」的役目が技術なのである．


## 2）方　法　論

① **再現可能性**　自然科学における基本的根底にあるのが「再現可能性の原則」である．では，その「再現可能性」とは如何なる事なのであろうか？

　単純な例でいうと，あるものの重量を測った場合には，ある単位（数値）が得られたとする．その値は，誰もがそのあるものを同じ方法で測っても，常に同じ単位を得られることができる．つまり，自然科学は，何回でも繰り返し「測定」することができるということを大前提（仮定）としているのである（測定可能性）．もう少し厳密にいうと，「再現可能性」とは，再び同じ結果が得られるであろうという「確信」があるということになる．

　では，その「再現可能性」を確信あるものへと導く方法について考えていくことにする．方法とは，ある目標に対して，どのような道を辿ればその目標へと到達することができるのか，考えだされた「どのような道」がそうである．

例えば，登山では，必ずといって登頂のためのルートを前もって確定している．当然，行き当たりばったりの計画であれば，登頂できるという「確信」を得ることができないのである．

　自然科学でいえば，方法の確信を得るには，実験によって明らかにしたい「事物・事象」に対し，第一に客観的法則性（自然法則）を加味し，因果律（原因―結果）に基づき「こうすればこうなるであろう」という「仮説」を立て，次にその「仮説」が正当性を帯びているかどうかを，実験することによって確かめる作業をしなければならない．ここで，初めてその「方法」が正しいか否かが確認されるのである（図1-1-2）．

　この図をスポーツ運動場面に置き換えると，例えば，スキーのジャンプ競技における「V字型飛行」は，「遠くに飛べるにはどうしたらいいのか？」という問題意識から，自然現象や自然法則を加味し「仮説」を立て実験を繰り返すことによって，有効性が判断された（再現可能性の確認つまり，V字型にすれば遠くに飛ぶ事ができるという確信）ジャンプの方法である．このような確信から，長野冬季オリンピック（1998）のジャンプ競技では，なんの違和感もなく「V字型

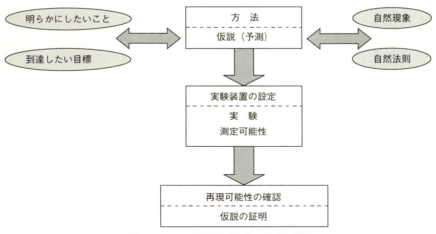

図1-1-2　再現可能性の確認手順

飛行」があたりまえのように行われているのである．

② **概念的把握**　例えば，スポーツによって影響された社会的現象とは？

あるいは，社会に影響され変化したスポーツ現象とは？このような問いに対し，当然「再現可能性」を求める事は出来ない．これに答えるには，歴史的に振り返り影響された変遷やその原因を分析する必要がある．つまり，人間がおこした社会現象のつらなりを「原因」と「結果」という視点によって，順序立てる自然科学における因果律的把握と同様である．

では，「スポーツとは何か」「美しさとは何か」「運動技術とは何か」といった問いには，どう答えたらよいのだろうか？このような問いには，「事物・事象」を「概念的に把握」するということが答えにあたる．このような問いに対しても「因果律的把握」は効力を持つが，もう少し簡単にいうと「スポーツとは何か」に対し「スポーツの本質」を，「美しさとは何か」に対し「美しさの本質」を，「運動技術とは何か」に対し「運動技術の本質」を探ることである．

上述した「因果律的把握」や本質を探る「概念的把握」の方法論は，自然科学の方法論と同様に，第一に仮説としての「結論」を設定し，それの論理を構築（自然科学：実験装置の設定）するかが極めて重要なポイントとなる（図1-1-3）．

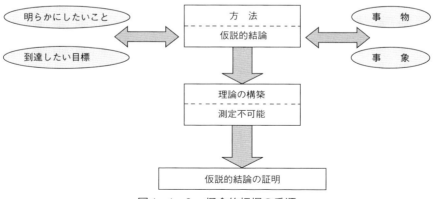

図1-1-3　概念的把握の手順

8　第1章　人間とスポーツ

### 2　生理学からみたスポーツ

#### 1）生理学とは？

**①　人体の運動メカニズム**　　現代では，われわれ人間の運動に対しての医学的関心が高まっているのは周知の通りである．このような医学的関心は，医学界やスポーツ界等において，「治療」「予防」「リハビリテーション」「トレーニング」に役立つ人体のメカニズム解明に力を注いできた．また，われわれは，人体の呼吸，消化，感覚，分泌，吸収等といった生命特有の現象を探り，その現象を構成している要素との関係のメカニズムを発見してきたのである．このような人体にみられるさまざまな生命現象のメカニズムを研究するのが「生理学 physiology」という自然科学なのである．

ここでは，われわれ人間が走ったり，跳んだり，物を持ち上げたりするための「エネルギー」に注目し，そのメカニズムを紹介することにとどめる．

われわれが動こうとするには（活動するには），エネルギーを摂取（同化作用）しなければならないし，エネルギーを放出（異化作用）しなければならない．日常生活において，われわれ人間が使用するエネルギーは，平均して1日2000-3000kcal（キロカロリー）程度とされている．

実際に運動を成立させるエネルギー放出（図1-1-4）は，1．運動を支配するメカニズム，2．運動を発現するメカニズム，3．運動を持続させるメカニズムといったメカニズムの働きによって行われている．このメカニズムを論理的に説明することは，生命現象全体のメカニズム解明の一助となるのである．

**②　エネルギーの生成**　　われわれ人間が走ったり，跳んだり，物を持ち上げたりする身体運動は，骨格筋（横紋筋）の収縮によって行われることはいうまでもない．つまり，運動の原動力は，骨格筋の収縮する力に拠るのである．

その骨格筋が収縮するためにエネルギーが必要となるが，生体のエネルギー源となるもには，糖，脂肪，たんぱく質が上げられる．しかし，それだけでは，，運動のエネルギーとして使えないのである．

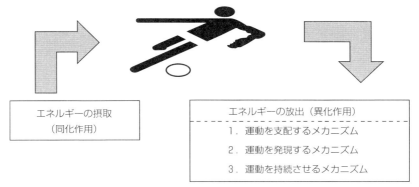

図1-1-4　運動を成立させるメカニズム

　生体の運動に直接使えるエネルギーは，ATP（アデノシン三燐酸）という物質がADP（アデノシン二燐酸）と燐酸とに分解することによって生じる化学反応に拠るのである（この時，多くのエネルギーが放出される）．このATPを補給する方法として，人体には3つのルートが明らかになっている（朝比奈一男『運動とからだ』1985）．

　◇第1ルート：クレアチン燐酸（CP）がクレアチンと燐酸とに分解することによって放出されるエネルギーによって，ADPと燐酸を再合成しATPを供給する（ATP-CP系）．
　◇第2ルート：グリコーゲンがいくつかの段階を経て，乳酸にまで分解されて放出されるエネルギーによって，ATPが供給される（乳酸系）．
　◇第3ルート：乳酸系の分解の途中で生じるピルビン酸を二酸化炭素と水まで酸化分解することによってエネルギーを得る過程（有酸素系）．

　これら3つの，ATP供給メカニズムの特徴について表にまとめてみた（表1-1-1）．

10　第1章　人間とスポーツ

表1-1-1　3つのエネルギー系供給の特徴

|  | ATP—CP系 | 乳酸系 | 有酸素系 |
|---|---|---|---|
| エネルギー源 | ATP, クレアチン燐酸 | グリコーゲン | ピルビン, グリコーゲン |
| エネルギー発生速度 | 極めて速い | 速い | 速い |
| 持続性 | 10秒以内 | 1分前後 | 数分以上 |
| 酸素の必要性 | 不要 | 不要 | 必要 |
| エネルギー生産量 | 少ない | かなり多い | 極めて多い |

（池上晴夫『健康のためのスポーツ医学』1984）

## 2）身体における生理

① **運動時の生理的変化**　　ここでは，運動と酸素運搬についての生理的変化を取り上げることにする．われわれ人間にとっても生命の維持・活動には，酸素は絶対に不可欠であることは周知のことである．

　運動を開始すると，酸素の摂取量は運動の強度に応じて増加する．また，急激に運動を開始した直後は，呼吸や循環機能が準備段階にあるために，その運動に必要な酸素量と摂取する酸素の量とが釣合わなくなる．つまり，酸素の供給が間に合わなくなる．そのため，急激な運動直後では，酸素を必要としない無酸素過程によって，エネルギーが生産されるが，やがて肺や心臓の働きがさかんになるにつれて，有酸素エネルギーへと移行するのである．

始めは苦しいけど, だんだん楽になるよ！

◆運動開始 → 無酸素エネルギー使用 → 乳酸発生（乳酸増加）→ ph の低下（酸性度が高まる）→ 呼吸をさかんにする（呼吸中枢からの命令）→ 酸素を取り入れる → 有酸素エネルギーの使用へと移行◆

この一連の流れは，トレーニングによってスムーズになっていく．運動を反復的に続けていくと，まず，① 無酸素エネルギーから有酸素エネルギーへのスムーズな移行が行われる．つまり，短時間で有酸素エネルギーが供給できるようになるということである．次に，② 有酸素能力が高まり，乳酸の生産を押さえることができるようになる．

　このように，われわれの身体は，運動開始において筋肉が酸素を取り入れやすいように身体機能が有効的に変化していくのである．

　② **生理的適応**　　人間の身体の構造は，① 筋，関節，骨といった身体運動に直接関わっている部分，② 運動を遂行させるエネルギーを調達する内臓や血液といった部分，③ エネルギーの調整（貯蔵・準備）によって運動を効率よくさせる神経系の部分，がお互いに機能しあって成り立っている（図1-1-5）．

　このような身体の構造は，外部環境等の刺激（変化）に対し，生命維持の原則に基づいて，生体の調節メカニズムが生理機能を円滑にさせている．

　次に，生体における生理的適応機能（図1-1-5）のエルゴトロピック er-

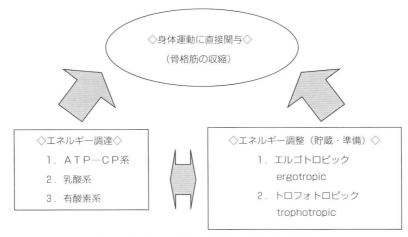

図1-1-5　生体における生理的適応機能

12 第1章 人間とスポーツ

gotropic とトロフォトロピック trophotropic について説明を加えることにする.

われわれの身体は, 持続的に運動するうえで酸素を必要とすることは先に延べた. その酸素を運搬しているのが血液であり, その血液（動脈血）を規則正しく一定のペースで送り出しているのが心臓である. 具体的にいうと, ペースメーカーからの電気刺激に拠るものである.

このペースメーカーには,「交感神経」と「副交感神経」の末端がきていて, この「交感神経」の緊張が高まると脈拍数が増加し（頻脈）,「副交感神経」の緊張が高まると脈拍数が減少（除脈）する. つまり, 交感神経が緊張することによって, 運動を遂行するのに都合のよい酸素運搬能力を増大させ, エネルギー使用のための準備や運動を持続するための支援がなされるのである. このことをエルゴトロピック ergotropic という状態であるという.

また, 副交感神経が緊張することによって, 脈拍数が低下し循環系の活動が鎮静化する. この鎮静化によって, ふたたびグリコーゲンが再合成され（エネルギーの生成を参照）, 貯蔵されるのである. つまり, 次の運動に備えてエネルギーを貯蔵する状態である. これをトロフォトロピック trophotropic の状態であるという.

上述した身体運動のメカニズムや人体の生理機能を理解することによって, 健康への理解, スポーツ運動を効率のよい学習, そのための準備があらかじめ用意できるのである.

### 3 バイオメカニクスからみたスポーツ

#### 1) バイオメカニクス biomechanics 的分析方法

① kinematics からのアプローチ　kinematics キネマティックス的アプローチは,「力」に立ち入らずに動きやフォームに重点をおいて論じることをいう. ランニングフォーム, 投フォーム, 回転フォーム等を時間経過によって再現させることができる映像によって分析することがそうである. この映像の

図1-1-6　け上がりの運動経過

分析は,「重心位置」「速度」を測定することによって, 運動を遂行するうえで有効な「課題解決方法」を探究することが可能となる.

例えば, け上がりのkinematicsキネマティックス的分析は, 次のようになる (図1-1-6).

A：重心が鉄棒に近づきながら回転　→　重心が下から上に引き上げられる (重心の上昇).

B：前振りから振り戻る際に足先を近づけるようにして腰を曲げる　→　その直後, 腰を伸ばす動作をする (腰の曲げ伸ばし動作).

B′：前振りから振り戻る際に鉄棒を引き寄せる　→　肩角度を急激に減少させる (肩角度の減少動作).

C：前振りから振り戻って支持になる際に「手首」をかえす (握り直し動作).

説明を加えると, 重心を下から上に有効に引き上げるためには,「腰の曲げ伸ばし動作」と「肩角度の減少動作」が重要なポイントとなる. さらに, 鉄棒で支持するためには, 手首をかえす「握り直し動作」が有効となる.

このように, kinematicsキネマティックス的アプローチは, ある運動課題を解決するための有効な方法を提示することができるのである (図1-1-7).

② **kineticsからのアプローチ**　kineticsキネテックス的アプローチは, ある物 (身体, 物体) を動かす力に重点をおいて論じることをいう. あらゆる身体の運動は, 力の介在によって成立していることは周知の通りである. また, この力の測定は, 身体運動を分析するうえで重要なポイントとなっている. 代

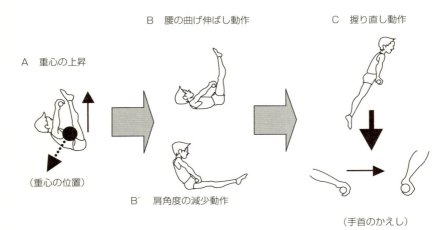

図1-1-7　け上がりの課題解決方法

表的なのが「筋力の測定」である．

　筋が収縮するには，中枢神経からの刺激が運動神経を介して筋に伝達することによって成される（神経衝撃）．われわれの筋は，このような刺激が連続して加えられることによって，一回一回の収縮による力が重なり，大きな力を発生させる．

　筋収縮の仕方は，一様ではなく，筋収縮の力と外部抵抗（負荷）との関係によって決定される．筋力と外部抵抗（負荷）が均等であれば「等尺性収縮 isometric contraction」となり，両方の均衡が崩れれば「等張性収縮 isotonic contraction」となる．体力測定等において「握力」や「背筋力」といわれている力は，等尺性収縮 isometric contraction によるものである．また，簡単に測定できる筋力は，筋の長さが変わらない収縮の等尺性収縮 isometric contraction によるものである．

　筋力と外部抵抗（負荷）の均衡が崩れた時の収縮，つまり，筋の長さが変わる収縮（等張性収縮）には，「短縮性収縮 concentric contraction」と「伸張性収縮 eccentric contraction」がある（表1-1-2，図1-1-8）．

表1-1-2　筋の収縮様式

- 等尺性収縮
  - 等尺性筋力（握力，背筋力のようないわゆる最大筋力）
  - 耐筋力（強い力に辛うじて等尺性を保っている最大筋力）

- 等張性収縮
  - 短縮性収縮（筋力が外部抵抗（負荷）より大きく，筋が短くなる収縮）
  - 伸張性収縮（筋力が外部抵抗（負荷）より小さく，筋が強制的に伸ばされる収縮）

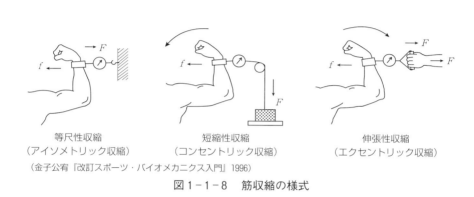

等尺性収縮　　　　　短縮性収縮　　　　　伸張性収縮
（アイソメトリック収縮）（コンセントリック収縮）（エクセントリック収縮）

（金子公宥『改訂スポーツ・バイオメカニクス入門』1996）

図1-1-8　筋収縮の様式

　上述した筋収縮の力を測定することによって，客観的な数値を提示することができる．

## 2）バイオメカニクスにおける運動の視点

① **客観的要因**　　われわれの運動だけではなく，物体全ての運動は，力学的な法則にしたがっていることは周知の通りである．われわれは，単純な「歩く」という運動から複雑な「走り高跳び」といった運動にいたるまで，合理的な説明を与えようと努力してきた．

　われわれの身体運動に合理的な説明を与える学問として，バイオメカニクス biomechanics が利用されてきたのである．用語的にいうと，バイオメカニクス biomechanics は，bio（生体）を mechanics（力学）的な法則性にしたがって分析するということになる．

16　第1章　人間とスポーツ

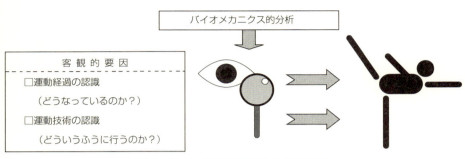

図1-1-9　客観的要因としての認識

　例えば，体操競技における「ムーンサルト（1回ひねり2回宙返り）」という技は，1972年のミュンヘン・オリンピック大会で塚原光雄さんによって発表されたものである．初めて見る人には，この技が「どうなっているのか（運動経過）」，あるいは「どういうふうに行なうのか（技術的要因）」分からなかったと思う．それでこの技を力学の立場から，「どう動いているのか」を分析し，合目的的な回転動作を得るためのひねり開始時の角度等を測定することによって，客観的な測定値（理論）として提示することができる．
　つまり，バイオメカニクスの貢献は，観る側が一定の諸条件において合目的であることを確認する「客観的要因」として，誰もが同じ認識をすることができるということである（図1-1-9）．
　例えば，日本語を使用するわれわれが英語，ドイツ語，フランス語等の外国語を理解しようとする場合は，客観的な文法（法則性・構造）を知ることによって，それらを効率よく学ぶことができる．同様に，運動を学ぼうとする場合は，運動の力学的法則（数値による運動構造）というバイオメカニクスにおける「客観的要因」の分析結果が重要性を持つことになる．

　② **数値的調整**　「数値的調整」というのは，バイオメカニクスから導き出された測定結果を運動する本人が参考として，「個人的な感覚」へと置き換えていく過程を意味するものである（図1-1-10）．

例えば、陸上競技の「槍投げ」をバイオメカニクス的に分析すると次のようになる.

第一に一流選手の「槍投げ」のフォームを体重移動，投射角，投射速度，筋電図，肩関節の移動等の視点に基いて測定し，客観的要因を抽出する.

このデータと平均的な記録を持つ選手とのデータを比較することによって，例えば，投射角が大き過ぎるとか，大胸筋や広背筋のパワーが低い等，測定的な数字上の差異を発見することができる.

このことによって，平均的な記録を持つ選手は，自分の感覚のみに頼らずに，客観的に自分の身体のどの部分をトレーニングしなければならないかを認識することができる.

図1-1-10　数値的調整

また，怪我によるリハビリのための一指標となる数字を設定することもできるのである.

但し，注意しなければならないのはあくまでもバイオメカニクス的分析は，「客観的な要因」であって，目標とする「運動」あるいは「記録」に近づくための一指標であることを忘れてはならないのである.

### 4　運動学からみたスポーツ

#### 1) 人間の感覚に向けて

① Bewegungslehre ベベーグングスレーレ？　　運動学という日本語は，kinesiology（英）と Bewegungslehre（独）といった意味内容を包摂している翻訳語である．しかし，本項における運動学 Bewegungslehre は，自然科学としてのキネシオロジー kinesiology やバイオメカニクス biomechanics を意味する運動についての学問ではない．

運動する身体をキネシオロジー kinesiology やバイオメカニス biomechanics

18　第1章　人間とスポーツ

的に分析すると，外から観察された機能的で構造的な人間の「普遍的要素（数値的な客観性）」を抽出することになるが，しかし，Bewegungslehre は，今現在運動している「個人」が外部的関連（環境）によって「どのように動いているか」を感覚に頼った直感性を基に，生き生きと運動している人間の内側（感覚）を把握しようとするのである.

つまり，数値的な客観性という意味での「普遍性」の抽出がキネシオロジーやバイオメカニクス的分析の目標に対し，Bewegungslehre の目標は，「運動をする側と指導者」，あるいは「運動するもの同士」との「感覚的な普遍性」を探り，運動学習に役立てようとすることである.

例えば，サッカーにおけるゴール前でのセンタリングからのシュートは，数値的な客観性によると「原因―結果」という因果関係的把握に留まる. しかし，ここで重要なのは，センタリングされたボールをシュートに持ち込むタイミングをどう判断しているかである. つまり，結果としての運動（終了した運動）を観るのではなく，実際に動いている人間がどうしているかを観るのである. まさに，ここでの判断の仕方は，選手間同士の「普遍性のある感覚」によるものに他ならないのである.

このように，Bewegungslehre は，今まで自然科学が避けて通っていた人間の感覚の問題を「個人的」に持っている感覚として済ます「ブラックボックス」として捉えるのではなく，「感覚的な普遍性」を抽出すること，あるいはそれを「客観性」なるものへと引き上げていく学問である.

ではそのような感覚とは，どのような意味をなすものなのであろうか？

②　感覚の共通性とは？　　われわれは，人間として生命を受けるかぎりにおいて，「大脳辺縁系」が司っている味覚，視覚，聴覚，嗅覚，触覚といった五感（five senses）と呼ばれる感覚器を備え持っている.

しかし，五感だけに頼っていただけでは「甘さの度合い」「音の聞き分け」「時間の感覚」「空間の感覚」等といった感覚の区別がなされないのである. このような感覚を司っているのが「新皮質系」の中枢機能である. 「新皮質系」が

司っている感覚は，五感のように先天的に備わっているようなものではなく，後天的に備わっていく感覚である．つまり，後天的に備わっていく感覚とは，「他者からの人為的・意図的な働きかけ」によって経験的に備わっていくものである．

　このように，後天的に得られていく感覚をわれわれは，「コモンセンス common sense」と呼んでいる．コモンセンス common sense は日本語で「常識」と訳され，社会のなかで暮らしている人々が共通にもつ判断基準を意味するが，その淵源は，古代ギリシアのアリストテレスにあり，コイネ・アイステーシス（κοινὴ αἴσθησις）として，感覚のすべての領野を統一的に捉える感覚能力を意味するものである．現在では，コモンセンス common sense を専門用語として「常識」として翻訳するのではなく，「共通感覚」と翻訳している．

　もう少し説明を加えると，「黄色」「赤色」「白色」「青色」「緑色」「ピンク色」等といった，視覚的な色を聴覚的な「音色」や味覚上の「甘さ加減」等への置き換えは，人間の先天的にある五感によるものではなく，経験的な感覚の積み重ねによってなされる．例えば，「ピンク色」は，「甘い」という対象物に仕立てられ，「赤色」は，「激しい」という対象物に仕立てられる．しかし，「ピンク色」を見た事のない人は，「甘い」という味覚対象を知っていたとしても，「ピンク色」と「甘い」を結び付けることはできない．

　つまり，共通感覚 common sense は，感覚的な経験の積み重ねによってわれわれ人間の感覚的基盤となる「普遍性のある感覚」として，感覚的に通ずる橋渡し的機能をなしている．このような基盤があるからこそ，統計的数値では表せない複雑な事（音の識別，色の認識，人間の運動等）をごく普通にこなすことができるのである．


## 2）観察するということ

① 運 動 共 感　　われわれは，映画や芸術作品等を観て「何か言葉に表せない感動」を共鳴することができる．また，自分を映画の主人公へと没入させ

たりもできる.

スポーツ場面においても,それと同じようなことが起こる.応援しているチームがピンチになると「何かドキドキ」し,100mのスタートの瞬間を観るだけで,全身が緊張感に襲われるような感覚を持つ.また,ダンサーの踊りを観て,力の入れ具合やリズムの取り方を自分の体で感じ取ることができる.

このような感覚的生起は,自己の運動についての空間・時間的関係や緊張関係に関わる知覚としての「運動感覚 Kinasthesie」を自分のものとして感じ取ることができる「運動共感 Mitvollziehen der Bewegunng」によるものである.

運動共感は,運動を学習・形成していくうえで運動の認識獲得として非常に重要な源となる.しかし,運動を共感するには,当然,同じような運動を経験しているということが前提となる.なぜなら,同じような運動の経験がなければ,他人の運動を自分の感覚へと投射することができないからである.

例えば,スキーのジャンプ競技において,踏み切って跳び出す方向の感覚(落下する感覚)は,それを経験したことのない人には感覚を共有することは不可能である.われわれは,スキーのジャンプ台を一回見学すると,その「跳び出す(落下する)」という感覚が想像を絶するものであることぐらい想像することができるであろうが,しかし,運動を共感したことにはならないのである.

また,体操競技において,吊り輪での「後方かかえこみ2回宙返り」と鉄棒での「後方かかえこみ2回宙返り」を実施するうえで,種目的な技術的差異があるにせよ,われわれは,後方に2回転するという運動において多少なりの運動共感を得ることができる.

つまり,われわれは,今まで経験したことのない新しい運動を試みようとする場合,過去の自分の運動経験を寄せ集め「新しい運動」に近い運動の感覚でもって多少なりの運動共感を得ようと努力するのである.

② **自己観察**　　運動経過が「どのようであるのか」,「どのように生起するのか」という事実を主観的な意識において捉えることを,われわれは観察するという.この観察方法は,「自己観察」と「他者観察」という2つをあげる

ことができる．

「自己観察」は，内観ともいわれ自分の運動の運動経過を「運動感覚」によって認知する．つまり，反省的意識において「どのように動いたか」を主観的に確認することである．

「他者観察」は，他者の運動（客観的対象）や映像を通しての「客観的対象物」としての自分の運動を主観的意識において確認することである．ここで，運動共感を得ることになる．しかし，運動の観察は，「他者観察」においても基本的に自分の動きを反省的意識において捉えられていなければ成立しないのである．まずは「自己観察」がなされなければ，「他者観察」も成立しないし，運動共感も得ることはできないのである．

われわれは，このような「自己観察」によって，例えば，ゴルフにおけるスイングの種類によってなされるショットの弾道（低い・高い，フェードボール・ドローボール）を思い描いたり，スキーの回転競技においてインスペクションを行う等，運動を行う事前に「潜勢運動」として行うことができるのである．

「潜勢運動」とは，実際に運動を行わなくても，その運動を実際に行っているときと同じような視界を持つことができる心的生起のなかで体験される運動経過がそうである．この心的視界において運動経過を想像するうえで，われわれは，目標とする運動を「どういうふうに行うか」を感覚的に企画する必要がある．このことを「運動投企」という．「運動投企」は，「潜勢運動」として体

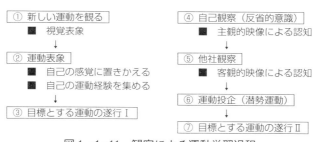

図1-1-11　観察による運動学習過程

22　第1章　人間とスポーツ

験された運動経過のなかで，運動のリズム，緊張の変化，時空間の変化等を感覚的に「こうしよう！」と企画することで，「新たな運動を行うため」や「運動を遂行するためにその運動を感覚的に確認するため」に不可欠な条件となる（図1-1-11）．

### 【課題研究】

　1）スポーツを科学的に把握する方法を整理してみましょう．

　2）スポーツを「生理学」「バイオメカニクス」「運動学」から分析する特
　　　徴をそれぞれまとめてみましょう．

### 参考文献

朝比奈一男（1985）：運動とからだ．大修館書店，東京．

朝比奈一男・水野忠文・岸野雄三編著（1977）：スポーツの科学的原理．大修館書店，東京．

池上晴夫（1984）：健康のためのスポーツ医学．講談社，東京．

石井喜八・宮下充正他編（1975）：運動生理学概論．大修館書店，東京．

金子明友（1984）：鉄棒運動．大修館書店，東京．

金子明友・朝岡正雄編著（1990）：運動学講義．大修館書店，東京．

金子公宥（1996）：改訂スポーツ・バイオメカニクス入門．杏林書院，東京．

佐々木力（1996）：科学論入門．岩波新書，東京．

［社］日本体育学会監修（2006）：最新スポーツ科学辞典．平凡社，東京

武谷三男（1983）：弁証法の諸問題．勁草書房，東京．

中村雄二郎（1984）：共通感覚論．岩波新書，東京．

中村雄二郎（1987）：述語集．岩波新書，東京．

中谷宇吉郎（1987）：科学の方法．岩波新書，東京．

バイヤー．E／朝岡正雄監修（1993）：スポーツ科学辞典．大修館書店，東京．

マイネル．K／金子明友訳（1981）：マイネル・スポーツ運動学．大修館書店，東京．

松井秀治 編（1981）：コーチのためのトレーニングの科学．大修館書店，東京．

## 第2節　運動の分析

### 1　運動の分類

　運動にはいろいろな種目があるが，それらは，運動の目的，それぞれの競技方法や特有の構造を持つ運動技術の特性で分類される．

　各種の運動は，一般的に次のように分類することができるが，それぞれの運動の特性や課題が異なるので，それぞれに応じた効果的な練習方法を選び，反復練習をして行くことが大切である．

　また，練習にあたっては，技術，体力の向上だけを目指すことなく，ルールやマナー，知識や理論を学ぶとともに，運動を楽しむ態度を養うことも必要である．

### 1）個人的・対人的・集団的技能からの分類

　①　**個人的技能**　　陸上競技や水泳競技などのような，一人だけで能力を発揮する運動技能を個人的技能と言い，運動をいかに速く，いかに強く，いかに巧く行われるかが求められる．自分の能力に応じて目標をもち，その目標に向かって努力や工夫をしたり，相手と優劣を競って楽しむ．

　②　**対人的技能**　　柔道・剣道・すもうなどの格技や，テニスでの攻防の技のように，相手とのかかわりの中で発揮される運動技能を対人的技能と言い，相手の動きに応じて，機を見て，瞬発力や敏捷性を発揮する能力，相手とのかけひきのなかで勇気や冷静さ，相手を尊重する態度が求められる．

　③　**集団的技能**　　サッカーやバスケットボールなどのようにチームとチームがゲームを中心として勝敗を競いあい，チームワークを高め，集団としての戦略を持ち攻防する運動技能を集団的技能と言い，個人的技能を基礎とし，一般的に敏捷性，巧緻性，瞬発力などを高め，種目によっては全身持久力を養う．

24　第1章　人間とスポーツ

表1-2-1　運動の分類

| 個人的技能 | 対人的技能 | 集団的技能 |
|---|---|---|
| 器械体操 | 柔道 | サッカー |
| 陸上競技 | 剣道 | ラグビー |
| 水泳競技 | 空手 | ハンドボール |
|  | テニス | バレーボール |
|  | バドミントン | バスケットボール |

　また，競技の特徴として，公正さ，協調性，責任感など社会的態度が求められる.


### 2)　運動発生からみた分類

　運動がどのような生い立ちをもっているか，どのようにして起こって来たか，このような発生の理由からの分類である.

　①　**自然的運動**　　人の求める基本的な活動が根本で，人が成長する段階ごとに自然に生まれたとされ，体育の上から運動を行って興味をおぼえやすい.

　スポーツ及びダンスを位置づけるのが運動発生からみて適切といえる.

　②　**人為的運動**　　人が一定の必要性から作り出したもので，創造的な特徴があり，作られた目的が的確に理解されて行われれば，運動の効果を直接的にねらいやすい．持久力を高めるなどの目的をもったトレーニング，保健運動や矯正運動，さらに，美容体操など具体的な目標を持ち行われる運動を位置づけることができる.


表1-2-2　身体運動の分類

```
                          ┌─ 競争的スポーツ ──（個人的スポーツ,
              ┌─ 自然的運動 ─ スポーツ ─┤                      集団的スポーツ, 格技）
              │                          └─ 克服的スポーツ ──（野外活動的スポーツ,
身体運動 ─┤              └─ ダンス ── 創作ダンス, フォークダンス等       その他）
              │
              └─ 人為的運動 ── 各種トレーニング, 体力を高めるための体操, 矯正体操等
```

第2節　運動の分析　25

このような点を見て，今後は科学的な運動分析などを進め，それに応じた人為的運動の発展が期待される．

### 3）体　　力

スポーツ運動を構成する要素として，運動を行う体力，運動技術，運動の戦術の3つから成り立っている．このような総合的な能力を養い，それぞれの種目の特徴を充分に把握し実践することが求められる．

①　**筋力・瞬発力**　運動の目的，運動の局面や身体の部位によって発揮される筋力は緊張の形式や性質が異なる．

陸上競技の投てきやウエイトリフティングのような種目では，最大筋力と瞬発力が重要とされる．これらに対し筋持久力を発揮し身体の操作や，保持をする競技として，体操競技や新体操が上げられる．

また，ボクシングやフェンシングなどの競技においては，スピード筋力を最大に発揮しなければならない．

その他，個々の種目の運動の特性に関連して，挙上筋力，スプリント筋力，跳躍筋力，投てき筋力，スプリント筋持久力，跳躍筋持久力などに分類される．

②　**スピード**　スポーツ運動のスピード能力には，陸九条競技のスプリント種目（100m）のように，全身の最大スピードが必要とされる，移動スピード（全身運動）と，野球やサッカーのように，上肢や下肢などの身体の部分のスピードが要求される，動作スピード（部分的運動）とに分類される．

③　**持　久　力**　スポーツにおける持久力は，比較的単純な移動運動を用いる，陸上競技（マラソン），水泳競技，ボート，自転車競技，距離スキー，スケートなどに代表される持続型持久力と，球技に代表される一定の休息を取り入れながら反復する，間欠型持久力と言うように，運動の構造により分類される．

また，運動の遂行にあたり生じる疲労に対する人間の抵抗能力を意味する．

これは，精神疲労，知覚疲労，情緒疲労，肉体疲労の4つのタイプに分類され，アーチェリーなどの種目にみられる知覚疲労，いろいろな種目の試合等に

26　第1章　人間とスポーツ

## 表1−2−3　筋力と競技

| 最 大 筋 力 |----ウエイトリフティング・スケート・投てき・体操競技・レスリング等 |
| 筋 持 久 力 |----水泳・ボート・体操競技・自転車・冬季スポーツ・スケート等 |
| スピード筋力 |----ボクシング・フェンシング・テニス・疾走・自転車・水泳等 |

※　種目によっては，運動の場目や状態によっていろいろな筋力を必要とし，いかに速く
　　変化するかが重要である.

向かう場合のメンタルな面での情緒疲労などは，もっとも重要と言え，一般的な運動持久力（筋肉活動）として肉体疲労が上げられる.

　以上のような点からみて，精神的にも，肉体的にもトレーニングの充実を図ることの重要性が求められる.

　④　**柔　軟　性**　　運動を遂行するにあたっては，柔軟性が必要とされる諸条件として，第一に個々の関節等の構造特性，第二に筋肉，神経系，腱，靱帯の弾性などの機能的な面，次に年齢的な発達と変化，また，気温等の気候や気象の変化などの内外の環境条件と，運動時の充分なウォーミングアップや疲労した箇所の回復運動，バランス運動などが上げられる.

　このような条件をみて，障害防止のうえから，主運動開始前及び終了時の充分な柔軟体操及び，ストレッチ運動を行う事が重要視される.

　⑤　**調　整　力**　　運動の遂行の場面では，状況の変化の把握と，それに対する判断能力が必要不可欠であり，肉体的にも精神的にも安定した力を発揮できる調整力を備えておかなければならない.　この調整力は次のように細分化される.

　　①　運動覚分化能力　　②　空間的安定能力
　　③　バランス能力　　　④　複合的反応能力
　　⑤　リズム能力　　　　⑥　連係能力
　　⑦　変換能力

第2節　運動の分析　27

　これらの能力は，それぞれのスポーツ種目で，体力，技術，戦術とともに，これらの統合に作用し，競技の達成をする大きな要因となる．

### 4）体力テストの変遷

　わが国では，国民の体力を把握するための体力・運動能力調査として「スポーツテスト」が1964（昭和39）年から行われている．その後，年齢による調査方法の変更などの修正が行われた．現在行われている「新体力テスト」は1999（平成11）年度から採用されており，以前のものより，安全に，より測定しやすく，所要時間を短く，という観点から検討されたものである．

　12歳から19歳の年齢では，表1-2-4に示すように8種目の測定項目があり，それぞれに対応した体力についての評価が行われている．

### 2　運動の習熟過程

　運動技能はどのように習熟していくのか，過程を充分に理解し，より高い個人技能や集団技能を身につけて行く．また，それぞれの段階での適切な練習方法を選択し，運動技能の向上を図る．

### 1）運動技能の習熟の段階

①　**運動の理解**　　運動に接する第一段階は，そのスポーツ運動のコーチや

表1-2-4　「新体力テスト」で測定評価される体力要素

| テスト項目 | 体力評価 |
|---|---|
| 握　力 | 筋　力 |
| 上体おこし | 筋力・筋持久力 |
| 長座体前屈 | 柔軟性 |
| 反復横とび | 敏捷性 |
| 持久走・20M シャトル | 全身持久力 |
| 50M 走 | スピード |
| 立ち幅とび | 筋パワー |
| ハンドボール投げ | 巧緻性・筋パワー |

28 第1章 人間とスポーツ

回りの人の動きを，見せられる事から始まる．実際の運動を見ることにより自分自身がその運動をやるための準備段階に入り，いくらかの興味を持つことになり，視覚から取り込まれた動きを実際に試すことによって，意識し，体験することになる．その上に，説明を求め，運動を重ねていくことにより，次第に運動に対する理解，興味が深まる．

この深められた理解により，正しく運動を観察することができるようになる．まず，この段階でもっとも基礎的な動きやルール，マナーを身につける努力をする．

② **習熟段階**　個人により格差があるが，回数を重ね練習を行いながらおおよそ運動ができ始める．この段階では，まだ目的に対し行うまでには到達していない，したがって，おおまかな枠組みでしかなく，成功する率は一定しないままで成功したり失敗したりで，試行錯誤を繰り返す．ここで，運動を遂行することに自信を無くす可能性が出てくる時期でもあるが，精神的な面を充実させることにより，成功の回数が増し，運動感覚が身に着きだす．

つぎの段階でもまだまだ高い技術，チーム等での協調などの強要は避けたほうがよい．高い技術という面では，意識的に体をコントロールすることや，コーチングの面でも言葉での指導の方法でも，難しい点がある．また，この時期に意識の改善をさせるのは難しく，だいじに経過を観察する必要がある．

この時期に，欠点の修正等を段階ごとに加え，少しずつ確実に技能の面で近づくように方向づけをして行く．前の段階とはちがい，運動の目的も意識するようになり，動きの無駄も少なくなり，流れるような動きが見られるようになる．また，運動の遂行の中で，いろいろな場面にあっても注意を払う能力が生じてき，さらに修正を加える余裕がでてくる．

つぎに，協調性に重点を置き，独断での運動の遂行を無くし，チームワークの面でも成功に向けて進むようにさせる．これで，運動の構造も充分に理解し，運動の経過や，成り行きの想定も的確にできるようになる．

③ **習熟の安定**　運動の遂行はますます正確かつ，軽やかに流れるように

なり，感覚の面でも余裕がでてきて，周辺の状況も的確に感じ取ることができるようになる．

ここで，運動の遂行は定着かつ安定し，実践の動きにおいていかに変化が繰り返されても，自然に的確な判断と対応ができるようになる．この安定化を，完全な自動化を意味すると言える．

このように，運動の感覚が洗練されてくると，微妙な動きの乱れも逃す事なく，豊かで，よりよい運動が遂行される．予期せぬ障害に対しても動じる事なく処理し，もとの運動に速やかに戻すことができる．厳しい自然状況の中で行われる，スキーのターンや，目まぐるしく変化を繰り返す球技のゲームなどがこれに，当てはまる．

④　**運動に対する基礎的な知識**　　運動がいかに安定し，経過もスムーズになっても，また，完全に習熟したと思われても，常に初心に返り，基礎的運動から繰り返し行うことを心掛け，反省作用が行わなければならない．

したがって，運動に対する基礎的な意識は，持ち続けなければならない．また，練習が続き疲労が蓄積し，体調を壊したり，抵抗力が低下した場合などは，適切な時間の休養が必要である．これは，オーバーワークになり，過労や，傷病を起こす引きがねに成りかねない（表1-2-5）．

⑤　**練習の順序**　　運動の遂行やトレーニングの開始前には，ウォーミングアップ（準備運動）から始めて，主運動となる強い練習に進み，最後に練習内容に応じたクーリングダウン（整理運動）で終了することが必要である．

### 表1-2-5　運動中止の必要のある自覚症状

①　呼吸が著しく困難になる
②　胸がかき回されるように苦しい
③　胸がしめつけられるように痛い
④　吐き気をもよおす
⑤　頭痛・めまいがする
⑥　足がもつれる
⑦　冷や汗がでる

30 第1章 人間とスポーツ

ウォーミングアップでは，柔軟体操，ジョギング，ストレッチングなどを行い，関節や筋肉の故障や，心臓に急激な負担をかけないようにする．クーリングダウンでは，運動中に緊張した筋肉や関節をリラックスさせ，疲労回復を早める．

### 3　運動の技術と戦術

スポーツを楽しむ時，その目的はさまざまである．その目的の1つとして，個人やチームで記録や演技・技，得点などを"競い合う楽しみ"が挙げられる．このような目的で行うスポーツは競技スポーツと呼ばれ，種目特有の競技力が重要となってくる．この競技力は運動技術・技能，戦術，戦略の3つの要素で構成されている．技術や技能は，そのスポーツ活動（種目）を成立させるために必要な"道具"と考えることができる．戦術や戦略は"道具"である技術や技能をいつ・どこで・どのように使うのかという"使い方"と考えることができる．すなわち，競技力は"道具"と"使い方"の質と量で決まってくるのである．

### 1）運動技術と運動技能

各種のスポーツを行うとき，必ずそのスポーツ特有の身体運動を伴う．バレーボールを例に考えてみよう．どのような運動があげられるだろうか？　サーブ，レシーブ，パス，トス，スパイク，などである．このように各種スポーツ特有の身体運動を上手にするための運動の方法を「運動技術」という．スポーツを行う場合にはこの「運動技術」を"知っている"ことが必要である．しかし，「運動技術」を"知っている"だけでスポーツ活動はできるのだろうか？

例えば野球などではボールを投げる・取るといった技術を知っていたとしても，実際にはこれらの技術を身体運動として表現できなければ野球というスポーツは成立しません．

このように「運動技術」を練習などによって身につけ実際のスポーツ活動場

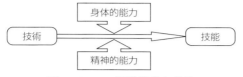

図1-2-1　運動技術と技能

面で発揮される能力を「運動技能（運動スキル）」という．「運動技能」を決定する能力にはつぎのようなものがある．

① 身体的能力：筋力，瞬発力，持久力，調整力，柔軟性など
② 精神的能力：意志，判断力，冷静さ，集中力，対応力など

　身体的能力は，ピッチング動作や幅跳びの跳躍などより速く・高く・強くといった特定の動作や技術のレベルを左右する．精神的能力は，1対1の局面でパスをするのかドリブルで抜くのかといった判断力やプレッシャーのかかった状況でも正確なパスをできる集中力など，ある局面でのプレーの質を左右する．このようにスポーツ活動では技術だけではなく，身体的・精神的能力などが総合的にできて，初めて「運動技能が発揮された」つまり，総合的な能力を出すことができたといえる（図1-2-1）．また，この運動技能の質や量が記録や勝敗を左右することはいうまでもない．

2）オープンスキルとクローズドスキル

　スポーツ種目は，多くの部分技能から構成されている．その特徴から運動技能をオープンスキルとクローズドスキルに分類できる（表1-2-6）．
　オープンスキルは，剣道や柔道などで相手やボールの動きが常に変化するような状況下で発揮される部分技能のことで，外部からの感覚的な手がかりを利用して発揮される．
　クローズドスキルは，体操や弓道などの外的条件に左右されることのない状況下で発揮される部分技能のことをいい，直接相手と向き合う対応動作は必要

32　第1章　人間とスポーツ

**表1-2-6　オープンスキルとクローズドスキルから見た種目分類**

| スキル | 特　徴 | 種　目 |
|---|---|---|
| オープンスキル型 | つねに変化する状況（相手やボールの位置など）において発揮される運動技能 | 剣道，柔道，空手，ボクシングなど |
| クローズドスキル型 | 外的条件に左右されることのない状況下で発揮される運動技能 | 水泳，弓道，陸上，器械体操，スケートなど |
| 混合型 | オープンスキルとクローズドスキルの両方が含まれる | バスケットボール，サッカー，ラグビー，バレーボール，テニスなど |

ない．したがって，外部からはあまり影響を受けず，決められた基本となる身体の動き・力の入れ具合などが安定して発揮できているかが必要とされ，自分自身の身体がどのようにして動いたのかという内部からの感覚を利用して発揮される．

　また，サッカー，野球，テニスなどの集団的球技では，オープンスキルとクローズドスキルとが混在している．例えば，バレーボールや卓球のサーブ技能は，クローズドスキルにあたり，パスやラリーなどは，オープンスキルにあたる．

### 3）スポーツにおける戦術と戦略

　"戦術・戦略"という言葉から何を想像するだろうか？　この言葉はもともと軍隊用語として使用されてきた．その中で戦術・戦略は次のように解釈されている．戦術は「実際の戦場で軍隊や兵器を使っていかに戦うかを指揮統制する術策」，戦略は「戦役全体での勝利を収める為に軍隊の配置・移動・補給を統制する術策」．つまり戦略は大局的な観点からみた術策，戦術は戦略に沿った部分的な観点からみた術策と理解できる．この解釈を踏まえてスポーツにおける戦術と戦略を考えてみよう．スポーツにおける戦略とはゲームの大まかなやり方であり，プレーの基本的なスタイル（攻撃重視 or 防御重視など）やいつも準備していて習慣的に使うフォーメーションなどのことである．例えば，バレー

ボールにおけるチーム全体のレシーブ隊形やサッカーの"4-1-4-1システム""4-2-3-1システム"などのフォーメーションは戦略になる．これに対し戦術とは，ゲーム場面での特定の状況における合理的で効果的な一連の行動パターンを指す．例えばバレーボールのクイック攻撃や野球のヒットエンドラン・スクイズなどのサインプレー，サッカーのセンタリングからのシュート，ゴール前での壁パスからシュートなどの攻撃パターンは戦術になる．

### 4）戦術・戦略を立案するためのヒント

戦術・戦略を用いる最大の目的は，"相手に勝つこと"である．したがって，これらを立案する時には，準備として自分・自チームを分析するとともに，対戦相手も分析し，比較・検討する必要がある．これらの準備を行った上でつぎに挙げる原則に従い，戦術・戦略を立てることが重要である．

① 自分または自チームの利点（強み）を生かし，弱点を補強する．
② 相手の利点（強み）を帳消しにし，弱点を集中して攻める．

このような原則に沿って，各種目における戦術・戦略をまとめると次のようになる（表1-2-7）．

表1-2-7　各種目における戦術・戦略の対象となる項目や課題

| 競技形態 | 種目名 | 対象項目・課題 |
|---|---|---|
| 個人競技 | 水泳，陸上，器械体操，スケートなど | ペース配分，演技構成など |
| 対人型競技 | 剣道，柔道，空手，ボクシングなど | 得意技を出させないなど |
| 集団競技 | バスケットボール，サッカー，ラグビー，バレーボール，など | 攻撃における課題<br>　①防御ラインを突破する<br>　②人的優位を作る<br>　③空間的優位を作る<br>防御における課題<br>　①防御ラインを突破させない<br>　②人的優位を作らない<br>　③空間的優位を作らない |

## 5) 技術・技能と戦術・戦略の関係

　競技力は運動技術・技能，戦術，戦略の3つの要素で構成されている．それではこの3要素はどのような関係にあるのだろうか？（図1-2-2）

　野球のヒットエンドランを例に考えてみよう．まずランナーにはリード・走塁・スライディングに関する技能が必要となる．バッターには走者を進めるためのバッティング技能が必要である．そしてこれらの技能が連動して発揮されて初めてヒットエンドランが成功する．また，ヒットエンドランをより高い確率で成功させるためには走塁・バッティングともに高い技能を持っていることが必要となる．このように戦術は複数の技術・技能の複合体として成り立っている．戦略と戦術の関係はどうだろうか？　戦略は複数の戦術の複合体で成り立っているので，戦術の質（良・悪）と量（多・少）に影響を受けることが推察できる．

　以上のように，技術・技能と戦術，戦略の間には"戦略＞戦術＞技術・技能"という上下関係が成立している．また，技術・技能は戦術に，戦術は戦略にそれぞれ影響を与える要素となっている．したがって，競技力の向上を図る場合には，この3つの要素を関連づけ，それぞれの要素をバランスよく向上させて行くことが必要である．具体的にはどのような注意が必要だろうか？　戦略を立案する場合には，その戦略を成立させるための具体的な戦術を個人やチーム

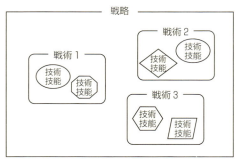

図1-2-2　技術・技能と戦略・戦術の関係

が持っているか？を判断しなければならない．戦術を立案する場合には，その戦術を成功させるための技術・技能が備わっているか？を判断する必要がある．個人やチームの技術・技能のレベルを把握し，それに応じた適切な戦術・戦略を立案することが重要である．

### 6）競技力を高めるための練習とは？

まず，技術・技能，戦術，戦略のそれぞれの要素について目的に沿った適切な練習方法や内容を作製することが必要である．それぞれの練習の目的と内容は下記の通りである．

① **技術練習〜新しい技術を習得する練習〜**　各種スポーツで必要とされる基本技術や動作を最初に習得するための練習である．この段階では，技術や動作を簡単→複雑，弱→強，遅く→速くと段階を踏んで練習することが重要である．

② **技能練習〜習得した技術を高める練習〜**　筋力トレーニングや柔軟性トレーニングなど身体的能力を高めることで，習得した技術や動作を強化していく．また，判断力・対応力など精神的能力が必要となるような場面を設定し（ミニゲームなど），その中で技術や動作の対応力や応用力を習得する．

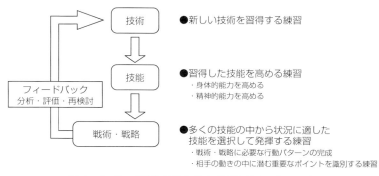

図1-2-3　競技力向上のためのフローチャート

③ 戦術・戦略練習〜多くの技能の中から状況に適した技能を選択して発揮する練習〜　サインプレーや攻撃パターンなど戦術・戦略に必要な行動パターンを反復し，習得する．

次に各練習の位置づけを考えて見よう（図1-2-3）．練習はそれぞれが独立したものではなく，つながりを持ったループの中に配置されていると考える．つまり，技術練習を発展させたものが技能練習であり，技能練習を発展させたものが戦術・戦略練習であるということである．したがって，練習計画は，常にこの関連性が考慮された，あるいは明確にされたものであることが重要である．

4　運動のチーム分析

1）チーム分析の目的

競技力は，目的に沿った適切な練習方法や内容を計画・実践することにより，高める事ができる．目的に沿った適切な練習方法や内容を計画・実践することとは，目標設定→計画→実践→評価→改善の練習サイクルを繰り返し，継

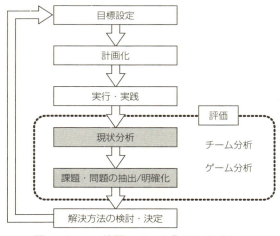

図1-2-4　練習・チーム作りのサイクル

続的に練習改善していくことである（図1-2-4）.

このサイクルの中で，評価とは具体的には，選手やチームの技術・技能，戦術・戦略を分析し課題や問題点を明確にすることを指す.

チーム分析は，この課題・問題点を客観的に把握する手法として，多くのスポーツで実践されており，競技力向上における重要な手法として位置づけられている.

### 2) チーム分析の手法

実際にチーム分析を行う手法は，技術・技能要素を分析・評価する手法と，戦術・戦略要素を分析・評価する手法とに分類できる.

① **技術・技能に関する分析**　技術・技能のベースとなる身体的能力や競技特有の身体運動動作など，個人を対象にした分析が中心になる.

**身体能力に関する分析**　フィットネスチェックとも言われるが，各種目で必要とされる体力要素を測定し評価する. 簡単な方法で測定が可能である，選手へのフィードバックが簡単であるという理由からもっともポピュラーな手法である.

**動作分析**　バッティング動作やシュート動作，ランニング動作など競技特有の身体運動動作を分析する. 動作の評価や改善を目的とした場合に用いられる手法である.

**パフォーマンス分析**　ゲームにおける特定選手のパフォーマンスを評価する目的で用いられる手法である. バレーボールのスパイクやラグビーのタックルなど特定の技能を，一定の基準で数値化し，評価する.

② **戦術・戦略に関する分析**　一般的にはゲーム分析と呼ばれ，実際のゲーム場面における攻撃パターンや攻防状況などチームを対象にした分析が中心になる. 戦術・戦略分析は主に下記の3つの目的で行う.

- スカウティング（相手チームの偵察）

38 第1章 人間とスポーツ

- ゲームやプレーの傾向・特徴の把握
- チームや個人のパフォーマンス評価

このような目的に沿って，特定のプレーや状況について具体的な分析を行う．分析の手法としては下記のものが挙げられる．
- 攻撃・防御成功率の分析
- 攻撃・防御パターンの分析
- 攻防状況の分析（ボールポゼッション，エリアポゼッションなど）

| Po | 氏名 前半 | 氏名 後半 | 成功率 | 合計 | 成功 | A NOGAIN | B STOP | C OVER-G | D Miss-1 | E Miss-2 |
|----|------|------|------|------|------|---|---|---|---|---|
| 1 | Pro1 | Pro1 | 100% | 1 | 1 | 1 | 0 | 0 | 0 | 0 |
| 2 | HO | HO | 80% | 5 | 4 | 3 | 0 | 1 | 1 | 0 |
| 3 | Pro3 | Pro3 | 50% | 2 | 1 | 0 | 1 | 0 | 0 | 1 |
| 4 | LO | LO | 75% | 4 | 3 | 3 | 0 | 0 | 0 | 1 |
| 5 | LO | LO | 67% | 3 | 2 | 1 | 1 | 0 | 0 | 1 |
| 6 | FL | FL | 100% | 5 | 5 | 4 | 0 | 1 | 0 | 0 |
| 7 | FL | FL | 100% | 2 | 2 | 2 | 0 | 0 | 0 | 0 |
| 8 | NO8 | NO8 | 78% | 9 | 7 | 4 | 0 | 3 | 0 | 2 |
| 9 | SH | SH | 33% | 3 | 1 | 0 | 0 | 1 | 1 | 1 |
| 10 | SO | SO | 33% | 6 | 2 | 2 | 0 | 0 | 2 | 2 |
| 11 | WTB | WTB | 100% | 5 | 5 | 3 | 0 | 2 | 0 | 0 |
| 12 | CTB | CTB | 75% | 4 | 3 | 2 | 0 | 1 | 0 | 1 |
| 13 | CTB | CTB | 78% | 9 | 7 | 5 | 1 | 1 | 1 | 1 |
| 14 | WTB | WTB | 57% | 7 | 4 | 3 | 0 | 1 | 0 | 3 |
| 15 | FB | FB | 33% | 3 | 1 | 0 | 0 | 1 | 0 | 2 |
| | | | | | | | | | | |
| トータル | | | 71% | 68 | 48 | 33 | 3 | 12 | 5 | 15 |
| 割合（項目／A+B+C+D+E） | | | | | | 49% | 4% | 18% | 7% | 22% |

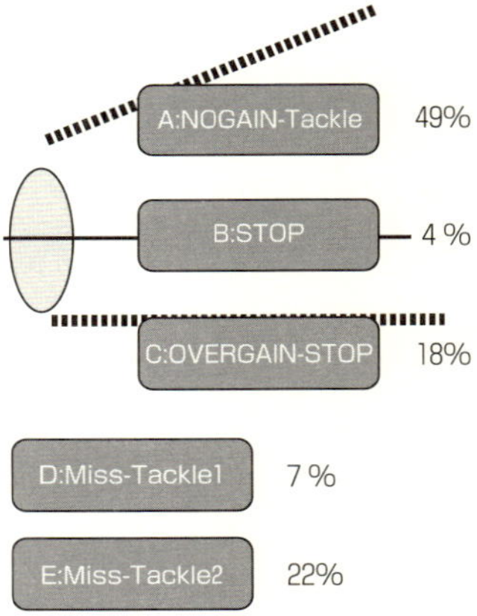

A:NOGAIN-Tackle 49%

B:STOP 4%

C:OVERGAIN-STOP 18%

D:Miss-Tackle1 7%

E:Miss-Tackle2 22%

タックルの基準
Good-Tackle A：NOGAIN-Tackle（タックルライン上，トライを阻止，ピンチを救う，相手を仰向けに倒した）
Good-Tackle B：STOP（ゲインライン上で倒したタックル）
Good-Tackle C：OVERGAIN-STOP（ゲインラインを越えられて倒したタックル）
Bad-Tackle D：Miss-Tackle1（敵を止めるが，ボールをつながれたタックル）
Bad-Tackle E：Miss-Tackle2（外された，抜かれた，手だけのタックル）

図1-2-5　チームのパフォーマンス評価の1例
（ラグビーにおける防御成功率の分析）

③　**SWOT 分析**　　SWOT 分析とは，1960年代に考案された，組織のビジョンや戦略を企画立案する際に利用する現状を分析する手法の1つである．さまざまな要素をS（強み）・W（弱み）・O（機会）・T（脅威）の4つに分類し，マトリクス表にまとめることにより，問題点が整理される．その結果，解決策を見つけやすくなるという特徴がある．

この分析手法は，スカウティングを目的とした対戦相手の戦術・戦略の立案に利用できる．まず，自チームと相手チームそれぞれについて強み・弱みの要因を抽出する．次に，抽出した要因をSWOT 分析シート（表1-2-8）に当てはめる．最後に，例えば自チームの強みと，相手チームの弱みの2つの要因から"強みを活かす戦略"を導き出すというように，戦術・戦略方法を決定していく．

表1-2-8　SWOT 分析シート

| | | 相手チーム | |
|---|---|---|---|
| | | 弱み | 強み |
| 自チーム | 強み | 自チームの強みを生かし，相手チームの弱みを攻める戦術・戦略方法 | 自チームの強みを生かし，相手チームの強みを退ける戦術・戦略方法 |
| | 弱み | 自チームの弱みで攻撃の機会を逃さないための戦術・戦略方法 | 相手が自チームの弱みを，攻めてきた時に最悪の事態を招かないための戦術・戦略方法 |

【課題研究】

1）自分自身の体力についてスポーツテストの結果をもとに検討してみましょう．

2）運動技能の習熟段階について自身の経験をもとに検証してみましょう．

3）自分の得意とするスポーツ種目に関して，技術・技能と戦術・戦略それぞれについて　具体的にどのようなものがあるかを考え，整理してみましょう．

4）自分の得意とするスポーツ種目に関して，具体的なチーム分析手法を考え，実際に分析してみましょう．

## 参考文献

金子明友（1990）：運動学講義．大修館書店，東京．pp. 53-72.

岸野雄三（1980）：序説運動学．大修館書店，東京．pp. 48-53，74-79，89-95，133-138.

文部科学省（2000）：新体力テスト──有意義な活用のために──．ぎょうせい，pp. 5-13.

浅見俊雄（1980）：序説運動学．大修館書店，東京．pp. 133-292.

前川峯雄（1980）：序説運動学．大修館書店，東京．pp. 77-79.

大木昭一郎（1997）：新編保健体育．一橋出版，東京．pp. 136-141.

宇土正彦（1997）：新高等保健体育．大修館書店，東京．pp. 31-34.

全国高等学校体育学科連絡協議会編（2007）：（改訂版）体育・スポーツ理論．大修館書店，pp. 52-55.

（財）日本ラグビーフットボール協会編（2006）：JRFU コーチングの指針．（財）日本ラグビーフットボール協会，pp. 9-10.

ジム・グリーンウッド：江田昌佑訳（1991）シンク・ラグビー．ベースボールマガジン社，pp. 66-71.

兵庫県ラグビーフットボール協会強化委員会編（2001）：がんばれラグビー迷コーチ．兵庫県ラグビーフットボール協会，pp. 31-42.

土屋順（2007）：体操競技の技術トレーニングにおける運動分析の意義と方法．スポーツ科学研究，Vol. 4，pp. 18-27.

廣津信好他（2009）：ゲーム理論を用いたバレーボールの戦術析プログラムの開発．順天堂スポーツ健康科学研究，第 1 巻第 1 号，pp. 78-88.

鈴木淳（2005）：バスケットボールにおけるゲームレポートを用いたゲーム分析について．スポーツコーチング研究，Vol. 4，pp. 46-51.

## 第3節　スポーツトレーニング

### 1　スポーツトレーニングと体力

#### 1）健康と体力の概念

　今日健康とはWHOの保健憲章にあるような状態を指し，一方，体力とは，たんに肉体の力（force）ではなく，心身の潜在能力（capacity）を示す．すなわち健康とは病気から開放され，もっている能力を十分に活用して身体的，精神的，社会的に人間活動を円滑に行いうるヒトの状態をさし，体力は人間活動を行うためのヒトのもっている心身の能力である．健康と体力は表裏一体のもので，体力づくりは即健康づくりにつながってくる．

#### 2）日本人は健康といえるか？

　2008年の日本人の平均寿命は男性が79.29年，女性が86.05年である．65歳まで生存する者の割合は男性で86.6％，女性で93.4％と推定される（2008年簡易生命表）．日本人は世界でも有数の長寿国となったが，われわれの健康状態は良好になってきたのであろうか．

　運動や栄養と関連する生活習慣病の増大，自殺者やうつ病患者の増加にみられる社会的ストレスなど国民の健康状態は良い方向には向かっていない．また，少子高齢化社会が進展する状況にあって，健康不安が表出している．

#### 3）過去より劣っている現代青少年の体力

　文部科学省が毎年実施している「体力・運動能力調査」によると，子どもの体力・運動能力は，昭和60（1985）年ごろから低下傾向が続いている．表1−3−1に現在の子どもの結果と親の世代である30年前と比較したものを示した．ほとんどのテスト項目において，子どもの世代が親の世代を下回っている．一方，

42　第1章　人間とスポーツ

表1-3-1　身長および運動能力の比較

| | 男 子 | | 女 子 | |
|---|---|---|---|---|
| | 親の世代 | 今の子ども達 | 親の世代 | 今の子ども達 |
| 身長（cm） | 142.4 | 145.2（↑2.8） | 144.4 | 147.2（↑2.8） |
| 50m走（秒） | 8.8 | 8.9（↓0.1） | 9.1 | 9.2（↓0.1） |
| ソフトボール投げ(m) | 34.4 | 30.4（↓4.0） | 20.2 | 17.9（↓2.3） |

親の世代は昭和53年度の11歳，今の子ども達は平成20年度の11歳.
（日本レクリエーション協会，子どもの体力向上HP，2010）

身長および体重などの体格は子ども世代が親世代を上回っている.

　7歳から19歳までの青少年の5分間走の成績を20年前と比較したものでも，各年齢とも著しい低下が認められている[1]．運動・スポーツをほとんどしない子どもが増えていることが明らかとなっており，健康および体力だけでなく，生活や学習に対する意欲にも影響しているのではないかと懸念されている[2].

　2　スポーツトレーニングの課題

1）スポーツトレーニングの意義

　スポーツトレーニングとは，身体が受ける運動からの刺激に対して，心身の適応性を利用し，目的にかなった体力要素を強化，発達させるものである．体力要素は「可逆的」である，つまり，放っておけば元に戻る性質があり，刺激がなければ衰える性質のものである.

2）スポーツトレーニングの目的

　トレーニングの目的は，以下に分類される[3].

　①　健康・体力を維持増進させる，あるいは病気や障害からの回復を図る(健康スポーツ)　　生活習慣病や肥満の大きな原因のひとつは，運動不足である．人間は動物として動き続けなければ健康を維持できない．幼年期から老年期にいたるまでスポーツに親しみ続けることが重要である.

　日常の身体活動量を高く保つことで著しく死亡率が減少するという研究成果

が報告されている[4]．また，中強度以上の運動が含まれることにより死亡率が減少すること，日常の身体活動量が低い者においても，運動の習慣化や身体活動量の増加により死亡率が減少することも明らかとなっている．

　高齢者の生活習慣病や寝たきり老人の主要因は，サルコペニア（「加齢とともに起こる骨格筋量の低下」）である．サルコペニアが身体活動量を低下させ，骨減少や骨粗鬆症の進行に関わる．サルコペニアの克服が高齢者の健康生活（QOL）の向上につながるが，従来のWalkingを中心とした有酸素運動に加え，レジスタンス運動（筋力トレーニング）の併用が重要である．

　図1-3-1に骨密度の経時的変化を示した．男女ともに骨密度が増加するのは30歳代の前半までである．若年期および中年期に栄養とともに運動によって，できるだけ骨量を高めておかなければならない．特に女性は，閉経後の骨密度の低下が著しいことから注意が必要である．

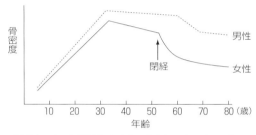

（安部孝・琉子友男編『これからの健康とスポーツ』2010）

図1-3-1　骨密度の経時的変化

　② 競技として記録の向上を目指し，勝利を追及する（競技スポーツ）　深代は[5]，記録向上の背景に①素質のある選手の発掘，②効率的なトレーニング，③競技環境の整備，④社会的な環境の変化をあげている．効率的なトレーニングは，まさしく科学的な根拠に基づいたトレーニングを示しており，競技力の向上は科学的トレーニングの発達による要因が大きい．

　オリンピックや世界選手権大会でメダルを獲得することは至難である．世界で戦う競技レベルにおいては，一個人，一チームでは限界があり，サイエンスおよびテクノロジーのサポートなくしては戦えない．水泳の北島康介選手（アテネおよび北京オリンピック金メダル）で有名な「チーム北島」は，サポートシステムの典型的な例である．今後，選手を各分野の専門家がサポートしていくシ

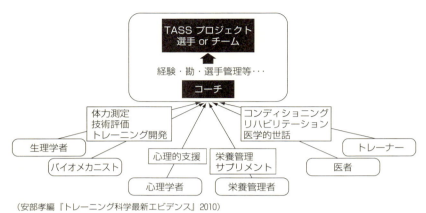
(安部孝編『トレーニング科学最新エビデンス』2010)
図1-3-2　TASSプロジェクトの構成図

ステムは益々必要となってくる．図1-3-2に柴田亜衣（アテネオリンピック金メダル）をサポートした鹿屋体育大学の Top Athlete Support System (TASS) を示した．

③　**レクリエーションとして仲間とともに楽しく過ごし，気分の転換を図るとともに教養をつける**（教養スポーツ）　大築は，よく鍛えられ，健康で自由自在に動く身体は，流暢な外国語や豊かな知識と同様に，それ自体がひとつの身に付いた教養に他ならないとしている[6]．スポーツを実施できる身体能力と知識，スポーツを通じたコミュニケーションと自己解放はまさしく身体への教養といえる．

### 3　高専生の体力とスポーツトレーニングの必要性

体力は年齢と共に変化し，児童期あるいは青年期にピークに達した後，加齢に伴い低下することが知られている．そして，この達した体力のピークレベルが一生の上限となり，壮年期以降の体力レベルを左右している．したがって，体力を一生にわたって高いレベルに維持するためには，まず，体力がピークを迎える青年期において，十分体力を高めておく必要がある．

第3節　スポーツトレーニング　　45

　高専学生の大方が15-19歳にあたり，まさしく体力ピークを迎える青年期を学生として過ごすことになる．

### 1）高専生の体力

　近畿地区の高専学生を対象とした体力に関する報告を調べた．神戸高専の1年生から5年生を対象とした体力診断テストについての報告[7]では，男女共，いずれの学年においても全国平均値に比べ同レベルか下回る傾向にあった．また，背筋力，握力および持久力が特に全国平均より低レベルにあった．奈良高専における男子学生の新体力テストの5年間追跡調査[8]では，5年間で全国平均値との差が縮まる項目や上回る項目もあったが，全体として低い傾向を報告している．特に持久力，立幅跳およびハンドボール投げの全国平均値との差は大きかった．舞鶴高専における4年生および5年生男子の新体力テストの報告[9]でも，持久力，立幅跳およびハンドボール投げでは全国平均値に比べ劣っている．これらのことから，近畿地区の高専生の体力は全国平均に比較して低い傾向にあるのではないかと推察される．

### 2）高専生の生活習慣および運動習慣

　高専生の体力に関する要因について考えることとする．

　神戸高専（1997年）の男子学生の運動クラブ参加率は，全体43.5%，1年64.7%，2年39.5%，3年37.2%，4年40.3%，5年34.4%であった[7]．舞鶴高専（1998年）における男子学生の運動・スポーツ実施状況の学年変化（図1-3-3）でも学年進行に伴い頻度が急激に減ることが報告されている．和歌山高専（2003年）の調査[10]においても，運動実施状況の違いが体力に強く影響するとの報告がある．また，地方に位置する舞鶴高専の4，5年生における1日の平均歩数は，6135±2088歩／日であった．学校敷地内に併設された寮生活と自動車およびバイクの通学手段によっても身体活動量は影響を受ける．

　高専学生の体力と生活習慣の関係において，睡眠および食習慣も影響するこ

とがわかっている．自宅外での生活様式をとる学生が多いことから，睡眠および食習慣において不健康な習慣に陥りやすいのかもわからない．

高専学生の体力の向上と維持のためには，今以上に運動・スポーツ実施頻度を増やす努力と健康的な生活習慣を身に付けることが重要である．

### 3) 全国高専体育大会の記録

2010年度開催の高等専門学校体育大会陸上競技について，近畿大会と全国大会

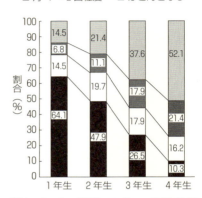

図1-3-3　運動・スポーツ実施状況

の男子記録を表1-3-2にまとめた．近年高専における陸上競技レベルの向上は目覚しく，日本選手権，全日本インカレおよび全国インターハイ等で活躍する選手も増えている状況である．

### 4　トレーニング処方

科学的トレーニングとは，トレーニングの原理・原則について理解し，適正なトレーニングを行い，目的としたトレーニング効果を合理的に得ようとするものである．トレーニングの科学性について理解し，正しいトレーニングを実

表1-3-2　2010年，全国大会と近畿大会の優勝記録の比較（陸上競技男子）

| 種目 | 100m | 200m | 400m | 800m | 1500m | 5000m | 110mH | 4×100mR | 4×400mR |
|---|---|---|---|---|---|---|---|---|---|
| 近畿大会 | 11.28 | 23.04 | 50.35 | 1:59.89 | 4.12.06 | 16:05.08 | 15.40 | 43.72 | 3:27.03 |
| 全国大会 | 11.23 | 22.29 | 48.67 | 1:55.73 | 4:00.89 | 15:46.55 | 14.83 | 42.01 | 3:24.00 |

| 種目 | 走高跳 | 走幅飛 | 三段跳 | 砲丸投 | 円盤投 | やり投 |
|---|---|---|---|---|---|---|
| 近畿大会 | 1m79 | 6m77 | 13m84 | 13m11 | 42m90 | 56m00 |
| 全国大会 | 2m10 | 7m20 | 14m65 | 14m56 | 47m27 | 62m06 |

践することは，健康・体力をめざす人にも，競技選手にとっても重要である．

## 1) トレーニング処方とは

体力は適度のトレーニング（運動）刺激によって向上する．「筋肉は適度に使えば肥大し，使わなければ萎縮する．そして，過度に使えば障害を引き起こす」．(Roux) の法則は，トレーニング処方の原則を端的に示している．すなわち，もっとも適度な刺激になるよう，個人の健康状態や体力水準を勘案し，その人に適切な運動の種類・強度・時間・頻度（回数）を決めることがトレーニング処方である．

## 2) トレーニング処方の手順

トレーニング処方の手順について，図1-3-4にまとめた．

## 3) トレーニングの原理，原則，条件

処方に際しては，トレーニングの原理，原則を適用し，トレーニングの種類および，トレーニング処方の三条件（強度・時間・頻度）によってトレーニング刺激を決める．

トレーニング効果を生むためには，三つの原理が存在し，トレーニング実施者の年齢，体力や競技力の水準によって考慮しなければならない重要な原則がある．

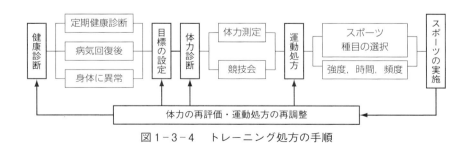

図1-3-4　トレーニング処方の手順

① 「**過負荷の原理（over-load）**」　トレーニング効果を得るためには，一定水準以上の運動刺激が必要となることを示している．運動刺激の強さが関係することから，トレーニングの強度，時間，頻度の三条件によって設定される．

② 「**特異性の原理（specificity）**」　トレーニング効果はトレーニングの種類によって異なり，最大筋力は強い筋力を発揮することで強くなり，持久力は持久的運動によって高まることを意味している．

③ 「**可逆性の原理（reversibility）**」　トレーニング効果は，トレーニングの中止や減少によって消失していくことを示している．

④ 「**意識性の原則**」　目的や意義を理解し，積極的に行うことの重要性を示す．

⑤ 「**全面性の原則**」　心身のバランス，全面的体力の向上を図ることを示す．特に，発達段階にある青少年や非競技者の場合に重視される．

⑥ 「**専門性の原則**」　競技選手の場合，競技の特性に則した専門的トレーニングの重要性を意味する．

⑦ 「**個別性の原則**」　個々の特徴や能力に応じたトレーニング実施を示す．

⑧ 「**漸進性の原則**」　体力および競技力向上に合わせて，運動の強さや量を高めていくことを示す．

⑨ 「**反復性・周期性の原則**」　規則的に長期間継続することの重要性を示す．

### 5　トレーニングの方法

トレーニングの目的が，健康・体力の保持増進なのか，あるいは，競技力の向上なのかによって，ねらいとする体力要素にも違いがある（図1-3-5）．また，競技スポーツの種目やポジションによっても必要とされる体力は異なる．例えば，長距離走には全身持久能力が重要であって，筋肥大を起すほどの筋力トレーニングは無駄であるばかりでなく，記録的にはマイナスである．したがっ

第3節　スポーツトレーニング　49

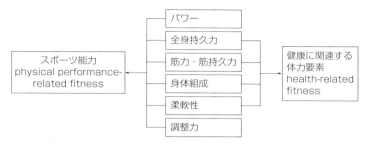

図1-3-5　スポーツ能力と健康に関する体力の要素

表1-3-3　各種スポーツの体力効果

| 運動の種類 | | 筋力 | 敏捷性 | パワー | 無酸素的持久力 | 有酸素的持久力 | 有酸素的筋持久力 | 調整力 | 柔軟性 |
|---|---|---|---|---|---|---|---|---|---|
| 陸上競技 | 短距離100m | ◎ | ◎ | ● | ◎ | | | ◎ | ○ |
| | 長距離 | | | | | ● | ● | | |
| | 跳躍 | ◎ | ◎ | ● | | | | ◎ | ○ |
| | 投てき | ● | ○ | ● | | | | ◎ | ○ |
| 機械体操 | | ● | ◎ | ● | ○ | | ○ | ● | ● |
| 水泳 | 短距離100m | ◎ | | ◎ | ● | | | ◎ | ○ |
| | 長距離 | | | | ○ | ◎ | ◎ | | ○ |
| スキー | アルペン | ◎ | ◎ | ◎ | ◎ | | ◎ | ◎ | ○ |
| | 距離 | | | | | ◎ | ◎ | ◎ | ○ |
| スケート | スピード500m | ◎ | | ◎ | ● | | | ◎ | ○ |
| | フィギュア | ◎ | ◎ | ◎ | | | | ● | ○ |
| ボート | エイト | ● | | ◎ | ◎ | | ◎ | ◎ | ○ |
| 柔道 | | ◎ | ○ | ● | ◎ | | | ◎ | ○ |
| 剣道 | | | ● | | | | | ◎ | ○ |
| ゴルフ | | | | ◎ | | | | ◎ | ○ |
| 卓球 | | | ● | | | | | ◎ | ○ |
| テニス | | ○ | ◎ | ◎ | ◎ | ○ | ○ | ◎ | ○ |
| バドミントン | | ○ | ◎ | ◎ | ◎ | ○ | ○ | ◎ | ○ |
| 野球 | | ○ | ◎ | ◎ | ○ | | | ◎ | ○ |
| バレーボール | | ○ | ◎ | ◎ | ○ | | | ◎ | ○ |
| バスケットボール | | ○ | ◎ | ◎ | ◎ | ○ | ○ | ◎ | ○ |
| サッカー | | ○ | ◎ | ◎ | ◎ | ○ | ○ | ◎ | ○ |
| ラジオ体操 | | | | | | | | ◎ | ◎ |
| 歩行 | | | | | | ◎ | ◎ | | |
| ジョギング | | | | | ○ | ◎ | ◎ | | |
| 縄跳 | | ○ | ○ | ○ | ◎ | ◎ | ◎ | ○ | ○ |

●：非常に効果が期待できる　◎：かなり効果が期待できる　○：少し効果が期待できる
（体育科学センター『スポーツによる健康づくりカルテ』1984）

50　第1章　人間とスポーツ

て，必要とされる体力要素については，十分考慮してトレーニングを実施しなければならない．表1-3-3は，それぞれのスポーツにおいて効果がみられる体力を示しているが，すなわち，これが種目別の必要とされる体力要素と考えられる．

　また，種目別体力のトレーニングは，競技の技能に即した「動きづくり」を重視して行うべきである．サッカーであると，全身持久力は45分ハーフの急走と暖走の時間を考慮しなければならない．瞬発力はキックやドリブルの動作に結びつくものでなければならないし，相手をかわす短距離間でのスピードアップ，ダウン能力が重要となってくる．つまり，種目の動きに直結した体力を養成することが重要である．このことから，種目の競技特性や技術の分析によって，必要体力要素のトレーニング形式について考慮されなければならない．

　それぞれの体力要素のトレーニングについて，以下に説明する．

## 1）筋力トレーニング

**表1-3-4　やり投げ選手の筋力**

|  | 男子平均<br>（15名） | 女子平均<br>（9名） |
|---|---|---|
| 年齢（歳） | 22.6 | 21.4 |
| 身長（cm） | 178.3 | 163.7 |
| 体重（kg） | 82.7 | 63.4 |
| フルスクワット（kg） | 178.7 | 96.9 |
| ベンチプレス（kg） | 131.1 | 67.6 |

（日本学生陸上競技連合　「陸上競技研究」　1990）

　筋力とは，骨格筋が収縮したときの力をいう．陸上投てきや機械体操のように，筋力が重要な体力要素である種目では最大筋力が問題となってくる（表1-3-4）．この最大筋力は，筋肉の横断面積（平均6.5kg/cm²）に比例することから，筋肉の太い人ほど筋力は強い．

　筋力トレーニングは，筋肉の収縮の仕方によって方法が異なる．筋力を高める代表的トレーニング法は，次のようである．

　①　アイソメトリック・トレーニング（等尺性収縮）　筋肉の長さを変えないで筋肉を緊張させるもので，筋力発揮中の動作が変わらないことから，静的トレーニングともいわれる．

　筋力を高めるためには，最大筋力に近い強度で，2-10秒ずつ，1日5-10回

を反復することが望ましい．その方法は，手を組んで押したり引いたり，壁，
机やいすなどを押したりする．このトレーニングは，いつでもどこでも容易に
できることから，健康の保持増進を目的とする人にとって有効な方法である．

② **アイソトニック・トレーニング**（等張性収縮）　　一般的にウエイト・ト
レーニングと呼ばれるものである．重量物（ウエイト）を抵抗にして，曲げ伸
ばしを行うので筋肉の長さが変化する．また，負荷が一定であることから筋肉
の張力が等しい．重量物には，自分や相手の体重や，ダンベルやバーベルを利
用する．

　アイソトニック・トレーニングの目的別の負荷強度，反復回数などについて
表1-3-5にまとめた．最大筋力および集中力の向上を目的とした場合は，80-
100％の強度で，反復回数1-10回を2-3セット行うと効果的である．

　筋肥大が目的の場合は，60-80％強度，10-15回を2-3セットである．

　種目によって主動筋が異なることから，高めなければならない筋について
は，理解しておく必要がある．種目ごとのウエイト・トレーニングの一例を参
考にするとよい（表1-3-6）．

③ **プライオメトリック・トレーニング**（反動性収縮）　　筋が短縮する直前
に反射的に引き伸ばし，その反動で力強く短縮を行い，より大きな筋パワーを
生もうとするものである．筋収縮スピードを高めることに効果的である．

　方法としては，台からの飛び降りに連続してジャンプを行う，デイプスジャ
ンプ様式がよく使われている．これは，脚部への負荷が高いために，高さや連

表1-3-5　**目的別アイソトニック・トレーニングの方法**

| 目　　的 | 最大筋力<br>集中力アップ | 筋力強化 | 筋肥大 | パワー・アップ | 筋持久力 |
|---|---|---|---|---|---|
| 最大筋力（％） | 100〜90％ | 90〜80％ | 80〜60％ | 60〜30％ | 50〜30％ |
| 反復回数（回） | 1〜3回 | 5〜10回 | 10〜15回 | 10〜20回 | 45〜60回 |
| 適応時間（秒） | 6〜10秒 | 10〜20秒 | 20〜30秒 | 10〜20秒 | 60〜90秒 |
| 休憩時間（分） | 3〜5分 | 2〜3分 | 1〜2分 | 3〜5分 | 1〜2分 |

（鈴木正之『続・間違いだらけのスポーツ・トレーニング』1990）

52　第1章　人間とスポーツ

### 表1-3-6　競技種目別ウエイト・トレーニングの例

| ウエイトトレーニング種目 ＼ 競技種目 | 短距離走 | 長距離走 | 跳躍 | クロール | バタフライ | 平泳ぎ | バスケットボール | バレーボール | レスリング | サッカー | 体操 | スキー | ラグビー | ハンドボール | 野球 | テニス | カヌー | ゴルフ |
|---|---|---|---|---|---|---|---|---|---|---|---|---|---|---|---|---|---|---|
| リストカール | | | | | | | | ○ | | ○ | ○ | | ○ | ○ | ○ | ○ | ○ | ○ |
| リストアブダクション | | | | ○ | ○ | ○ | | | | ○ | | | | | ○ | ○ | ○ | ○ |
| リストローラ | | | | | | ○ | ○ | ○ | | ○ | | | | | ○ | ○ | ○ | ○ |
| フレンチプレス（バーベル） | | | | ○ | ○ | | | ○ | ○ | ○ | | | | | ○ | | | |
| フレンチプレス（ダンベル） | | ○ | | ○ | | ○ | | | ○ | | | | | | ○ | | | |
| スタンディングプレス | ○ | | ○ | ○ | ○ | | | ○ | ○ | | | | ○ | | ○ | | | |
| シーテッドプレス | ○ | | ○ | | | | | ○ | ○ | | ○ | | | | ○ | | | |
| オールターニットプレス | | | | ○ | ○ | ○ | | | ○ | | | | | ○ | | | | |
| バックプレス | ○ | | | ○ | | | | ○ | ○ | | | | | ○ | ○ | | | ○ |
| ベンチプレス | ○ | | | ○ | | | | ○ | ○ | | | | ○ | ○ | ○ | ○ | | |
| ラテラルレイズスタンディング | | | ○ | ○ | | | | | | | ○ | | | | | | | |
| ラテラルレイズスーパイン | | | | ○ | ○ | | | ○ | | ○ | | | | | | | | |
| プルオーバー | | | | ○ | ○ | | | ○ | ○ | | ○ | | | | | | | |
| ローイングアップライト | | | ○ | | | | | | | | | | | | | | | |
| ベンドオーバー | ○ | ○ | ○ | | | | | | ○ | | | | | | | | | |
| ショルダーフラッグ | | | | ○ | ○ | | | | | | | | | | | | | |
| フルスクワット | ○ | | ○ | | | | ○ | | ○ | ○ | | | | | | | | |
| スクワットジャンプ | ○ | | ○ | | | | ○ | | | ○ | ○ | | | | | | | |
| ニーエックステンション | ○ | ○ | ○ | ○ | | | ○ | | ○ | ○ | | | ○ | | | | | |
| レッグプレス | ○ | | | | | ○ | | | ○ | ○ | ○ | | | | | | | |
| レッグカール | ○ | ○ | ○ | | | | ○ | | ○ | ○ | ○ | | | | | | | |
| カーフレーズ | ○ | | | | | | | | ○ | ○ | | | | | | | | |
| レッグランジ | | ○ | | | | | | | ○ | | | | | | | | | |
| フライングスプリット | ○ | | | | | | ○ | | ○ | ○ | | | | | | | | |
| ハイクリーン | ○ | | | | | | | ○ | ○ | | | | | | ○ | ○ | | |
| スナッチ | ○ | | | ○ | ○ | | | | ○ | | ○ | | | | | | | |
| クリーン　アンド　ジャーク | ○ | | ○ | ○ | ○ | | ○ | ○ | ○ | | | | ○ | | ○ | | | ○ |

（大和真, 堀居昭, 木場本弘治『近代トレーニングの実技と理論ウェイト・トレーニング編』1977）

続回数の設定には, 特に注意が必要である.

### 2）筋持久力トレーニング

筋肉の収縮によって力が生まれることから, 筋持久力は活動のスタミナを意

味し，健康にも，競技にとっても基礎的体力といえる．筋持久力を高めるためには，25-50％程度の強度で，反復回数を多く行うとともに，休憩時間を短縮しセット数を多くすることが必要である．トレーニングの方法としては，ダンベルやバーベルを使ったものが一般的であるが(表1-3-6)，ランニングやジャンプ形式でも実施される．

筋持久力の向上は，トレーニングによって，毛細血管の発達，筋血流量が増大，筋の酸素摂取量が増加することによりもたらされる．

### 3) パワートレーニング

パワーは，次の式で定義される．

$$\boxed{\text{パワー} = \text{力} \times \text{スピード}}$$

瞬間的に，すばやく強い力を発揮する能力をいう．陸上の短距離，跳躍，投てきや，体操，柔道などでは，パワーの優劣が競技成績を左右する（表1-3-3）．サッカーのキック，テニスのスウイング等，どの競技においてもパワーは，競技レベルを決定する体力要素である．力とスピードのバランスについては，砲丸やピン球のように種目によって負荷条件が異なるので，その条件に見合ったものにしなければならない．トレーニングは，一般的には，最大筋力の30-60％程度の強度で，10-20回全力で反復する．方法には，各種ジャンプ，負荷ダッシュ，メデイシンボール投げなどがあるが，競技種目の動作に合ったものを行う．パワートレーニングを実施する場合の留意事項について，以下にまとめた．

① 精神を集中し，全力ですばやく行う．
② セット間の休憩を十分とるなどして，疲労のない状態で行う．
③ 筋力・スピード・柔軟性トレーニングを複合的に行う．

54 第1章 人間とスポーツ

#### 4）全身持久力トレーニング

全身運動を長く続ける能力を全身持久力という．長時間のエネルギーの供給が必要であることから，全身持久力の課題は，酸素の摂取，運搬能力の向上であり，肺や心臓の強化，毛細血管の発達と筋血流量の増大がねらいとなる．陸上の長距離やマラソン競技では，この能力が直接成績のカギをにぎっているが，バスケットボールやサッカーなどの基礎的体力でもある．全身持久力は，筋持久力と共に，人間活動の量的能力であることから，健康において重要な体力要素である．

① **全身持久力トレーニング法**　代表的トレーニング法には，持続トレーニングとインターバル・トレーニングがある．競技選手のなかには，高地馴化の生理を利用した高地トレーニングを実施している例もある．

**持続トレーニング**　ランニング，水泳，サイクリング，ウオーキングなどの長時間の全身運動がそれである．強度と時間の組み合わせによって形は変化するが，面積（全運動量）が大きければ大きいほど，そのトレーニング効果は大きい．

**インターバル・トレーニング**　急走期（ランニングや水泳）と緩走期（ジョギング，歩行）を交互に繰り返すトレーニング法であり，無酸素能と有酸素能の両方を向上させようとするものである．心拍数を強度の目安として，急走期（毎分180拍）の後，緩走期（毎分120拍）を不完全休息でつなぐようにする．図1－3－6には，1000m×8本（400mjog）のインターバル・トレーニング中の心拍数の様子を示した．

インターバル・トレーニングは，近代の競技レベルのめざましい向上をもたらしたトレーニング法のひとつであり，陸上の長距離種目だけでなく，水泳をはじめ各種競技のトレーニングに応用されている．

② **強度と時間のきめかた**　トレーニング強度の設定には，個人の最大酸素摂取量（1分間に摂取できる最大の酸素量）を100％としてきめる方法が適当であるが，その測定は一般的ではない．酸素摂取量，心拍数，主観的強度に，それ

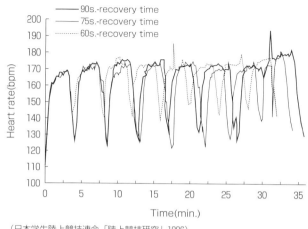

（日本学生陸上競技連合「陸上競技研究」1996）
図1-3-6　インターバル中の脈拍

ぞれ，かなり信頼できる関係が成り立つことから，わたしたちが日常のトレーニングで用いる強度指標は，心拍数および主観的運動強度がよいのではないかと思われる．トレーニング強度と心拍数，主観的運動強度の関係について，表1-3-7に示した．

　健康・体力の保持増進をめざす人は，体力に応じて，中程度以上の強度で，20分以上の持続が望ましい．長距離走では最大酸素摂取量の90％以上，マラソンでは75-85％の水準で，レースが進行することから，それ以下の強度ばかりのトレーニングでは，実際の競技には対応できない．競技選手の全身持久力のねらいによって，強度を強調する場合と時間（距離）を強調する場合がある．

## 5）調整力トレーニング

　調整力の要素には，敏捷性・平衡性・巧ち性が含まれ，「運動神経」と同義語であると理解されている．敏捷性を高めるには，音や光によってスピード，動作，方向を素早く変化せるトレーニングなどが有効である．回転，ジャンプ，

56　第1章　人間とスポーツ

**表1-3-7　体力年代別の強度と心拍数，主観的運動強度の関係**

| 運動強度 | 負荷強度 | 最大強度 | 強度 | 中程度 | | 軽度 |
|---|---|---|---|---|---|---|
| | ％ | 100％ | 80％ | 60％ | 40％ | 20％ |
| 体力年代 | 10代 | 193 | 166 | 140 | 113 | 87 |
| | 20代 | 186 | 161 | 136 | 110 | 85 |
| | 30代 | 179 | 155 | 131 | 108 | 84 |
| | 40代 | 172 | 150 | 127 | 105 | 82 |
| | 50代 | 165 | 144 | 123 | 102 | 81 |
| | 60代 | 158 | 138 | 119 | 99 | 80 |
| | 70代 | 151 | 133 | 115 | 96 | 78 |
| 主観的強度 | | 非常にきつい | きつい | ややきつい | 楽 | かなり楽 |
| 運動の目安 | | 限界 | 健康づくりの運動範囲 | | 少し運動になる | 運動とはいえない |

(体育科学センター『スポーツによる健康づくりカルテ』1984)

片足立ちなど，姿勢の不安定状態から正確な動作を行うトレーニングは，平衡性の向上をもたらす．巧ち性を示す動作は，種目によって構成要素（素早さ，正確さ，状況把握能など）に違いがあることから，その要素を高めることが必要である．

### 6）柔軟性トレーニング

　柔軟性が高まると，関節の可動域が広がり，筋，靱帯，腱の伸縮性が増す．これにより，動作が大きくなりエネルギー効率が向上し，障害予防にも役立つ．

　柔軟性を高めるトレーニングには，ストレッチングを行うが，安全面から反動や「あおり」をつけない静的ストレッチングがすすめられている．静的ストレッチングは，静かにゆっくりと行い，筋や腱にここちよい緊張が感じられたところで動作を止めて，そのままの姿勢で10-15秒静止する．一度姿勢をほぐし，時間と強度を増す．この方法でいろいろな方向にストレッチングを行う．

　ストレッチングは，柔軟性を高める効果の上，血行促進効果があり疲労回復，

第3節 スポーツトレーニング　57

肉体および精神の緊張をほぐすことができる．どこでも，誰でもでき，競技選手，高齢者や病院等のリハビリテーションなど，はばひろく利用されている．

### 6　暑熱環境下でのトレーニング

地球温暖化にともない，夏季の暑熱環境における熱中症が危惧されている．熱中症は熱ストレスによる疾患であり，生活，産業現場およびスポーツ活動中に引き起される．各種目の地区予選や全国大会，合宿や強化練習は，夏季に集中していることから，特に熱中症の予防について熟知しておかなければならない．

#### 1）熱中症とは

スポーツ時には骨格筋運動によって熱産生が亢進する．しかし，高気温および高湿度環境では熱放熱の機能不全によりうつ熱状態に陥り，異常な体温上昇（40℃以上）を引き起こす．体温上昇に対して，発汗により対処しようとするが，水分と電解質の補給が十分でない場合，脱水状態にも陥る．これらの総称が熱中症である．全身の倦怠感を起す熱疲労，筋痙攣を起す熱痙攣，多臓器障害を起し死亡につながる熱射病に分類される．

日本体育協会はスポーツ実施時の高温許容基準を示す，「熱中症予防のための運動指針」を発表した（表1-3-8）．この指標は熱中症の発症に影響が強いとされる気温，湿度および輻射熱を考慮したWBGT（Wet Bulb Glove Temperature：湿球黒球温度）を用いたものである．計算式は以下に示す．

［屋外］　WBGT =（0.7×湿球温度）+（0.2×黒球温度）+乾球温度
［屋内］　WBGT =（0.7×湿球温度）+（0.3×黒球温度）

また，日最高気温および日最高WBGTと死亡率との関係は明らかであり，日最高気温が30℃，日最高WBGTが28℃を超えると熱中症による死亡が増え始め，その後の上昇に従い急激に死亡率が増加することがわかっている．

58　第1章　人間とスポーツ

表1-3-8　熱中症予防のための運動指針

| WBGT ℃ | 湿球温℃ | 乾球温℃ | | |
|---|---|---|---|---|
| ～ 31 ～ | ～ 27 ～ | ～ 35 ～ | 運動は原則中止 | WBGT31℃以上では，皮膚温より気温の方が高くなる．特別の場合以外は運動は中止する． |
| 28 ～ | 24 ～ | 31 ～ | 厳重警戒（激しい運動は中止） | WBGT28℃以上では，熱中症の危険が高いので激しい運動や持久走などの熱負担の大きい運動は避ける．運動する場合には積極的に休息をとり水分補給を行う．体力の低いもの，暑さに慣れていないものは運動中止． |
| 25 ～ | 21 ～ | 28 ～ | 警戒（積極的に休息） | WBGT25℃以上では，熱中症の危険が増すので，積極的に休息をとり，水分補給をする．激しい運動では，30分おきくらいに休息をとる． |
| 21 ～ | 18 ～ | 24 ～ | 注意（積極的に水分補給） | WBGT21℃以上では，熱中症による死亡事故が発生する可能性がある．熱中症の兆候に注意するとともに運動の合間に積極的に水を飲むようにする． |
| | | | ほぼ安全（適宜水分補給） | WBGT21℃以下では，通常は熱中症の危険は小さいが，適宜水分の補給は必要である．市民マラソンなどではこの条件でも熱中症が発生するので注意． |

（公益財団法人　日本スポーツ協会（2018）HP）

表1-3-9　学校管理下での熱中症死亡事故

| | 種目 | 例数 |
|---|---|---|
| 部活動 | 野球 | 19 |
| | ラグビー | 8 |
| | サッカー | 7 |
| | 柔道 | 6 |
| | 山岳 | 6 |
| | 剣道 | 5 |
| | 陸上 | 5 |
| | ハンドボール | 4 |
| | 卓球 | 3 |
| | バレーボール | 3 |
| | アメフト | 2 |
| | ソフトボール | 2 |
| | テニス | 2 |
| | バスケット | 2 |
| | その他 | 4 |
| 校内行事 | | 12 |
| 合計 | | 90 |

（公益財団法人　日本スポーツ協会（2018）HP）

## 2）スポーツ現場での熱中症

　1975年から1990年の学校管理下での熱中症死亡事故90例を表1-3-9に示した（1998，日本体育協会）．ほとんどが部活動中の事故であり，練習内容からみると持久走やダッシュの繰り返し中の事故が多い傾向にあった．

### 3) 2010年における近畿地区の暑熱環境評価

2010年夏の日本の平均気温は，統計開始以来，最高気温を記録した．図1-3-7には2010年7月16日から9月15日の期間，気象庁より発表された舞鶴および明石の日最高気温と大阪の日最高WBGTをプロットした．舞鶴における日最高気温の平均は，34.8±2.49℃，明石は32.6±1.48℃であり，大阪における日最高WBGTの平均は，29.9±1.34℃であった．この他の近畿地区高専の同期間におけるデータを表1-3-10にまとめた．各種大会や強化練習など，どの地域においても厳しい暑熱環境下での活動となったものと推察される．

「熱中症予防のための運動指針」(表1-3-8)によって最高気温の評価を行ったものが図1-3-8である．熱中症に対する危険度が高い「原則中止」と「厳重警戒」を合わせると，75.8％から95.2％にも上り，運動時の熱中症発症の危険性が高かったことがうかがえる．2010年5月31日から9月12日の期間における府県別救急搬送者数と死亡者数を表1-3-11に示した．

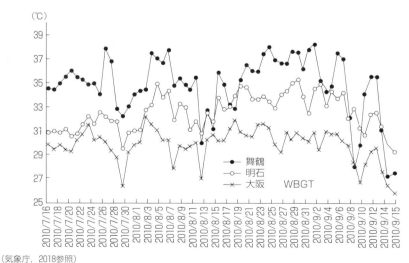

(気象庁，2018参照)

図1-3-7　日最高気温およびWBGTの経時的変化 (2010年夏)

表1-3-10　近畿地区の日最高気温およびWBGTの平均（2010年夏）

| 学校 | 気温 ||||||| WBGT |
|---|---|---|---|---|---|---|---|---|
|  | 明石 | 大阪 | 近大 | 神戸 | 奈良 | 舞鶴 | 和歌山 | 大阪 |
| 気象台 | 明石 | 枚方 | 熊野新鹿 | 神戸 | 奈良 | 舞鶴 | 川辺 | 大阪 |
| 平均 | 32.6℃ | 35.1℃ | 32.1℃ | 32.9℃ | 34.2℃ | 34.8℃ | 32.3℃ | 29.9℃ |
| 標準偏差 | 1.48 | 2.01 | 1.72 | 1.63 | 1.94 | 2.49 | 1.79 | 1.34 |

(気象庁発表データ，2018参照)

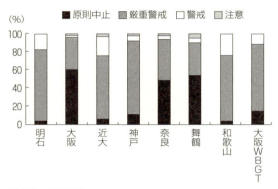

(気象庁，2018参照)

図1-3-8　「熱中症予防のための運動指針」による暑熱環境評価

表1-3-11　熱中症による救急搬送者数と死亡者数（5／31-9／12）

(単位：人)

|  | 三重県 | 京都府 | 大阪府 | 兵庫県 | 奈良県 | 和歌山県 |
|---|---|---|---|---|---|---|
| 救急搬送者数 | 931 | 1,448 | 3,747 | 2,596 | 764 | 489 |
| 死亡者数 | 12 | 0 | 6 | 6 | 4 | 1 |

(消防庁，2018参照)

### 4）熱中症の予防

　スポーツ中の熱中症は，無知と無理によって生じ，適切な予防措置によって防げるものである．日本体育協会[11]による留意点を以下にまとめる．

　① **急な暑さは要注意**　　梅雨の合間の気温が急上昇した日や梅雨明けの蒸

し暑い日，合宿の初日などには事故が起こりやすい．体温調節能力には，暑熱順化が関係しており，短時間の軽い運動を数日間継続し，順化させる必要がある（4-5日を目安）．

② **失った水と塩分を取り戻す**　発汗により放熱され，体温の上昇が防がれる．この働きを途切れさせないために水分を補う必要がある．15分間隔，1回に150から250ml を目安として，10℃以下のミネラルを含んだスポーツ飲料などを補給するようにする．

③ **体重で健康と汗の量を知る**　運動の前後で発汗量を知ることができる．体重の3％の水分が喪失されると運動能力や体温調節能力が低下することがわかっている．体重減少が2％を超えないよう水分補給を行うことが重要となってくる．尿の量と色によっても脱水状況を知ることができる．

④ **できるだけ薄着**　衣服による体温調節には，身体からの熱放散，外部からの輻射熱および水分蒸発のポイントがある．そのため，暑い時には軽装にし，素材の吸湿性や通気性のよいものを選ぶ．直射のある時は帽子の着用も必要となる．

⑤ **体調不良は事故に繋がる疲労**　発熱，かぜ，下痢など体調の悪いときには熱中症を起しやすい．また，体力の低い人，暑さに慣れていない人，熱中症を起した人，持久力の低い人，肥満の人などは暑さへの耐性が低く，特に注意が必要である．


【課題研究】

1）　1週間の行動記録と歩数の関係を調べてみましょう．

2）　暑熱環境下での運動時における発汗量を調査してみましょう．


注

1）内藤久士（2008）：国民の体力比較に関する日中共同研究．平成19年度日本体育協会スポーツ医・科学研究報告．

2）大築立志（2009）：学術会議における子どもへの取り組み．体育の科学，Vol. 59. No. 5，pp. 333-337.

3）福永哲夫（2007）：身体活動能力に影響する遺伝と環境因子．トレーニング科学ハンドブック．朝倉書店，pp 1-17.

4）Paffenbarger, R. S., Jr. and Olsen, E.（1996）：*LIFE FIT*, ed. Paffenbarger, R.S, Jr., Human Kinetics Book, pp. 137-165.

5）深代千之（2010）：動きのトレーニング視点とエビデンス．トレーニング科学最新エビデンス．講談社，pp. 66-74.

6）大築立志（2009）：教養としてのスポーツ・運動―身体知―．体育の科学，Vol. 59. No. 11，pp. 723-727.

7）古田菊夫他（1998）：神戸高専学生の体力に関する一考察．神戸市立工業高等専門学校研究紀要，第36-2号，pp. 73-78.

8）森弘暢他（2006）：高専生の体格，体力・運動能力に関する5年間の追跡調査．論文集「高専教育」，第29号，pp. 183-188.

9）小野伸一郎他（2001）：生活及び運動・スポーツ習慣が高専男子学生の体力に及ぼす影響について．論文集「高専教育」，第24号，pp. 223-228.

10）桑原伸弘（2003）：生活習慣と高専生の身体及び体力の発達について．論文集「高専教育」，第26号，pp. 561-566.

11）川原貴他（1998）：スポーツ活動中の熱中症予防ガイドブック．日本体育協会.

**参考文献**

安部孝編（2010）：トレーニング科学最新エビデンス．講談社，東京.

安部孝・琉子友男編（2010）：これからの健康とスポーツの科学．講談社，東京.

鈴木正之（1990）：続・間違いだらけのスポーツ・トレーニング．黎明書房，東京.

体育科学センター編（1984）：スポーツによる健康づくりカルテ．講談社，東京.

高石昌弘他（1998）：現代高等保健体育．大修館，東京.

トレーニング科学編（2007）：トレーニング科学ハンドブック．朝倉書店，東京.

原田明正・伊東輝雄・小野伸一郎・渡部博子・寺田光世（1996）：陸上競技研究 ロングインターバル・トレーニングにおける効果的な指導方法についての一考察．学生陸上競技連合，東京.

宮口尚義・前田正登・宮口和義（1990）：陸上競技研究 やり投選手の体格・体力．日本学生陸上競技連合，東京.

大和真・堀居昭・木場本弘治（1977）：近代トレーニングの実技と理論ウェイト・トレー

ニング編．日本体育社，東京

公益法人日本スポーツ協会（2018）：熱中症を防ごう（https://www.japan-sport.or.jp）

国土交通省気象庁（2018）：各種データ・資料（https://www.jma.go.jp）

総務省消防庁（2018）：熱中症による救急搬送状況（https://www.fdma.jp）

# 第 *2* 章

## 現代社会とスポーツ

### 第1節　スポーツへのアプローチ

#### 1　文化としての運動

##### 1）　運動とは？

① **対象となる運動**　　われわれは，「運動とは？」と質問されると，案外
説明できそうでできないことに気が付く．選挙運動の「運動」，健康のための
「運動」，痩身やエアロビクスにおける運動処方の「運動」，運動場の「運動」，
物体の落下運動の「運動」，マット運動の「運動」等，われわれは，これらの
日本語としての「運動」の使い方に対し何の違和感も持たないであろう．

　また，運動の辞書的定義によると ① 物体が時間の経過につれて，その時間
的位置を変えること，② 化学変化・生物進化・社会発展・精神的発展などを
含めて，形態・性状・機能・意味などの変化一般をいう，③ 体育・保健のた
めに身体を動かすこと，④ 目的を達成するために活動すること，⑤ 生物体の
能動的な動き，となっている (第四版『広辞苑』)．このような「運動」について
の日常的な使用や辞書的定義からも，「運動」の指し示す意味内容の多様性を
みることができる．

　言葉を整理するという意味で，初めに，「運動 $\varkappa\iota\nu\eta\sigma\iota$s」という意味内容を初
めて体系的に説明を与えたアリストテレス (384-322B.C.) の理論にふれること
にする．

(体育原理分科会編『運動の概念』1984)

図2-1-1　アリストテレスによる運動の分類

　アリストテレスの運動は，広義において「転化（メタボレー）」することに存在し，その「転化」を次のように区別している．実体〔甲〕から実体〔乙〕への「運動（キーネーシス）」と実体でないものから実体への「生成（ゲネシス）」，実体から実体でないものへの「消滅（プトラー）」に転化が関わるとしている．そして，「運動（キーネーシス）」を(1)場所に関する移動（ポラー），(2)性質に関する変化（アルロイオーシス），(3)量に関する増大（アウクセーシス）と減少（プティシス）とに分類している（図2-1-1）．

　②　**運動の質的要素**　では「運動」の根源的意味に基づきわれわれが対象とする運動とはいかなる運動なのであろうか？　結論的にいうと，「生命のある人間の運動」を対象とするということである．

　つまり，われわれは，「運動」を「数値的な時空間の座標」において，人間そのものを「物体（完了した運動）」として物理学的視点で捉えようとするのではなく，今現在われわれが動いている運動を対象にするということである．では，そのような「運動」をどう認識するのであろうか？

　スポーツ運動学の創始者であるクルト・マイネル Kurt Meinel（1898-1973）は，大脳皮質で制御されるすべての随意運動の「運動系 Motorik」を，2つに区別した（マイネル『スポーツ運動学』1981）．

　そして，それらの運動系は，顔の表情，手振り，会話での動作等のきわめて広範な人間の運動生活の機能の全体を含む(1)「日常運動系 Alltagsmotorik」と健康維持，人間の陶冶や教育において運動系の達成が関わる(2)「スポーツ

表2-1-1　マイネルのスポーツ運動系のカテゴリー表

| 運動の局面構造 | 時間・空間的な分節（準備局面・主要局面・終末局面） |
| --- | --- |
| 運動リズム | 力動・時間的構造（流れるような緊張と解禁の配分） |
| 運動伝導 | 個々の四肢や関節の順次性 |
| 流動 | 内力と外力との同調（丸みのある運動） |
| 運動の弾性 | 終末局面に現れる着地的な動作（外力との積極的な対峙） |
| 運動の先取り | 運動目的への運動投企（意識による予想） |
| 運動の正確さ | 時間・空間・力動的な定常性 |
| 運動の調和 | 個々の運動の対立的調和（諸カテゴリーの協調・統一） |

運動系 Sportmotorik」となる．さらに，マイネルは，スポーツ運動系の「質」に注目し，運動経過を客観性あるものとして捉える「質的」な「8つのカテゴリー」的視座を設定している．(1)運動の局面構造，(2)運動リズム，(3)運動伝導，(4)流動，(5)運動の弾性，(6)運動の先取り，(7)運動の正確さ，(8)運動の調和，がそうである（マイネル『スポーツ運動学』1981）．

　われわれは，これらのカテゴリーによって運動経過（運動全体）の諸徴表を把握し，実際個別的なものとして現れてくる運動を一望することができるのである（表2-1-1）．

### 2）文化とは？

① **文化の本質**　辞書的定義による文化とは，① 文徳と民を教化すること，② 世の中が開けて生活が便利になること，③ 人間が自然に手を加えて形成してきた物心両面の成果，となっている（第四版『広辞苑』）．この辞書的定義からも文化とは，人為的に創られたものであることは理解される．では，その「人為的」に創るとはどういった構造（本質）をなしているのであろうか？

　K.マルクス (1818-1883) は，自然物が文化的所産（人為的所産）に至る過程を，労働過程において構造的に捉えている．その構造は次のようになっている．労働者が自然物に働きかけて「商品」を生み出すのであるが，彼自身によって対象化された「商品」を再度獲得するために，より一層の労働を強いられる，と

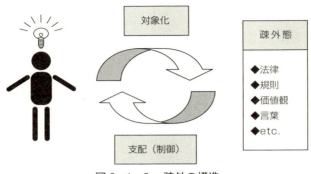

図2-1-2 疎外の構造

いう構造である．

われわれ人間に一層の労働を強いる対象物は，自分が生産したものであるにもかかわらず，「相対する一つの自立的な力」（マルクス『経済学・哲学草稿』1964）へと変容し，われわれ自身を支配する客体へと転化することになる．

マルクスは，このように，われわれ人間が自然に働きかけることで初めて生じ得た「人為的所産」が客体化され，それ自体があたかも独立物であるかのような構成物と化して，われわれを支配するに至る過程を「疎外 Entfremdung」と呼んでいる．

このような構造をわれわれの社会に当てはめると，法律・規則・言葉等がマルクスのいう「構成物」ということになる．まさに，その「構成物」こそが文化の本質となる「疎外態」となるのである．例えば，「疎外態」は，法律が典型的であるように，われわれが創り出したものであるにもかかわらず，あたかも独立物であるかのように存在し，われわれ人間を支配（制御）するに至る「構成態」となっている（図2-1-2）．

② **歩くということ**　ここでなぜ「歩く」ということを取り上げたかというと，次の問いに集約される．「人間は自然と歩けるようになるのであろうか？」である．人間として生まれてくる限りにおいて歩くということは，当たり前なのであろうか？

ここで野生児の例がその問いへの回答となるであろう．東インドの奥地「ゴダムリ」でシング牧師らによって救出・保護された少女達「アマラ」「カマラ」の事例がそうである（シング『狼に育てられた子』1977）．

アマラは推定年齢1歳半，カマラの推定年齢は8歳とされていたが，この年齢の子供なら当然身に付けているはずの「運動能力」が欠け，「身体の形（腰・肩・膝・手足の指等の形)」が変形されていたと，シング牧師は報告している．

人間の平均的な成長過程でいうと，1歳半であれば「直立二足歩行（立ち上がること)」が可能となり，8歳となれば「直立姿勢」による複雑な動きも可能となるはずであるが，彼女らには，「直立姿勢」や「柔軟な関節」による人間としての「運動能力」が現れていなかったのである．また，彼女らは，狼と同じように四つ足で生活しやすいよう「手足の筋肉」が発達し，足（狼だと後ろ足）で地面を蹴りやすいように，足の指が変形していた．

彼女らの事例は，われわれが人間として生を受ける以上，当たり前のことと思っている「直立二足歩行」という運動でさえ身体能力として現れないことを示している．言い換えると，われわれ人間にとってこの「直立二足歩行」は，人間の先天的な身体能力，つまりは高等哺乳類である「馬の赤ちゃん」のように自然と身に付いている能力ではなく，後天的に身に付けていかなければならない「運動」なのである．

「歩くという」運動は，われわれ人間が意図的に創り上げた「人為的所産」としての運動であり，人間としての生活を営むには「必要不可欠」な運動としてわれわれの前に立ち現れてくる「構成物（運動形式)」となる．つまり，「直立二足歩行」も先に示した文化の本質としての「疎外態」に相応するものであることが理解できるのである．

まさに，運動文化たるものは，われわれ人間が意図的に創り上げた「人為的所産」であるにもかかわらず，われわれにとって「相対する力（対象物)」である「疎外態」として，われわれを支配・制御しているのである．

70    第2章　現代社会とスポーツ

## 2　体育の構造的理解

### 1）体育の指し示す事象

①　physical education の翻訳語　　わが国において，現在「体育」の訳語として添えられているのが 'physical education（身体教育）' であることは周知の通りである．

しかし，わが国では，1966（昭和41）年に東京オリンピック大会を記念して制定された国民の祝日である「体育の日」を 'Health-Sports Day' と英訳している．「体育の日」には，各地方の自治会が「運動会」等の行事を行ない，その内容は，綱引き，50m 競争，ムカデ競走，たま入れ競走等の運動やスポーツになっている．

また，毎年，わが国において全国規模で開催されている「国民体育大会（国体）」を 'National Sports Festival' と英訳している．その大会の内容は，総合スポーツ競技大会そのものである．

さらに，わが国の各種スポーツ競技団体の統括組織としての「日本体育協会」という名称を 'Japan Amateur Sports Association（JASA）' と英訳し海外に紹介しているのである．

体育の授業に対し，「体育は楽しい」「体育は辛い」「体育を始める」等といった言葉使いを耳にする．この言葉使いでは，「身体教育は楽しい」「身体教育は辛い」「身体教育を始める」等といった今一つ意味が通じない内容に変わってしまうのである．

つまり，われわれは，「体育」という言葉を 'Sport（s）' に置き換えたり，「身体教育は楽しい」といったように「身体教育」という意味内容を ' 運動 movement' に置き換えて「運動は楽しい」とった言葉使いによって「体育という事象」を指し示していたのである．

言い換えれば，「身体教育 physical education」を意味する「体育」は，「スポーツ＝体育」，あるいは，スポーツ等による「身体運動」的な意味を指し示

す言葉として，われわれの前に立ち現れているのである．

　では，次に「体育（身体教育）」の歴史的な背景についての説明に移ることにする．

　② 体育（身体教育）の歴史的背景　　『文部省雑誌（明治8年 1875）』に「身体教育」が掲載され（岸野雄三『新版近代体育スポーツ年表』1986），「体育」という用語が日本語として姿を現したのは，日本が近代国家への歩みを始めた明治に入ってからのことである（佐藤臣彦『身体教育を哲学する』1993）．

　近代体育スポーツ年表によると，「体育」という言葉の初出は，1876（明治9）年において「精神の教育」に対する・身体の教育・を意味す内容で近藤鎮三が『文部省雑誌』第6号（3月10日発行）で「体育」という用語を使用した，となっている（表2-1-2）．

　また，‘physical education’の訳語を「身体上の教育即ち体育」に対応させた伊沢修二の著書『教育学』は，1883（明治16）年のことであり（佐藤臣彦『身体教育を哲学する』1993），‘physical education’という用語の普及にもっとも貢献したと思われるスペンサー（1820–1903）の“Education：Intellectuel, Moral, and Physical”が1860年の刊行であることから，「身体教育」すなわち「体育」という用語は，近代において成立していったのである（佐藤臣彦「人間存在における身体の特異性」1998）．

表2-1-2　「身体教育」を巡る用語の変遷

|  | 用　語 | 創案者 | 掲載誌 |
|---|---|---|---|
| 明治6年11月 | 養生の法 | 無署名 | 文部省雑誌 |
| 明治8年9月 | 身体教育 | 小林儀秀 | 文部省雑誌 |
| 明治8年10月 | 身　教 | 大塚綏次郎 | 文部省雑誌 |
| 明治9年3月 | 体　育 | 近藤鎮三 | 文部省雑誌 |
| 明治10年7月 | 体の教育 | 近藤鎮三 | 教育新誌 |
| 明治11年7月 | 体　育 | 川村重固 | 教育新誌 |
| 明治11年10月 | 育　体 | 多久乾一郎 | 教育新誌 |

（佐藤臣彦『身体教育を哲学する』1993）

佐藤は，このような「体育」という用語の成立においては，「身体を教育する」といった「教育概念」に基いているのであって，「身体運動」そのものを指し示すものではないことを指摘している．では，一体「体育」をどのように捉えていけばいいのであろうか？

### 2）体育とは？

① **教育的基盤として**　ここでは，「体育」を構造的な把握に基いた佐藤の理論を中心に説明することにする．まず「体育」は，「身体教育」である以上，英語，国語，物理等と同様に教育概念を基準においていることになるが，では，その基準となる「教育」をどう捉えればよいのであろうか？

辞書的定義によると，「教育」とは，教え育てること．人を教えて知能をつけること．人間に他から意図をもって働きかけ，望ましい姿に変化させ，価値を実現する活動（第四版『広辞苑』），となっている．このような定義から，2つの要素（項目）を汲み取れる．1つは「教え育てる人」，2つ目は「教え育てられる人」，といった要素（項目）がそうである．つまり，「能動者」と「受動者」が存在するということである．

しかし，「教育」とは，「教え育てる人」つまり「能動者」だけ存在していても成り立たず，「教えられる人」についても同じことがいえる．「教え育てる人（能動者）」と「教え育てられる人（受動者）」とが存在していなければ，「教育」が成り立たないことになる．言い換えれば，「能動者」と「受動者」とがそれぞれ関係し合って「教育」が成り立つということである．

関係し合って成り立つということはどういうことであろうか？関係し合うということについて，佐藤は次のように説明を与えている．例えば，「友情」，「愛情」，「憎悪」といった感情は，それ自体では存在するものではなく，「Aという人物とBと

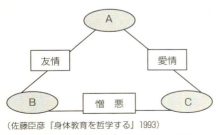

（佐藤臣彦『身体教育を哲学する』1993）
図2-1-3　関係としての感情

いう人物との間に〈友情〉がある」とか,「Bという人物とCという人物との間に〈愛情〉がある」というようにそれぞれの人物との関係において存在するのである（図2-1-3）．

このような感情と同様に,「教育」は,「能動者」が「受動者」への働きかけによって,あるいは後者が前者によって「変化」させられる働きにおいて,つまり,関係として（機能として）存在していることになる．

佐藤は,このように「教育」を関係（機能）として捉え,次のようにまとめている．「教育」とは,特定の条件（設定された目的・目標）の基で,「働きかけるもの (a)」と「働きかけられるもの (b)」と「文化財［教材］(c)」がその間で関係し合うことである．これを関数的定義にすると

$$E = f(a, b, c \mid P)$$

E：education（教育）　f：function（機能）　a：作用項　b：被作用項
c：文化財（教材）　　　｜：条件　　　P：purpose（目的・目標）

（佐藤臣彦『身体教育を哲学する』1993）

② **関係性として**　「体育（身体教育）」は,教育的基盤を有する以上,「身体的 physical」という限定詞のついた教育（英語教育であれば,英語という限定詞がつく）に包摂されることはいうまでもない（図2-1-4）．

したがって,「体育」も次のような関数的定義を与えることができる．

図2-1-4　教育に包摂される科目

74　第2章　現代社会とスポーツ

```
            PE＝f（a´，b´，c´｜P´）
 PE：体育        f：機能       a´：作用項       b´：被作用項
 c´：文化財（教材）      ｜：条件      P´：purpose（目的・目標）
```

（佐藤臣彦『身体教育を哲学する』1993）

　教育概念に包摂される「体育」の独自性は，「身体」にかかわった教育になる．つまり，「身体」にかかわった「何」を「能動者」が「受動者」へと働きかけるのかが重要性を持つことになる．また，「何」かを「能動者」が「受動者」へと働きかけるわけであるが，当然，設定される目的によって教材が異なってくるのである．例えば，英語教育では，会話を目的とする場合と，文法的理解を目的とした場合とでは授業形態が異なってくるのである．同じように，体育も目的によって授業形態が変わってくるのである（表2-1-3）.

　体育における目的は，このような（表2-1-3）3つの目的だけに留まらず，例えば，スポーツ種目のルールを覚えるという目的の設定，あるいは集団(チーム）による理論的な運動を理解するという目的を設定することができるように，さまざまな観点によって目的設定がなされるのである．つまり，目的が異なれば，教材が変わり，必然的に授業形態も変化するのである．

　このように体育は，「能動者」がある身体的にかかわってくる条件的な目的

## 表2-1-3　体育における目的と教材

| 目　　　　的 | 教　　　　材 |
| --- | --- |
| 自分の体を知る | 体力診断（体力トレーニング）<br>多様な動き（ダンス，表現系の運動）<br>身体機能（生理学）etc. |
| 運動を習得する | 鉄棒運動（け上がり，逆上がり）<br>バスケットボール（レイアップシュート）<br>テニス（スピンサーブ）etc. |
| 身体・運動の構造を知る | 運動学（主観性）<br>バイオメカニクス（客観性）<br>解剖学（客観性）etc. |

をもって意図的に「能動者」へと働きかけている関係において成立するのである.

### 3　スポーツの構造的理解

#### 1）構造について

① **技能の出自根拠**　なぜわれわれは，水泳における「平泳ぎ」，バレーボールにおける「バック・アタック」，サッカーにおける「インステップ・キック」，柔道における「背負い投げ」，陸上競技における「フォスベリー・ジャンプ」等々，それぞれの種目における独特の動きを技能として身に付けることができるのであろうか？

このような問いに対し，スポーツ運動場面だけに視点を向けるのではなく，言語構造と対比しながら答えることにする．その問いを言語学でのそれに言い換えると，「なぜ言語を行使することができるのであろうか？」ということになる.

ソシュール（1857-1913）言語学においては，個人的な言語の行使（パロール parole）の根拠を社会的システムとしての言語（ラング langue）に負うている．つまりは，われわれが母国語や外国語を行使できるのは，個人的な次元を超えた形式としての「言語構造」がわれわれに先立って存在しているからこそ可能となるということである.

スポーツ運動場面でいうと，ソシュール言語学でいう「パロール」に対応するものが，それぞれのスポーツ運動において独特な動きとして現れる「技能」となり，「ラング」に対応するものが，身に付けようとする「動きの形式 form」ということになる．例えば，陸上競技の「フォスベリー・ジャンプ」を技能として身に付けたいのであれば，この「フォスベリー・ジャンプ」の形式 form を事前に理解していなければならないのである（表2-1-4）.

つまり，「技能」の根拠に「動きの形式」を想定することができる．では，この「動きの形式」とはどのようなものであろうか？

76　第2章　現代社会とスポーツ

表2-1-4　言語の行使と技能の出自根拠

| | 言　語 | スポーツ運動 |
|---|---|---|
| パロール | 言語の行使 | 技　能 |
| ラング | 言語構造 | 動きの構造(形式) |

②　**運動形式**について　　形式についての簡単な説明をすると，人間の運動
は，個々人異なった「技能」として現れてくる．例えば，鉄棒運動の「け上が
り」は，A君の行う「け上がり」とB君の行う「け上がり」とでは同じ「け
上がり」でもそれぞれ異なった運動経過を示す．しかし，われわれは，異なっ
た運動経過であるにもかかわらず，それを「け上がり」と判断している．

　つまり，われわれは，「け上がり」という「独自の代替不可能の運動形態を
備えた」(金子明友『体操競技のコーチング』1980) 形式を認識しているのである．
また，この形式を認識するからこそ，多様な事象から区別することができるの
である．

　人間の運動を，縦軸に，反復的で習慣性を本質とする「反復習慣的」と自覚
的な改良を要する技術性を本質とする「改良技術的」，横軸に，運動そのもの
の可能性を本質とする「自己展開的」と運動によって何らかの価値 (意味) を
生み出すことを本質とする「価値媒介的」というカテゴリーから，4つの「形
式」に分類することができる (表2-1-5)．

　Aの「基層的運動形式」においては，座るという運動においても，日本特

表2-1-5　文化としての運動形式の分類表

| | | |
|---|---|---|
| 反復習慣的 | A：基層的運動形式<br>歩く，立つ，座る，走る等 | B：符号的運動形式<br>身振り手振り，挨拶等 |
| 改良技術的 | C：象徴的運動形式<br>スポーツ，ダンス，体操等 | D：作業的運動形式<br>楽器演奏，演技等 |
| | 自己展開的 | 価値媒介的 |

(佐藤臣彦『身体教育を哲学する』1993)

有の「正座」や欧米特有の「椅子に座る」さまざまな運動が現れてくる．Ｂの「符号的運動形式」においては，日本では「おじぎ」という運動によって，欧米では「握手」という運動によって挨拶を意味するさまざまな符号が現れてくる．Ｃの「象徴的運動形式」においては，日本特有の「相撲」やイギリス発祥の「サッカー」，「体操競技」等さまざまな運動が現れてくる．最後にＤの「作業的運動形式」においては，楽器演奏の仕方（指，足，唇等の運動），演劇での「悲しむ」というさまざまな動きが現れてくる．

　このような運動形式がわれわれに先立って存在しているからこそ，われわれは，目標とする運動を技能として身に付けることができるのである．

### ２）スポーツの構造

**①　文化としてのスポーツとその根拠**　　文化の本質は，「疎外態」であり，人間の運動も人為的所産としての「疎外態」であることを先に述べた（第２章第１節１項　文化としての運動）．スポーツも人間の運動が介在しており，われわれ人間が創りあげた運動である以上，人為的所産としての「疎外態」であるということができる．

　例えば，サッカーをゲームとして成立させるためには，その種目独特の運動（インサイド・キック，ヘディング，ドリブル等）を身に付け，また，サッカーを成立させているルールを守らなければならない．同様に，テニスや卓球等，あらゆるスポーツ種目においてもそうである．このことによって，他のスポーツ種目と区別され，その種目の独自性を保つことができる．例えば，サッカーのゲーム中，突然サッカーボールを腕で抱えて走り出した場合，それはもうサッカーというスポーツ運動ではなくなってしまうのである．

　このように，各スポーツ種目を成立させているその特有の「運動」や「ルール」は，われわれ人間が創りあげた人為的所産としての「対象物」であるにもかかわらず，われわれ人間に「相対する力」即ち，「疎外態」としてわれわれの前に立ち現れてくるのである．つまりは，スポーツを文化的所産として理解することができる．では，なぜこうしたスポーツ種目を成立させている文化と

78　第2章　現代社会とスポーツ

表2-1-6　言語とスポーツ運動の出自根拠

| 言　語 | | スポーツ運動 |
| --- | --- | --- |
| パロール | 言語の行使 | 技　　能 |
| ラング | 言語構造 | 動きの構造（形式）・スポーツ |
| ランガージュ | カテゴリー化能力 | 運動的象徴化能力 |

しての「運動」や「ルール」を創り出すことができるのであろうか？

　先に，ソシュール言語学でいう「ラング langue」に対応するものが「動き
の構造（形式）」であり，それは「技能（言語構造でいうとパロール）」の出自根拠
となることを確認した．さらにソシュールは，「ラング」の存在根拠を「人間
のもつ普遍的な言語能力・抽象化能力・カテゴリー化の能力およびその諸活
動」（丸山圭三郎『ソシュールの思想』1989）としての潜在能力である「ランガージュ
langage」にその根拠を負うている．

　各スポーツ種目を成立させている「動きの構造（運動形式）」の存在根拠とな
り「ランガージュ langage」に対応するものは，それぞれのスポーツ種目を成
立させている「動きの構造（運動形式）」を創り出す「運動的象徴化能力（シン
ボル化能力）」がそれである（表2-1-6）．

　②　3つの契機（身体性・知性・感性）　　スポーツ種目を成立させる「運
動形式」は，「運動的象徴化能力（シンボル化能力）」を出自根拠としている．で
は，われわれの目に見える多様で一回性的であるスポーツ現象をどのように構
造化することができるのであろうか？

　人間のからだを思い浮かべると，おのおの独立した形態（目・手・臓器など）
や機能（血液循環・呼吸・体温調整など）は，それぞれ相互作用することによって
からだ全体を統合している．スポーツ構造もこのように，「身体性，知性，感
性」といった人間能力がそれぞれ独自性を持ち，相互に規定しあいながら構成
される（身体運動文化学会編『身体運動のアスペクト』1998）．

　スポーツ構造の「身体性」とは，人間の身体能力が対象化された「運動形式」

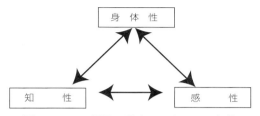
図2−1−5　相互に規定しあう3つの契機

がそうである．スキージャンプ競技を例にとると，「V字飛行」は，スキージャンプを行う競技者に対し，その飛行を身につけるべく努力を強いる物理学的に裏付けされた「運動形式」として現れてくる．

　スポーツ構造の「知性」とは，ルールや戦術，スポーツ器具・用具といったわれわれ人間の知的な営為の結果である．このような知的所産は，それぞれのゲームにおいて，競技者の動きを規制しゲームを公正で合理的に進めていく契機として現れる．

　残る「感性」とは，運動形式やルールなどの是非の根拠となる価値観（美的・倫理的）がそうである．例えば，ダンスの動きについては，どういった動きによる表現が美しいのかといった価値観，つまりは文化的な価値観がその動きの評価を決定するのである．日本の武道には，日本の文化的な価値観によって，英国では，ジェントルマン・シップといった価値観によって運動形式やルールが構成されていくのである．

　このようにスポーツ構造は，人為的な所産として「身体性」「知性」「感性」といった3つの契機が，それぞれ相互に規定しあう複合的な構成体として捉えることができる（図2−1−5）．

　4　身体運動の可能性

1）可能性の基盤とは？
①　ポルトマンの「生理的早産」　　スイスの動物比較形態学者である，ア

80 第2章 現代社会とスポーツ

表2-1-7 哺乳類における個体発生的関係

|  | 下等な組織体制段階 | 高等な組織体制段階 |
|---|---|---|
| 妊娠期間 | 非常に短い (たとえば20〜30日) | ながい (50日以上) |
| 一胎ごとの子の数 | 多い (たとえば5〜22匹) | たいてい1〜2匹 (まれに4匹) |
| 誕生時の子どもの状態 | 巣に座っているもの (就巣性) | 巣立つもの (離巣性) |
| 例 | 多くの食虫類 イタチの類 小さな肉食獣 | アザラシ, クジラ 猿類 |

(A. ポルトマン『人間はどこまで動物か』1985)

ドルフ・ポルトマン（Adolf Portman1897-1982）は,「就巣性」と「離巣性」という視点から,人間存在の生物学的意義を主張している.

まず,「就巣性」とは,生育には母親や擁護者の手助けを必要とする,巣に座っているという特性を意味する.「離巣性」とは,誕生後ただちに自ら生命維持のための活動を開始できる,巣立つという特性を意味する.

ポルトマンは,われわれ人間を他の高等哺乳類と比較した場合,理論上「離巣性」の特性でもって誕生しなければならないはずが（表2-1-7参照）,「就巣性」の特性を持って誕生するのは何故か？という問いを立て「生理的早産」というユニークな論理展開でその問いに答えている.

ポルトマンは,人間の存在において重要と考える特殊性として「直立姿勢」「言語の習得」「洞察力ある行為」を上げ,これらは「母親の胎内の環境」では得られないものとし,「生後約1カ年」の子宮外での「延長された妊娠期間」によって初めて実現されることを指摘している.

「離巣性」という特徴をもった高等な哺乳類の新生児は,成長した親の姿を縮小された形態であり,当然その種特有のコミュニケーションをもそなえている.しかし,人間は,「生後約1カ年」かかって高等哺乳類が誕生した発育状態にたどりつくのである.この意味おいて,人間は,「就巣性」と「離巣性」

の特徴をもちあわせていることになる．つまり，この1年間の「生理的早産」が生物学的な人間を特徴づけることをポルトマンは，主張しているのである．

ここで重要なのは「生理的早産」という生物学的視点からの指摘は，自然法則によってではなく，他者からの働きかけによって「母親の胎内の環境」では得られない人間の特性を獲得する「可能性」が開かれているということである．

インドで発見された少女（狼に育てられた少女）を例に上げてもわかるように，人間として生を受けても（生理的早産をしても）人間特有の運動（直立二足歩行）ですら，他者からの働きかけがない限り獲得することができないことは明らかである．

② 現実態と可能態　　人間としての「可能性」を実現するには，他者からの人為的な働きかけが必要となってくるのである．では，この「可能性」をどう捉えたらいいのであろうか？

結論からいうと，ここでは，われわれのからだ（身体能力）を「現実態（エネルゲイア）」としてではなくて，「可能態（デュナミス）」としてとらえることで，からだ（身体能力）の「可能性」を理解することである．

アリストテレスは，「現実態（エネルゲイア）」と「可能態（デュナミス）」を哲学の論理を展開するうえで重要な概念としている．アリストテレスの説明によ

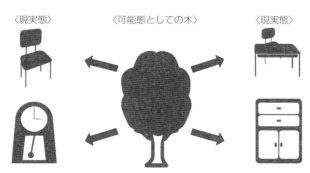

図2-1-6　可能態としての「木」からの可能性

82 第2章 現代社会とスポーツ

ると,「木の箱」について,「木」は「箱」の質を表し「可能的」に「箱」の前
の状態を指す意味において「木」を「可能態としての木」として捉え,現実に
目の前にある「木の箱」を「現実態としての木の箱」として捉える.

　「現実態」と「可能態」をわれわれの身体能力に対応させると,「現実態」
としてのわれわれの能力は,今現実に発揮している能力となる.例えば,直立
二足歩行,逆上がり,ボールを投げる等,「獲得された身体能力」になる.次
に,「可能態」としてわれわれの能力は,例えば,先天的に持ちうる五感 (視
覚,聴覚,触覚,味覚,嗅覚) ではなく,高等な精神機能によって後天的にのみ獲
得可能な「共通感覚 (時空間の感覚)」のような「未獲得な身体能力」になる.

　われわれは,身体が成長するような「自然過程的 (生得的な能力)」での「可
能態」として身体能力を捉えるのではなくて,人為的なトレーニングによって
のみ獲得することができる意味において「可能態」としての身体能力があるこ
とを認識することが重要である.

### 2）運動の伝承性

① **伝承性と獲得性**　われわれが身体能力を「可能態」として認識する場
合,それは,新しい能力が現れることを意味する.この意味は,それぞれのス
ポーツの持つ特殊な「運動形式 (技)」,例えば,体操競技での「十字懸垂」を
技能として習得する可能性のことである.つまり,「可能態」としての身体能
力は,「運動形式 (技)」を介することで新たな「現実態」として現れる身体能
力である技能を獲得するのである.このような過程を「獲得過程」と呼ぶこと
にする (図2-1-7).

　新たな身体能力を獲得する,「身体能力 (技) →運動形式 (技能) →身体能力
(技)」過程は,Bの「獲得過程」であり,新たな身体能力 (技能) を獲得して
いくことを意味する.

　しかし,「獲得過程」だけでは,「運動形式 (技)」を後世に伝えることはで
きないのである.それぞれのスポーツの持つ特殊な「運動形式 (技)」は,わ
れわれの「身体能力 (技能)」を介することによって,既存のものが伝承される

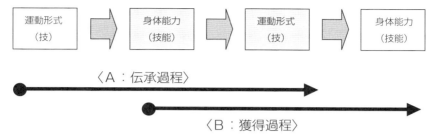

(佐藤臣彦『身体教育を哲学する』1993,参照)

図 2-1-7　運動の伝承性

だけではなく，高度で複雑な新たな「運動形式（技）」が誕生するのである．その「運動形式（技）→身体能力（技能）→運動形式（技）」過程が A の「伝承過程」なのである．

これらの過程（伝承過程と獲得過程）は，実践において，それぞれ独立した過程として現れるのではなく，複雑に関係しあいながら「運動形式（技）」を伝承・改良し，新たな「身体能力（技能）」を獲得し続けているのである．

② **運動の役割**　　今日，「からだ」をめぐる社会的意識は，なみなみならぬ関心があることは疑うことはできないであろう．われわれは，からだの容姿を「社会的観念によってつくられた像（情報社会によってつくられた像）」を意識するあまり，健康医薬品，健康器具，痩身法，スポーツクラブなどといった商品化されたものを利用・活用している．

また，われわれは，医薬品だけではわれわれが望む「からだ」に近づけないことも熟知している．例えば，アキレス腱を断裂した場合，医薬品だけに頼らず，必ずといってリハビリに歩行という運動を行うことによって，断列前の「からだ」を取り戻そうとする．

スポーツ種目でいえば，陸上競技での投擲の選手，長距離の選手，短距離の選手は，それぞれ独特な「からだ」を備えている．それは，体操競技選手や柔道の選手の「からだ」とは，一目瞭然である．つまり，それぞれのスポーツ種

84　第2章　現代社会とスポーツ

目での独特な「からだ」を獲得するには，当然ながら当該のスポーツに適した運動（トレーニング）を強いられるのである．

　われわれの身体能力は「可能態」である以上，後天的に「からだ」を形成することができる．しかし，それには，願望する「からだ」を獲得するために，それに応じた運動を獲得しなければならないのである．

　「歩行」という単純な運動でさえも，われわれの生活する世界においては，重要な意味を持ち，それぞれスポーツ世界においてもそのスポーツ独特な運動は重要な意味を持っている．

　このように，運動の持つ役割は，その世界において目標とするものを獲得するのに必要不可欠な文化財（運動形式）となっているのである．


## 【課題研究】

1）運動と文化とはどのような繋がりがあるのかまとめてみましょう．
2）言葉を行使することとスポーツ運動ができることとの共通項を考えてみましょう．
3）わたしたちの身体を「可能態としての身体」と捉えるのはどのような理由からなのか考えてみましょう．


**参考文献**

金子明友（1980）：体操競技のコーチング．大修館書店，東京．

岸野雄三編（1986）：新版近代体育スポーツ年表．大修館書店，東京．

佐藤臣彦（1993）：身体教育を哲学する．北樹出版，東京．

(社)日本体育学会監修（2006）：最新スポーツ科学辞典．平凡社，東京

シング／中野善達・清水和子訳（1977）：狼に育てられた子．福村出版，東京．

身体運動文化学会編（1998）：身体運動のアスペクト．道和書院，東京．

鈴木孝夫（1996）：教養としての言語学．岩波新書，東京．

体育原理分科会編（1984）：運動の概念．不昧堂出版，東京．

新村出編（1991）：広辞苑．第四版，岩波書店，東京．

中田裕一（1999）：スポーツ運動における技術概念へのアプローチ～マイネルの技術概念

第1節　スポーツへのアプローチ　　85

　　　を起点に～日本体育学会体育原理専門分科会．体育原理研究第29号，東京．
ポルトマン．A／高木正孝訳（1985）：人間はどこまで動物か．岩波新書，東京．
マイネル．K／金子明友訳（1981）：マイネル・スポーツ運動学．大修館書店，東京．
マルクス．K／城塚登・田中吉六訳（1964）：経済学・哲学草稿．岩波文庫，東京．
丸山圭三郎（1987）：ソシュールの思想．岩波書店，東京．
丸山圭三郎（1989）：文化＝記号のブラックホール．大修館書店，東京．

86    第2章　現代社会とスポーツ

## 第2節　スポーツの文化史

　スポーツは人類にとって欠くことのできない文化の1つである．身体を動かして得られる達成感や爽快感，あるいはスポーツを観戦して得られる興奮や充足感など，スポーツから得られるものは少なくない．

　そもそも人類の歩みのなかでスポーツはいかなる役割を果たしてきたのか．現在にもっとも近い過去は20世紀であるが，この時代に限ってみても，その理想と現実をめぐってさまざまな功罪が指摘されている．スポーツをとりまく今日の状況を冷静にみつめ直し，スポーツのあるべき未来像を探っていくためには，スポーツの歴史を客観的にふり返ってみることが必要である．本節では，今後わたしたち一人ひとりがスポーツに関わっていく際にぜひとも知っておきたい事柄について述べていくことにしたい．

### 1　20世紀のスポーツ

#### 1）「スポーツの世界化」とは何か

　スポーツ史の中で20世紀はどのように位置つけることができるのか．結論からいえば，20世紀は近代ヨーロッパで形づくられたスポーツの概念が地球規模での世界化（グローバリゼーション）を完成させた時代といえる．

　ヨーロッパ諸国はすでに大航海時代から新大陸やアジアへの進出を始めていたが，19世紀末から20世紀初めの世紀転換期は，交通・貿易・通信のめざましい発達により，世界の工業先進国や軍事強国がそれぞれの植民地や従属国での支配と勢力範囲の拡大に努め，世界の分割が一応の完成を見た時期にあたる．

　とりわけ20世紀初頭は帝国主義の全盛期であり，スポーツの地球規膜での世界化もそのような世界情勢とともにもたらされた現象である．ここではまず，その代表格ともいえるサッカーを例にして，20世紀におけるスポーツの歩みをふり返ってみたい．

サッカーは，19世紀後半のイギリスで今日の形態を整えられ，その後，植民地や自治領，周辺地域へと伝えられて世界に広まった。そこでの直接の担い手は世界各地に上陸したイギリスの軍人や教師，商人，宣教師などであった。彼らはみずからサッカーやクリケットなどに興じただけでなく，植民地を「文明化」するために現地の人びとに「自国」のスポーツを教えたのである。

日本へのサッカーの導入は，イギリス人のアーチフォールド・ダグラス少佐が1873（明治6）年に東京・築地にあった海軍兵学校で教えたのが最初とされている。背景には，イギリスを模範として強力な海軍を創設しようという明治政府の意向がはたらいていた。1877（明治10）年には休操伝習所でもサッカーが教えられるようになり，その伝統を引きついだ東京高等師範学校の卒業生らによって全国に伝えられた。1921（大正10）年には，イングランドのサッカー協会（FA）から寄贈された銀杯をきっかけに，大日本蹴球協会（現在の日本サッカー協会）が創設された。協会はサッカーが精神と肉体の鍛練に役立つことを強調し，「世界五大強国の一として重大な責任と抱負を有するわが国民は，いかなる点に於いても，列強と伍して遜色のない精神と肉体とを造り上げなければならぬ」として，「世界の変局と国連の伸長とに伴い，宇内に雄飛すべきわが国民の体育を向上せしめんが為に」サッカーの普及を促したのである。

当時列強と称された国ぐに（イギリス，フランス，ロシア，ドイツ，イタリア，ベルギー，アメリカ，日本など）では，国民の体力づくりとともに，彼らに強烈な国家意識を植えつける必要にせまられていた。とくに近代国家としての出発に出遅れた日本やドイツといった国ぐにでは，国民体育の必要性が強く叫ばれ，軍国主義的な体育が実施された。そのため，すべての国でイギリスのスポーツが歓迎されたわけではなかったのである。

例えばドイツでは，19世紀半ばからツルネン（Turnen）と呼ばれる中央集権化された独自の体育制度が普及しており，イギリスのスポーツについては，その是非に関する激しい論争がわき起こっていた。1860年に設立されたドイツ体操連盟（Deutsche Turnerschaft）の会員数は，1880年の17万315人から，1914年に

88    第2章　現代社会とスポーツ

## 表2-2-1　各国スポーツ協会の設立年

| 種　目 | ドイツ | 日本 | アメリカ | スウェーデン | イギリス |
|---|---|---|---|---|---|
| サッカー | 1900 | 1921 | 1978 | 1904 | 1863 |
| 水　泳 | 1887 | 1924 | 1878 | 1904 | 1869 |
| 自転車 | 1884 | 1934 | 1880 | 1900 | 1878 |
| 漕　艇 | 1883 | 1920 | 1972 | 1904 | 1879 |
| スケート | 1888 | 1929 | 1888 | 1904 | 1879 |
| 陸上競技 | 1898 | 1925 | 1888 | 1895 | 1880 |
| ローンテニス | 1902 | 1921 | 1881 | 1906 | 1886 |
| スキー | 1904 | 1925 | 1904 | 1908 | 1903 |

（マッキントッシュ，ピーター：寺島善一他編訳（1991）：現代社会とスポーツ．大修館書店，東京及び
日本体育協会監修（1987）：最新スポーツ大事典，大修館書店，東京.）

は126万3573人へと大幅に増加したが，ドイツ国内の各スポーツ協会の会員数
もその頃にはおよそ125万人に達していた．きわめて政治的だったツルネン捉
進運動に端を発するドイツ体操連盟は近代オリンピックへの参加にも批判的な
立場をとっていた．だが，20世紀に入るとドイツの軍部でも兵士の訓練にサッ
カーをとり入れるようになる．20世紀初頭には，ドイツに限らず，イギリスに
追いつこうとする列強諸国が競って大英帝国の文化や科学技術などを模倣する
ようになっていったのである．

　いっぽう，宗主国であるイギリスにとり，植民地にサッカーなどの自国のス
ポーツを普及させることは植民地政策の一環だった．じっさいにインド，アフ
リカ，西インド諸島，ボルネオ島など，ヨーロッパ以外の英領植民地には本国
のパブリック・スクール（エリート養成のための伝統的な私立の中等教育機関）をモ
デルにした学校が建設され，人格陶冶のための手段としてスポーツ教育が重視
された．そのため，植民地学校はサッカーなどのイギリス・スポーツを現地の
支配層を中心に普及させるのに大いに貢献したのである．ただし，それは世界
の諸地域に伝わる伝統的なスポーツの衰退や消滅を伴った現象であり，結果と
して近代ヨーロッパで誕生したスポーツだけがあたかもスポーツ文化の中核で
あるかのような状況をつくり出してしまった．

　このようなスポーツにおける地球世界のヨーロッパ化ないしは一元化のこと

を，ここでは「スポーツの世界化」と称している．

### 2）「スポーツの世界化」を促したもの

　このような地球規模で生じた「スポーツの世界化」について考えようとするときに忘れてならないのは，世界的な規摸で統一された統轄団体の設立と世界選手権やワールドカップに代表される国際的な競技大会のはじまりである．

　サッカーを例にすれば，国際サッカー連盟（FIFA）の設立（1904年）とワールドカップの創設（1930年）ということになる．一見奇妙に思えるのは，いずれの場合もイギリスが中心的な働きをしてこなかったということである．FIFA の設立はフランスのパリにおいてであり，第1回ワールドカップの開催は南米のウルグアイにおいてであった．それだけではない．イギリスは，FIFA の発足時にはそのメンバーですらなかったのである．設立時の FIFA の加盟国は，フランス，ベルギー，スイス，オランダ，デンマーク，スウェーデン，スペインの7カ国であり，イングランド，スコットランド，ウェールズ，アイルランドのイギリスの4つの協会が加盟したのは1906年のことで，その後も脱退と加盟をくりかえした．

　ワールドカップ第1回大会では，期日までにヨーロッパ諸国からの参加申し込みが一通も届かなかったという．これはヨーロッパの国ぐにが船で片道数週

表2-2-2　世界的なスポーツ統轄団体の設立年

| 種　　目 | 設立年 | 団　体　名 |
|---|---|---|
| サッカー | 1904 | 国際サッカー連盟（ＦＩＦＡ） |
| 水　泳 | 1908 | 国際水泳連盟（ＦＩＮＡ） |
| 自転車 | 1900 | 国際自転車競技連合（ＵＣＩ） |
| 漕　艇 | 1892 | 国際漕艇協会（ＦＩＳＡ） |
| スケート | 1892 | 国際スケート連合（ＩＳＵ） |
| 陸上競技 | 1913 | 国際陸上競技連盟（ＩＡＡＦ） |
| ローンテニス | 1912 | 国際テニス連盟（ＩＴＦ） |
| スキー | 1924 | 国際スキー連盟（ＦＩＳ） |

（日本体育協会監修（1987）：最新スポーツ大事典．）

90 第2章 現代社会とスポーツ

間もかかる南米への渡航を嫌ったことによるものだったが，より大きな足かせ
となったのはヨーロッパ諸国が抱く自負心だったともいわれる．とくにイング
ランドは自国が最強であり，ワールドカップそのものを不要と見なしてもい
た．だが，もはやサッカーは着実に「世界化」の道を歩み出していた．

　ワールドカップ第1回大会の開催に際し，フランスの『ジュルナル』紙は「ワー
ルドカップを機に，フランス・チームが南米を旅することは，単にスポーツの
ためだけではなく，政治や各国との友好を深めるうえで無視できない出来事」
と報じ，「サッカーは地球上のどこでも同じように熱狂的に行われている唯一
のスポーツ」とした．これを証明するかのように，ワールドカップは第二次世
界大戦による2回の中止をはさんだ後，20世紀後半にはテレビ中継の規模，観
客動員，技術水準，民族意識の高揚度といった点で近代オリンピックをも凌ぐ
世界的なスポーツ大会へと成長するのである．

　FIFA には，2010年の時点で208の協会が加盟しており，5000万人を超える
サッカー選手が登録されている．選手人口の把握が困難な地域のことを考えれ
ば，選手1億，観客10億などといわれるのも誇張ではないという．

### 3）「スポーツの世界化」がもたらしたもの

　20世紀は地球規模での「スポーツの世界化」が急速に進むことで，スポーツ
がさまざまな矛盾を抱え込む時代でもあった．競技スポーツ（athletics）は近代
ヨーロッパで誕生した新しいスポーツ形態であり，頂点にあるのが近代オリン
ピックや世界選手権大会などである．ただし，ワールドカップの始まりが物語っ
ているように，国際的な大会の運営が最初からスムーズに行われたわけではな
かった．20世紀は，人類が初めて2度の世界大戦を経験した時代でもある．そ
の原因は列強諸国を中心とする植民地獲得競争の激化にあった．20世紀におけ
る「スポーツの世界化」には，そのような時代状況で顕在化した偏狭なナショ
ナリズムや人種差別，国家間や民族間の対立といった問題が投影されてもいた
のである．

第2節　スポーツの文化史　91

　サッカーのワールドカップは，原則として各国が国別代表のチームを編成し，世界チャンピオンの座を競うものである．そのため，連合王国であるイギリスを除いて一国一協会の原則が保たれている．これはおおむね他の世界選手権についてもいえることであり，そこにスポーツとナショナリズムが直結せざるをえない構図が見てとれる．

　このことは1896年に始まる近代オリンピックを見てもあきらかである．事実，ワールドカップやオリンピックは国家の威信を世界に示す場として政治的に利用されてきた経緯がある．もっとも典型的な事例が，アドルフ・ヒトラーの政権下で行われた1936年のベルリン・オリンピックであった．

　フランスのビエール・ド・クーベルタン男爵がスポーツによる世界平和と人類の発展を理想にかかげて構想した近代オリンピックは1896年にギリシャの第1回アテネ大会に始まるが，最初は参加国も少なく，財政基盤も脆弱だった．それが第一次世界大戦を経た1920年代に入ってようやく現在につながる基礎が確立し，その後，急速に発展した．第11回のベルリン大会は最初の頂点とでもいえる大会であり，ヒトラー率いるナチス（国民社会主義ドイツ労働者党）により，オリンピックのもつ宣伝効果を大々的に政治利用された大会だった．

　ベルリン大会には，それ以外にも特筆すべき点があった．それは科学的な勝敗の判定装置や聖火リレーの導入，公式記録映画の製作などで，後の大会にも継承される特徴的な文化要素が初めて登場したことである．1936年はイギリスのBBCが世界最初のテレビ放送を開始した年であり，ベルリン大会でも閉回線方式によるテレビ中継が試みられた．テレビ中継により，ドイツ国内だけでおよそ15万人がオリンピックを観戦したと伝えられている．このような映像メディアとスポーツの関係は，第二次世界大戦後，さらに強まることになる．

　表2-2-3は，近代オリンピックの歩みをまとめたものである．第1回のアテネ大会に参加した国の数は13だったのに対し，ちょうど100周年にあたる第26回アトランタ大会では197の国と地域が参加するまでに成長したことがわかる．ちなみに，2006年の時点で国際連合に加盟する国が191カ国だったことを

## 表 2-2-3　近代オリンピック（夏季大会）の歩み

| 開催年 | 開 催 都 市 | 参加国・地域数 |
|---|---|---|
| 1896 | アテネ | 14 |
| 1900 | パリ | 24 |
| 1904 | セントルイス | 12 |
| 1908 | ロンドン | 22 |
| 1912 | ストックホルム | 28 |
| 1916 | 中止 | — |
| 1920 | アントワープ | 29 |
| 1924 | パリ | 44 |
| 1928 | アムステルダム | 46 |
| 1932 | ロサンゼルス | 37 |
| 1936 | ベルリン | 49 |
| 1940 | 中止 | — |
| 1944 | 中止 | — |
| 1948 | ロンドン | 59 |
| 1952 | ヘルシンキ | 69 |
| 1956 | メルボルン | 72 |
| 1960 | ローマ | 83 |
| 1964 | 東京 | 93 |
| 1968 | メキシコシティー | 112 |
| 1972 | ミュンヘン | 121 |
| 1976 | モントリオール | 92 |
| 1980 | モスクワ | 80 |
| 1984 | ロサンゼルス | 140 |
| 1988 | ソウル | 159 |
| 1992 | バルセロナ | 169 |
| 1996 | アトランタ | 197 |
| 2000 | シドニー | 199 |
| 2004 | アテネ | 201 |
| 2008 | 北京 | 204 |
| 2012 | ロンドン | 204 |
| 2016 | リオデジャネイロ | 207 |

（Official website of the Olympic Movement. http://www.olympic.org/en/content/Olympic-Games/）

考えあわせれば，オリンピックがまさに「スポーツの世界化」を象徴していることがわかるだろう．

　20世紀を経て，国連をも凌駕する世界的なスポーツ・イベントに成長した近代オリンピックやワールドカップは，現在では映像を含むマスメディアから強い影響を受けている．とりわけ20世紀後半以後，スポーツとマスメディアとは未だかつて見られなかったほど結びつきを強くしている．その理由の1つが，マスメディアから得られる収入がスポーツ競技会や各種競技団体の財政的支柱になっているということである．

　1998年に日本の長野で開催された冬季オリンピックでは，1997年11月の時点で見込まれていた1030億円の支出の内、約70％がテレビ放映権料とスポンサーからの収入，入場券販売によって賄われる計画になっていた．つまり近代オリンピックはもはやテレビやスポンサー企業との関係なくして成り立たなくなっているのである．テレビ放映権料はさらに増加する傾向にあり（表2-2-4），テレビ局による競技日程への介入もめずらしいことではなくなっている．スポーツ競技団体にとり，特定の競技スポーツを統轄し，その放映権を

販売することは，組織と競技会を維持・発展させていくうえで重要な財政基盤となっており，マスメディアの側も独占的にバーチャルな市場を開設することで巨額の利益を期待している．20世紀後半に顕在化する商業主義の問題は，ついにかつての競技スポーツを支配したアマチュアリズムをつき崩すにいたってもいる．

近代オリンピックやワールドカップは数ある国際大会の中でもとりわけ規模の大きな「メディア・イベント」[1]であり，スポーツ・エリートによるドーピングなども，このような状況で生じてきた問題の1つである．「ステート・アマ」という言葉に示されるように，かつての競技スポーツの主たるたるスポンサーは国家であった．アマチュアリズムのもとでの巨大な競技場の建設や国際大会への選手派遣はいわば国家的な事業とならざるを得ない側面をもっている．国家による支援がなければ，これら世界的な競技大会がここまで成長したとは考えにくい．それが国家間のメダル獲得競争を激化させ，担い手であるス

表2-2-4　オリンピック（夏季大会）放映権料の推移

| 開催年 | 開催都市 | 日　本 | ア　メ　リ　カ |
|---|---|---|---|
| 1964 | 東　京 | 50万ドル(NHK) | 100万ドル(NBC) |
| 1968 | メキシコシティー | 60万ドル(NHK) | 850万ドル(ABC) |
| 1972 | ミュンヘン | 105万ドル(NHK) | 1350万ドル(ABC) |
| 1976 | モントリオール | 130万ドル(NHK・民放連合) | 2500万ドル(ABC) |
| 1980 | モスクワ | 850万ドル(テレビ朝日) | 8500万ドル(NBC) |
| 1984 | ロサンゼルス | 1850万ドル(NHK・民放連合) | 22500万ドル(ABC) |
| 1988 | ソウル | 5000万ドル(NHK・民放連合) | 3〜5億ドル[純益スライド方式](NBC) |
| 1992 | バルセロナ | 5750万ドル(NHK・民放連合) | 4億100万ドル(NBC) |
| 1996 | アトランタ | 7500万ドル(NHK・民放連合) | 4億5600万ドル(NBC) |
| 2000 | シドニー | 1億3500万ドル(NHK・民放連合) | 7億500万ドル(NBC) |
| 2004 | アテネ | 1億5500万ドル(NHK・民放連合) | 7億9300万ドル(NBC) |
| 2008 | 北　京 | 1億8000万ドル(NHK・民放連合) | 8億9400万ドル(NBC) |
| 2012 | ロンドン | 325億円(NHK・民放連合)〔2010年バンクーバー冬季大会を含む〕 | 22億100万ドル(NBC)〔2010年バンクーバー冬季大会を含む〕 |
| 2016 | リオデジャネイロ | 360億円(NHK・民放連合)〔2014年ソチ冬季大会を含む〕 | 43億8000万ドル（NBC）〔2014年ソチ冬季大会，2018年平昌，2020年東京大会を含む〕 |

（知恵蔵——朝日現代用語——(1998)．朝日新聞社．脇田泰子 (2012)：スポーツ放送の発展とユニバーサルアクセス権：メディアと社会　第4号．名古屋大学大学院国際言語文化研究科．日本放送協会 (2012)：2014年・2016年オリンピック放送権の合意について．）

94　第2章　現代社会とスポーツ

ポーツ・エリートが巨額の富と名声とを手にすることを可能にした．メディア
を介した国家主義と商業主義との結びつきがなければ，おそらくあれほど多く
のスポーツ・エリートが危険を伴うドーピングに走ることはなかったはずだ．

　ともあれ，マスメディアの発達が地球規模での「スポーツの世界化」を助長
したことはまちがいない．考えてみれば，スポーツに関する情報が今日ほど充
実した時代はない．新聞，雑誌，テレビはいうに及ばず，衛星放送やインター
ネットの普及により，スポーツ情報が瞬時に世界をかけめぐる．スポーツとメ
ディアの関係はもはや不可分ともいえる状況になり，その発達は国家の枠さえ
越えている．そこに生じているのが，メディアによるスポーツ支配の問題であ
る．

　例えばイギリスでは，スポーツ放映権料の高騰に伴い，特定企業が人気の高
いスポーツ・イベントの放映権を独占的に獲得することへの法的な対抗措置が
とられてきた．国王の戴冠式やスピーチ，オリンピックなどの電波放送は，そ
れによってイギリス国民の一体感や統合を進められるものと期待されてきたか
らである．公共サービス放送の事業体であるBBCが国民的行事の放送を確保
し，国民のユニバーサル・アクセス権を守るよう定めた法律は1954年のテレビ
ジョン法までさかのぼる．同法はつぎのようなスポーツ・イベントをイギリス
の特別行事と定められた．

　　クリケットの国際試合，ダービー競馬，サッカー（ワールドカップ本選，FA
　カップ本選，スコティッシュカップ本選），グランドナショナル障害競馬，オリン
　ピック，ウィンブルドンテニス，オックスフォード・ケンブリッジ両大学の
　対抗ボートレース，イギリスで開催されるコモンウェルス・ゲーム[2]

　20世紀はヨーロッパによる「スポーツの世界化」が一応の完成を見た時代で
ある．だがそこには国民国家を背景にしたナショナリズムやマスメディアに
よって増幅されるコマーシャリズムという2つの大きな社会的要因が影をおと
していた．そこにあらわれた問題群のいくつかはスポーツそのものから生じた

第2節　スポーツの文化史　95

というよりは，外的要因によってひき起こされた部分が少ない．スポーツはもちろん独立した1つの文化だが，単独で存続できるものでもない．つまり，スポーツはすぐれて社会的な文化であり，そのときどきの政治や経済などとも密接な関わりをもたざるを得ないのである．そのことをふまえたうえで文化の担い手である私達一人ひとりがスポーツのあるべき未来像を模索していくことが重要である．それでは次に，スポーツそのものの客観的な捉え方について述べておくことにする．

### 2　スポーツ文化の捉え方

「スポーツ」という言葉は，サッカー，ラグビー，テニス，野球，バスケットボールなど，主としてイギリスやアメリカで形成された競技スポーツを指すのがふつうである．しかし，「スポーツ」の語源や人類の営みにかかわる文化史を検討してみると，そのようなスポーツの捉え方はひじょうに一面的であることがわかる．「スポーツ」はもっと広範な広がりをもつ文化であり，その歩みは人類の発生時までさかのぼる．そのようなスポーツ文化に対する理解を深めるために，まずは「スポーツ」という言葉の起源をさぐってみたい．

#### 1）スポーツの語源的理解

スポーツ（sport）は英語に由来し，そこから世界に伝播した言葉である．いまでは世界共通語として用いられているが，そこには元来「人間が行う運動競技（athletics）」という意味は含まれていなかった．

'sport' の語源をさかのぼると，たどりつくのはラテン語の 'deportare' という言葉である．これは de（away）と portare（carry）の合成語であり，元来は「ある物を持ち去る」ことを意味した．それがのちにフランス語の 'deporter' へと変化し，「気晴らし」や「なぐさみ」の意味で用いられるようになった．

そのため，この言葉がイギリスに伝わり，'disport' から 'sport' へと変化

96　第2章　現代社会とスポーツ

した16-17世紀には，依然として，冗談や歌，芝居や踊り，チェスやトランプ
などといった一切の楽しみ事が含まれていたのである．それが支配者たるジェ
ントルマン階級の文化を反映し，おもに野外における身体活動や狩猟を意味す
るようになるのが18世紀のこと，そこに「競争的な運動遊戯」の意味が加わる
のは19世紀に入ってからのことだった．

### 2）スポーツ文化複合

　「スポーツ文化複合」は文化人類学における「文化複合（culture complex）」
の考え方から導き出された概念であり，スポーツ文化を「種々の文化要素から
成る相互依存的複合体」として捉える考え方である．この考え方を用いれば，
フィールドワークや文献・遺物等の調査から得られたいくつもの文化要素を再
構成することで，当該スポーツの全体像にせまることができる．また，種々の
文化要素をいくつかのカテゴリーに整理することで，当該スポーツの基本的な
形態を把握し，個々のスポーツ文化を通時的あるいは共時的に比較することも
できる．スポーツ文化の基本形態を知るうえでとくに重要とされるのはつぎの
ようなカテゴリーである．

①　勝敗に関わる取り決め
②　当該スポーツを運営維持する組織（経済面を含む）
③　使用する施設用具の製作及び操作方法（身体技法ないし運動技術を含む）
④　全体（あるいは部分）を基礎づける価値観[3]

　4つのカテゴリーはつぎのような文化の類別法と対応している．①と②は人
と人との関係調整に関わる社会文化であり，③は物の製作や操作に関わる技術
（物質）文化，④は価値，信仰，知識などに関わる精神文化である．
　このように「スポーツ文化複合」は，対象となるスポーツの文化的諸要素を
複数のカテゴリーに類別することで，当該スポーツ文化の基本的な形態を把握
するのに役立つ概念である．ただし，4つの文化的カテゴリーは相互に関係し

ており，連続したものでもある．重要なのは，個々の文化的カテゴリーの全体
的な関係を把握することであり，そこから比較検討を行いながら時代背景や社
会背景を異にするスポーツ文化の特徴を明らかにしていくことにある．

### 3　歴史的スポーツの諸形態

　スポーツを19世紀以降のヨーロッパやアメリカで形づくられた競技スポーツ
と見なせば，その歴史はたかだか1世紀余りにすぎない．だがその一方で，日
本の宮中で行われた節会相撲は8世紀に確認されるし，古代ギリシャのゼウス
神をまつるオリンピックは紀元前8世紀から紀元4世紀まで続いたことが分
かっている．そして民族学的には後期石器時代人に比定されるオーストラリア
のアボリジニーからは，神明裁判として行われる棍棒試合が報告されている．
このように，20世紀に入って世界化の完成をみたヨーロッパ型の競技スポーツ
とは異なるものの，人類が享受してきた「歴史的スポーツ［historical sport］（歴
史学的に再構成されたスポーツ）」の広がりはきわめて大きい．そのため，ここで
はスポーツ文化の共時的かつ地理的な多様性についてはひとまずおき，もっぱ
ら通時的な時間軸に沿うかたちで個々の時代にあらわれた特徴的なスポーツ文
化の形態を概観してみたい．

### 1 ）先史時代（prehistoric age）のスポーツ文化

　動物行動学の知見によれば，「安全を意識しあった空間における優劣判別の
競争行動」は種内闘争として動物段階から認められるという．したがって，殺
しあいとは基本的に区別される闘いや遊びとしての文化装置は少なくとも人類
化の段階までさかのぼる，とするのがスポーツ文化史の立場である．ただし，
現在地球上に生活する人類はすべてホモ・サピエンスに属するため，われわれ
の直接の祖先が享受した文化は，ホモ・サピエンスが登場する今からおよそ5
万年前，すなわち後期旧石器時代よりも過去にはさかのぼらない．では先史時
代（石器時代）において，人類はいかなるスポーツ文化を有していたのか．

98　第2章　現代社会とスポーツ

　考古学及び民族学の知見によれば，先史時代に行われていたスポーツ（「先史スポーツ［prehistoric sport］」）の種類はきわめて豊富で，われわれの知るスポーツの原型がほとんど見られたという．すなわち，走・跳・投の各競技にはじまり，球戯や格闘技，氷雪上のスポーツや水上・水中のスポーツなど，またブランコやダイビングといった空中を用いるスポーツも確認されることから，そこに見られないのは競馬や闘牛といった家畜を用いるスポーツと，工業化を経て登場するモーター・スポーツくらいだったと考えられている．

　もちろん，この時代に用いられた道具・規則・運営組織などは専門化された今日の競技スポーツに比べれば自立度や洗練度が低かったし，多くが呪術，占い，神話，宗教的トレーニングといった超自然的な価値観と結びついていた．この時代は無文字社会だったことから，競技の内容が文字によって記録されることはなかった．このような点が，後の時代のスポーツ（「有史スポーツ［historic sport］」）との大きな違いである．

## 2）歴史時代（historic age）のスポーツ文化

　①　スポーツと「地域世界」　　先史時代における人類の種たる生業形態は大半が狩猟・採集・漁労だったため，冬期を除けば，食料を求めて人類はひんぱんに移動したといわれている．これに対し，早くは紀元前5000年頃に始まる「新石器革命」により，農耕という生産様式がつくり出され，採集狩猟から農耕牧畜による計画経済への移行が始まる．このことで人類の生活は根本的に変化する．人口の増加や富の蓄積によって社会機構も変化し，歴史時代への移行が準備された．こうして生じた人類の定住化とともに，まもなく歴史時代の幕開けともいえる古代文明（青銅器時代）が生まれるのである．なおここでの古代文明とは，厳密には紀元前4000年紀末のバビロニア文化以後，旧大陸と新大陸のいたるところで展開した古代都市文明を指している．

　この古代都市文明の誕生に始まる歴史時代の前半期〔古代都市文明の誕生（紀元前4000年紀末）からヨーロッパ人による「地理上の発見」（15～16世紀）にいたる期間〕の

特徴は，地球上に誕生した複数の歴史的かつ地域的な文化圏（「地域世界」）の中でそれぞれ特色ある文化が育まれていった点にある．ではこの時代に新しく登場したスポーツ形態の特徴を見ておくことにしよう．

　この社会の特徴は，蓄積された富の再分配権者としての王とこれを支える官僚，神官，兵士などによる強力な統治機構が存在したことである．結果として，社会は少数の支配者集団と多数の被支配者に分化するとともに，その過程でとくに生産活動には関与しない特定領域の専業者が生まれることになった．そこから派生したのが，特別の訓練によって人並みはずれたパフォーマンスを売り物とする人間（すなわちスポーツ専業者）と代価を支払ってそれを楽しむ観客によって成り立つショー・スポーツの形態である．すぐれて経済行動と見なされるスポーツ形態が誕生したのである．

　家畜動物（犬，山羊・羊，牛，馬，ラクダ，トナカイ，鶏など）を生きたまま「楽しみ」に利用する動物スポーツも歴史時代に入って初めて登場したものである．とりわけ騎馬習俗とその技術を利用した戦車の登場は，軍事的に大きな意味を持つとともに，各地域のスポーツ文化にも大きな影響を与えた．競馬，騎射（流鏑馬の系統），騎馬狩猟はもちろんのこと，3世紀のササン朝ペルシャに起源をもつポロやヨーロッパ中世の騎馬槍試合（トーナメント），さらには現在の体操競技に含まれる鞍馬や跳馬といった種目もこの時代の騎馬スポーツに由来するものである．

　このように，古代都市文明にはじまる歴史時代前半期に登場した新しいスポーツ形態は，ときに広大な領土支配や交流圏の広がりなどによる影響（諸「地域世界」間におけるスポーツの伝播やスポーツ文化変容）が見られるものの，個々の文化要素におけるグローバルな標準化は見られず，あくまでも個々の歴史的かつ地域的な文化圏に根ざしたスポーツ形態だったと考えられる．

　②　スポーツと「地球世界」　歴史的に見た場合，20世紀に完成をみる地球規模での「スポーツの世界化」は，ポルトガルとスペインというイベリア半島に位置する2つの国家によって先鞭をつけられた．ヨーロッパ人による世界

進出を通じてもたらされた現象である．インド航路，西方航路，世界周航，新大陸の発見といったいわゆる「地理上の発見」は，ヨーロッパによる「地球世界」の一体化をもたらす端緒となった．なかでも1522年に成し遂げられたポルトガル人マガリャエンスによる世界周航は，地球が球体であることを実証し，その後の人類の歩みに大きな影響を与えた．

　ヨーロッパ人によって「発見」された他の「地域世界」の住民は文化的にもヨーロッパ世界の影響を受け，その結果，各地の伝統的なスポーツ文化も何がしかの文化変容（破壊・消滅を含む）を余儀なくされた．他地域圏への進出で得られた金銀の流入によってヨーロッパ人は経済的な活力を得たが，みずからも狭いキリスト教生活圏での地域的かつ伝統的な見識を打破されることになる．この時代が「大航海時代」と呼ばれることからも分かるように，ヨーロッパ人の世界進出は，それまでのユーラシア内陸部の陸上交通路の重要性を奪い，中央アジアに展開していた国家群の力を弱めることになった．

　それにともない，ヨーロッパで重要性を増したのが航海術をはじめとする植民地獲得に関する技術や知識であり，それは後のスポーツ文化にも影響を及ぼしている．たとえば，航海中や行軍中の栄養管理および健康管理のための知識，キャプテン（船長・指揮官）を中心とした組織のあり方などである．また，ヨーロッパ人の世界進出は，ヨーロッパに「未知」のスポーツ文化を知らしめる契機ともなった．キャプテン・クックはポリネシア地域でさかんに行われていた「波乗り（サーフィン）」について報告している．東南アジアや中国でさかんだった「凧あげ」がヨーロッパに伝えられたのもこの時代のことである．

　時代は下るが，馬上のホッケーたる「ポロ」は，19世紀にイギリスの紅茶プランターたちがインド北部の山村で「発見」した伝統的な競技が原型である．つまり，この時代には「世界のヨーロッパ化」と「ヨーロッパの世界化」が同時に進行し，これがサッカーに代表されるような国際的に標準化されたスポーツ形態を生む契機になったのである．この時代に誕生する新しい形態の競技スポーツは，大半が19世紀にオランダから世界経済の覇権を引き継いだイギリス

で形づくられたものであり[4]，そこには歴史上，他の覇権国家には見られない特種イギリス的な支配体制のあり方が反映している．

イギリス史の知見によれば，19世紀イギリス社会の特徴は，工業化とブルジョワ階級の台頭にもかかわらず，一貫してジェントルマン階級による政治支配が維持されていた点にある．ジェントルマンとは，元来，貴族やそれに準ずる准爵・騎士の称号を持たない地主層を意味し，16世紀以降，イギリス社会の支配層に躍り出た新興勢力であった．貴族と異なるのは，彼らが必ずしも古くからの名門の出自とは限らなかった点である．いったんジェントルマンの地位に達した家系は「生まれながらの支配者」として自分たちの血統を誇ることができたが，ジェントルマンであることの要件とされた所領や家紋，官職などは金銭で購入することができたため，十分な資産をもつ者であれば，それらを購入してジェントルマンの地位に参入することができた．事実，ジェントルマンのことを「肉体労働をすることなく生活することができ，さらにジェントルマンらしく振るまい，責任を持し，それらしい相貌を有する者」と定義する同時代人もいた．

そこに見られる「ジェントルマンらしい振るまい」，すなわちジェントルマンシップの理念は19世紀に入るとパブリックスクールやオックスフォード，ケンブリッジ両大学を中心とするエリート教育によって継承されることになる．そこでもっとも重視されたのが知的教養としてのギリシャ，ラテンに関する古典研究であり，19世紀後半にはそこにフットボールやクリケットなどの集団競技が加わることになった．「アスレティシズム（athleticism）」と呼ばれるこの時代に特有の教育イデオロギーは，そもそも課外活動として行われていたスポーツを道徳教育の手段として承認しようとしたことに端を発している．1870年以降は帝国主義の風潮の高まりにも呼応し，より積極的な身体壮健論やゲーム崇拝論と結びつくことで，ついには筋骨たくましいスポーツマンが理想的なジェントルマン像と重なりあうことになる．ちなみに，オリンピックの復興を提唱したフランスのクーベルタン男爵は，「アスレティシズム」が勢いを増しつつ

102　第2章　現代社会とスポーツ

表2-2-5　開始年代別オックスフォード・ケンブリッジ両大学の定期戦

| 年　代 | 開始種目数 | 開　始　ス　ポ　ー　ツ　種　目 |
|---|---|---|
| 1850年代以前 | 4 | クリケット，ボートレース，ラケット競技，リアルテニス |
| 1860年代 | 4 | 陸上競技，射撃，ビリヤード，障害物競走 |
| 1870年代 | 4 | ゴルフ，サッカー，ラグビー，ポロ |
| 1880年代 | 2 | クロスカントリー，ローンテニス |
| 1890年代 | 5 | ボクシング，ホッケー，スケート，競泳，水球 |
| 1900-1913年 | 8 | 体操競技，アイスホッケー，ラクロス，バイクレース，綱引き，フェンシング，自動車レース，モトクロスレース（これらの内，いくつかは後に行われなくなった．） |

(Hobsbawm, E. [1983] Mass-Producing Traditions: Europe, 1870-1914. In E. Hobsbawm and T. Ranger (eds.), The Invention of Tradition, Cambridge, p.298.)

ある1880年代にイギリスを訪問しており，強い刺激を受けた．帰国後，彼が人類の平和的発展を願い，「アマチュアに関する定義の確立」と「国際的なスポーツ競技会」をテーマとする国際会議を呼びかけたのが1894年のことで，第1回オリンピック競技会が開催される2年前のことであった．

　20世紀に入って「世界化」された競技スポーツの基本的な形態はもっぱらイギリスにおいて形づくられたもので，担い手は主としてパブリック・スクールとオックスブリッジの学生や卒業生，すなわちジェントルマンたちであった．彼らはジェントルマンであるが故に，スポーツを労働としてではなく趣味の一環として行うことができた．そもそもイギリス社会における「アマチュア(amateur)」とは，あくせく働く必要のないジェントルマンを意味したのである[5]．20世紀に入ってもなお，アマチュアリズムがスポーツの基本的な理念とされてきたことの背崇には，このような特殊イギリス的なスポーツ文化のあり方があった．

### 3）スポーツ文化の「現在」

　20世紀に新しく展開したスポーツ文化は，その多くが直接的には19世紀のイギリスで形づくられたものだが，その原型となるスポーツは大半が先史時代か

らすでに存在していたものである．したがって，現在見られるスポーツも先史時代から歴史時代にいたる基層文化の上に成り立つ「歴史的スポーツ」の一形態であることを理解しておく必要がある．

　先史時代のスポーツ文化を歴史的に再構成するためには，考古学とともに，現住の諸民族を研究対象とする民族学の成果によらなければならない．そのことが示すように，先に述べたスポーツ文化史の時代区分は，あくまでもスポーツ文化史の流れを時間軸に沿って概観するために行った便宜的なもので[6]，スポーツ文化の発展段階を示そうとしたものではない．歴史時代の後半期にあたる現在でも，すべてのスポーツ文化が一元的に「世界化」の方向に進んでいるというわけではない．むしろ反対に，地球上にはなおも地域世界（民族や国家を含む）ごとに固有の歴史を持つ多様なスポーツ文化が共存していることをふまえておく必要がある．

　だがその一方で，時代の波から完全に遮断されたスポーツ文化が，とりわけ地球規模での「世界化」が進行しつつある現在ではほとんど見られなくなりつつあることも事実である．つまり，現在の諸地域世界に見られるスポーツ文化の諸形態も，多かれ少なかれ，この時代に特徴的な地球規模での「世界化」の流れの影響下にあると考えた方がよい．ときには，ヨーロッパ型の競技スポーツが国家意識や民族意識を刺激して新たな地域的スポーツを創造させる契機につながった例もある．アメリカの国技といわれるベースボールや日本の柔道は，すぐれて地域的かつ民族的なスポーツ文化としての特徴を有しながら，「世界化」に向けて歩みはじめたものといえるだろう．

　スポーツの文化的な形態は今後どのように変化していくのか．世界各地の民族紛争や環境問題など，われわれ人類に科せられた課題は少なくない．地球規模での「スポーツの世界化」を経済面から促進してきた「近代世界システム」のありようもその変質を迫られている[7]．

　その意味では，現在の競技スポーツの諸形態も，今後は大きな質的転換を余儀なくされるかもしれない．スポーツは時代を映す鏡であり，担い手は現在を

104　第2章　現代社会とスポーツ

生きる私達自身にはかならない．スポーツ文化史は現在にいたる「歴史的スポー
ツ」を複数の文化要素の複合体ととらえ，再構成していくことにあるのだが，
そこからスポーツと人類の関わりや，その問題点などを探り，あるべきスポー
ツ文化の未来像を提示していくことが求められてもいる．

## 【課題研究】

1）地域的かつ民族的なスポーツについて、「スポーツ文化複合」の概念
　　を使って調べてみましょう．
2）グローバル化したスポーツの特徴とその問題点について調べてみま
　　しょう．
3）スポーツの未来像について考えてみましょう．

注
1）吉見俊哉（1996）：メディア・イベント概念の諸相．津金澤聰廣編著：近代日本のメ
　　ディア・イベント．同文館，東京．pp. 3-30.
2）中村美子（1996）：スポーツ放送支配を目指す英BSkyB．放送研究と調査，1996年
　　8月号．p. 43.
3）寒川恒夫（1991）：スポーツ文化複合．体育の科学，41-2，p. 140.
4）この背景には，16世紀における西ヨーロッパを中心とする世界的な分業体制（近代世
　　界システム）の成立があげられる．「近代世界システム」は「中核」をなす地域とこ
　　の中核に従属する「周辺」地域という構造をもち，「周辺」は「中核」のために食糧・
　　原材料・エネルギー源などを提供するが，2つの地域間の交換が「不等価交換」になっ
　　ていることが多く，労働の成果が「中核」に集中する仕組みになっていた．この単一
　　の巨大な有機体が外部世界の残りの地域を次々に飲み込みつつ成長していく過程，こ
　　れが近代の世界史だと見るのが「世界システム」論の考え方である．ウォーラーステ
　　イン，I.：川北稔訳（1981）：近代世界システムI・II．岩波書店，東京．
5）スポーツの規定にアマチュアという語が用いられたのは1839年のヘンリー・レガッタ
　　（テムズ川で行われるボートレース）が最初といわれている．その後，1866年にアマ
　　チュア・アスレティック・クラブが公表したアマチュア規定はつぎのようなものだっ
　　た．「アマチュアとは，プロと共に出場するオープン競技に参加しない，また賞品や

第2節 スポーツの文化史 105

　　賞金のために競技をしないジェントルマンのことであり，人生のいかなる時期におい
　　ても，生活手段として競技を教えたり手伝ったりしたことのない人のことである．ま
　　た機械工や労働者であってはならない」．グレーダー，E.A：四国スポーツ研究会訳
　　（1986）：アマチュアリズムとスポーツ．不昧堂出版．東京．
6）例えば文化史の領域でも，地域的な多様性や異なる時間の流れを考慮すれば，統一的
　　かつ普遍的な時代区分は原理的な問題をはらんでいるとの指摘がある．樺山紘一責任
　　編集（1998）：歴史学事典6 歴史学の方法．弘文堂．東京．
7）注4）を参照．


**参考文献**

村岡健次・川北稔編著（1986）：イギリス近代史．ミネルヴァ書房，京都．

寒川恒夫編著（1991）：図説スポーツ史．朝倉書店，東京．

京大西洋史辞典編纂会（1993）：新編西洋史辞典改訂増補．東京創元社，東京．

寒川恒夫編著（1994）：スポーツ文化論．杏林書院．東京．

松岡完（1994）ワールドカップの国際政治学．朝日選書，東京．

金芳保之・松本芳明（1997）：現代生活とスポーツ文化．大修館書店，東京．

広瀬一郎（1997）：メディアスポーツ．読売新聞社，東京．

アレン・グットマン／谷川稔他訳（1997）：スポーツと帝国——近代スポーツと文化帝国
　　主義——．昭和堂，京都．

朝日新聞社（1998）：知恵蔵——朝日現代用語——．東京．

脇田泰子（2012）：スポーツ放送の発展とユニバーサルアクセス権：メディアと社会　第
　　4号．名古屋大学大学院国際言語文化研究科．p.15-44．愛知．

日本放送協会（2012）：2014年・2016年オリンピック放送権の合意について．東京．

106　第2章　現代社会とスポーツ

## 第3節　スポーツと社会

「スポーツは社会を映す鏡である」といわれ，社会の変化に合わせて，スポーツに対する価値観は，さまざまな変容を遂げている.

かつては，日常生活から離れ，気晴らしを行うことの総称を 'Desporter' と表し，歌やトランプに興じることもスポーツであると考えられていた. また，近代ヨーロッパでは，パブリック・スクールにおける学生の課外の身体活動であり，自由・平等・フェアプレイ・自治・規律といった価値観を教育する手段として用いられてきた.

わが国では，1950年代からの高度経済成長を背景に，国民所得が向上し，保健や医療サービスの向上によって，世界最高水準にまで平均寿命が延びた. さらに，機械化や自動化が進み，労働時間が短縮され，多くの余暇時間を持つようになった.

これによって，人々は，それぞれの価値観に基づいた生活の「質(クオリティ)」の向上を求めるようになっている.

一方，高度に発達した情報化社会や都市化によって，豊かな人間関係は希薄となり，心の病や慢性的な運動不足を生みやすいという現代特有の問題を抱えており，生涯にわたるスポーツへの関わりを通した，さまざまな生活の「質」の改善が急務となっている.

スポーツとの関わりを通して，すべての人々が，豊かで活力のある人生を送ることができるか，スポーツと社会，スポーツと人との関わりについて，考えてみよう.

### 1　スポーツの社会的役割

#### 1）スポーツへの関わり
① **取り組んで "楽しむスポーツ"**　　スポーツを通じて，身体を動かした

場合の身体的・心理的変化について，考えてみよう．

　適度な運動は，心拍数の向上や体温上昇による発汗などの身体的反応を促し，食欲を増進させる．また，チームメイトとの連携や共同作業により，爽快感や達成感を得るなどの心理的変化が期待できる．さらに，日常生活で生じたさまざまな緊張感やストレスからも，心身を解放してくれる．

　また，情報化・都市化によって日常的な人間関係が希薄になったが，スポーツをする場に集い，共にプレイすることによって，人とのつながりや自らの生きがいを確認し，心地よい安心感を得ることができる．

　さらに，継続的なスポーツへの関わりにより，その技能が向上するだけでなく，試合での勝利や新しい技能の習得に向けたモティベーションの向上，チームメイトとの連携が深まる等，成就感を味わうことができる．

　このように，スポーツに取り組むことによって，健康の保持増進や心身のリフレッシュだけでなく，居場所づくり，コミュニティづくりが可能となる．

　これらのスポーツによる健康づくり，コミュニティづくりは，国の政策として推進されている．文部科学省によるスポーツ振興計画では，生涯スポーツ社

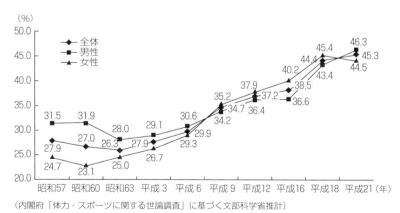

（内閣府「体力・スポーツに関する世論調査」に基づく文部科学省推計）
図2-3-1　成人の週1回以上スポーツ実施率の推移

108 第2章 現代社会とスポーツ

会の実現に向けた数値目標として，「できる限り早期に成人の週1回以上のスポーツ実施率が2人に1人（50%）になることをめざす」ことを掲げている（図2-3-1）．

② **見て"楽しむスポーツ"** メディアの発展により，われわれはリビングに居ながらにして，サッカー，野球、大相撲，ゴルフ，ボクシング等、さまざまなスポーツを，テレビやインターネットを通じて，観戦することが出来るようになった．さらに，衛星放送の技術革新により，海外で活躍する日本人選手の映像は，日常のニュースで放映され，ワールドベースボールクラシックやFIFAワールドカップ南アフリカ大会などの海外スポーツで行われたビッグイベントも，日本に居ながらにして，戦況を見守ることができた．

また，映像技術の発達により，もう一度見たいと思うシーンは，すぐさま編集された映像として再現され，多方向からの分析により，その興奮や臨場感をつぶさに味わうことができる．

さらに，肉眼ではとらえきれないボールの回転やスウィング動作なども，スーパースローで再現され，その技の奥深さを感じることができる．

③ **支えて"楽しむスポーツ"** そのスポーツの実施者でなくとも，スポーツを側面からサポートし，チームの成長や選手の育成に貢献することができる．また，チームの勝利を，同じファンと共に喜び，夢や感動を共有することができるのも，サポーターの醍醐味といえる．

例えば，Bjリーグ（日本初のプロバスケットボールリーグ）では，そのBjリーグ宣言で掲げられたヴィジョンの中で，ブースターと共に，ブースターのためのリーグ運営を目指すこと（ブースター主義）を公言している．

これによって，各チームにはブースタークラブがそれぞれ存在し，会員はクラブに会費を払い，選手が参加する地域密着のイベントへの参加やチケットの割引等，さまざまな特典や優先的なサービスを受けることができるようになっている（表2-3-1）．

また，ボランティアスタッフとして，各種の大会や運営に携わることもできる．

第3節　スポーツと社会　109

表2-3-1　大坂エヴェッサブースタークラブ会員特典比較表

| コース | 一般会員 | ジュニア会員 | プレミアム会員 |
|---|---|---|---|
| 入会金 | ￥500 | ￥500 | ￥500 |
| 年会費 | ￥2,000 | ￥1,000 | ￥50,000 |
| 対象 | 年齢制限なし | 中学生まで | 年齢制限なし |
| **入会得点** | **一般会員** | **ジュニア会員** | **プレミアム会員** |
| ポイント | 0ptからスタート | 0ptからスタート | pt付き |
| まいどくんストラップ | ● | ● | ― |
| 会員証 | ● | ● | ● |
| 2010―2011年シーズンスタート選手集合写真 | ― | ― | ● |
| まいどくんフィギュア | ― | ― | ● |
| ファン感謝祭 | ●（有料￥500） | ●（有料￥500） | ● |
| 先行入場（1会員1名様まで） | 10分前 | 10分前 | 15分前 |
| シーズンシートの割引購入 | ● | | |
| 先行チケット割引（最大6枚まで） | 10% | ― | 10% |
| チケット5枚プレゼント（2階自由席小・中・高） | ― | ● | ― |
| 各種ポイント特典 | ● | | ● |
| HPへのご芳名記載（希望者のみ） | ― | ― | ● |

## 2）スポーツと経済

　われわれが，スポーツに取り組む場合，どのような費用が必要となるだろうか．そのスポーツにあったシューズやウェアー等の用品，ラケットやボールなどの備品，施設を利用する場合の施設利用料など，さまざまな費用・経費が必要とされる．また，スイミングスクールやテニススクールに代表されるスポーツスクールに通えば，会費やレッスン料，スポーツに関する情報を得るためのスポーツ情報紙の購入も，代金を必要とする．

　このように，スポーツを行う際には，費用や経費，代金が発生し，われわれはスポーツを通じた消費行動によって，経済に参加しているといえる．

110    第2章　現代社会とスポーツ

　現在では，わが国のスポーツ産業の市場規模は，約4兆3000億（2005年）となり，一大産業として，経済を支えている．

　スポーツにおける世界的ビックイベント，ワールドカップやオリンピック等では，選手・大会関係者・観客等の交通費や宿泊費，試合観戦の入場料，グッズやお土産の販売，テレビの放映権料など，多くの消費行動が生まれる．

　また，これらを支えるためには，空港や鉄道，ホテルやスタジアムの建設といったインフラの整備，ホテルや観光産業などにサービスの充実が必要となり，多くの雇用機会が発生する．

　このように，スポーツ産業だけでなく，その他周辺の産業にも，経済波及効果が望め，スポーツ大会の誘致には，地域の活性化だけでなく，経済的にも大きな意味を持っている．

### 2　スポーツと地域連携

#### 1）学校スポーツ・企業スポーツから地域スポーツへ

　日本のスポーツは，部活動を中心とした学校スポーツと，社員の福利厚生と企業の広告媒体として存在した企業スポーツが両軸となり，その発展に寄与してきた．しかし，学校・企業スポーツともに，部員や選手の競技力向上に重点が置かれ，一部の人のみが参加できるという一面を持ち合わせていた．

　学校スポーツの現場では，少子化によって，部員数が確保できないクラブが廃部になったり，教員全体の高齢化によって，顧問が不足したりと新たな問題を抱えるようになっている．

　また，企業スポーツにおいては，バブル経済崩壊後の事業の合理化，効率化が推進され，大幅な見直しを余儀なくされた．そのため，潤沢な資金提供によるクラブ運営が困難になり，かつて栄光を極めた名門企業クラブ（野球・バレーボール・サッカー・バスケットボール等）も，例外なく，休・廃部に追い込まれていった．

　一方，高度に発達した文明の恩恵を受け，われわれの日常生活は快適なもの

となった．機械化や自動化がもたらした慢性的な運動不足が，生活習慣病のリスクファクターとなり，人々の健康的な生活を脅かすようになった．そして，健康を享受するため，ウォーキングに代表されるような，気楽に取り組めるスポーツがブームとなった．

さらに，都市化・高齢化がもたらした人間関係の希薄化により，スポーツを通じた人とのつながりや生きがいを，スポーツに求めるようになった．

これらを背景に，従来の学校スポーツ，企業スポーツとは異なり，人々が徒歩や自転車で通えるような身近な施設で，年齢や種目を問わず，継続的にスポーツを楽しむことが出来る新しい空間として，地域スポーツが注目されるようになった．


### 2）プロスポーツチームと地域連携

かつてのプロスポーツチームは，チーム名に企業の名前を入れ，クラブの親会社の広告塔になる側面が強かった．

しかし，1989年に大阪府から福岡県に本拠地を移転した福岡ソフトバンクホークス（移転当時は，福岡ダイエーホークス）に象徴されるように，チーム名に地名を組み込むチームが現れ，プロスポーツチームが，広告としての意義だけでなく，地域のファンを取り組んだ街づくりに貢献していく新しい流れを取り入れ始めた（表2-3-2）．

また，"利益第一"を追求するあまり，企業の不祥事が相次いだことを背景に，近年，企業に対する厳しい目が向けられるようになった．そのため，「企業の社会的責任」が問われるようになり，多くの企業が，自らの企業活動が，社会に対する影響を企業理念として，公言するようになった．

プロスポーツチームにおいても，例外ではなく，多くのチームが，「スポーツ」「生活」「地域」「街づくり」をキーワードに，クラブコンセプトや企業理念として公言するようになった（表2-3-3）．

112 第2章 現代社会とスポーツ

表2-3-2 地名を入れたプロ野球チーム

| 旧名称 | 新名称 |
| --- | --- |
| 南海ホークス | 福岡ダイエーホークス<br>(現福岡ソフトバンクホークス) |
| ヤクルトスワローズ | 東京ヤクルトスワローズ |
| 大洋ホエールズ | 横浜大洋ホエールズ<br>(現横浜 DeNA ベイスターズ) |
| 西武ライオンズ | 埼玉西武ライオンズ |
| 日本ハムファイターズ | 北海道日本ハムファイターズ |
| ロッテオリンズ | 千葉ロッテマリーンズ |
| 新規 | 東北楽天ゴールデンイーグルス |

表2-3-3 プロスポーツチームによるクラブコンセプト・企業理念

| チーム名(ジャンル) | クラブコンセプト・企業理念(一部抜粋) |
| --- | --- |
| 大坂エヴェッサ<br>(バスケットボール) | エヴェッサは大阪の皆さんと共に夢と感動と喜びを分かち合い,大阪に根ざした大阪の皆さんの為のチームを目指します |
| 北海道日本ハムファイターズ<br>(野球) | スポーツと生活が近くにある社会「sports Community」の実現に寄与したい |
| アルビレックス新潟<br>(サッカー) | 地域の人々とともに「活気ある街づくりに貢献します」 |
| 堺ブレイザーズ<br>(バレーボール) | 青少年に夢と感動シンボルチームとして,青少年に夢と感動を与える試合を展開するとともに,バレーボールクリニック,各種イベントを通じて,学校や地域におけるバレー活動との連携・協力を図りバレーの指導・普及活動に努め,21世紀の青少年の健全な心身の発達に寄与します |

## 3) 総合型地域スポーツクラブ

このスポーツクラブの考え方は,ヨーロッパを主流としたスポーツクラブをモデルとして導入された.背景には,日本では,スポーツ活動が主に学校で行われてきたため,卒業すると,スポーツから離れてしまいやすい環境があった.そのため,就学や卒業,就職や退職など,ライフステージの節目に関わらず,日常的にスポーツに取り組みやすい環境のある,地域での継続的なスポーツ活動の場としてスポーツクラブの誕生が望まれ,行政主導のもと,育成されてきた.

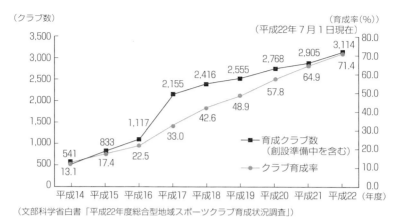

（文部科学省白書「平成22年度総合型地域スポーツクラブ育成状況調査」）

図2-3-2　総合型地域スポーツクラブ育成状況推移（H14-H22）

　日本では，文部科学省が，平成7年度から15年度までの9年間，地域のコミュニティの役割を担うスポーツクラブづくりに向けた先導的なモデル事業として，地域住民の自主的な運営を目指す「総合型地域スポーツクラブ育成モデル事業」を推進してきた．平成22年には，全国で3000を超えるスポーツクラブが展開されているが，スポーツ振興基本計画では，2010年までに，「全国の各市区町村において少なくともひとつは総合型地域スポーツクラブを育成する」ことを掲げている（図2-3-2）．

　総合型地域スポーツクラブは，

- 子どもから高齢者まで
- さまざまなスポーツ（文化的活動）を愛好する人々が
- それぞれの志向・レベルに合わせて
- 徒歩ならびに自転車で通える身近な施設を利用する

という特徴（「多世代」「多種目」「多志向」「近距離」）を持ち，地域住民により自主的・主体的に運営されるスポーツクラブをいう（図2-3-3）．

114 第2章 現代社会とスポーツ

また，運営面においては，

- 自主的な運営
- 自主財源を主とする運営

を柱として，運営されている．

　実際にスポーツに参加する人たちだけでなく，スポーツ施設である学校関係者，保護者，スポーツ指導者，ボランティアを交えた実行委員会組織を通して，クラブとしての意思決定を行い，自主的な運営に取り組んでいる．

　また，クラブ全体でのイベント（夏祭り等）の催し物も，組織として，企画・運営を行い，クラブの会員の交流を図り，心豊かなスポーツライフをサポート

（文部科学省白書より）

図2-3-3　総合型地域スポーツクラブの構図

している．

　さらに，受益者負担の原則に則り，各会員から会費を徴収し，各クラブの使用備品や消耗品，施設の電気代等を負担している．


### 4）兵庫県神戸市の取り組み

　『震災後の新しいまちづくりに合わせて，子供から高齢者，障害のある方，トップアスリートまでの全ての人が，それぞれの価値観・技術レベルに応じてスポーツに親しみ，健康づくりができるまち「神戸アスリートタウン」を推進しています．

　「神戸総合型地域スポーツクラブ」は，アスリートタウンの中核的な事業の一つとして，身近な小学校を拠点に，子供から高齢者まで幅広い市民が，気軽にさまざまなスポーツに親しめる地域スポーツクラブです．』

　兵庫県神戸市では，以上の神戸アスリートタウン構想のもとに，地域スポーツクラブの育成に取り組み，現在169クラブが活動し，地域住民にさまざまな

### 表 2 - 3 - 4　神戸総合型地域スポーツクラブの内訳

| | | 東灘区 | 灘　区 | 中央区 | 兵庫区 | 長田区 | 須磨区 | 垂水区 | 西　区 | 北　区 | 合　計 |
|---|---|---|---|---|---|---|---|---|---|---|---|
| | 総数 | 14 | 12 | 11 | 13 | 14 | 20 | 23 | 28 | 34 | 169 |
| 種目内訳 | 野球 | 14 | 10 | 7 | 9 | 12 | 18 | 20 | 27 | 27 | 144 |
| | サッカー | 8 | 5 | 5 | 5 | 2 | 16 | 16 | 22 | 14 | 93 |
| | 卓球 | 11 | 8 | 8 | 10 | 13 | 12 | 15 | 22 | 24 | 123 |
| | バレーボール | 9 | 8 | 8 | 11 | 12 | 16 | 18 | 26 | 27 | 135 |
| | バスケットボール | 0 | 4 | 2 | 2 | 3 | 3 | 5 | 6 | 1 | 26 |
| | テニス | 2 | 4 | 1 | 2 | 4 | 7 | 8 | 6 | 5 | 39 |
| | グラウンドゴルフ | 4 | 5 | 4 | 6 | 9 | 9 | 10 | 11 | 15 | 73 |
| | バドミントン | 6 | 2 | 1 | 3 | 5 | 9 | 10 | 13 | 15 | 64 |
| | 剣道 | 3 | 0 | 0 | 3 | 4 | 9 | 3 | 4 | 10 | 36 |
| | ソフトボール | 0 | 1 | 1 | 0 | 1 | 4 | 3 | 8 | 4 | 22 |
| | 体操 | 1 | 0 | 0 | 1 | 2 | 2 | 1 | 2 | 2 | 11 |
| | ダンス | 1 | 1 | 1 | 1 | 4 | 2 | 2 | 1 | 1 | 14 |
| | ラグビー | 0 | 0 | 0 | 1 | 0 | 0 | 1 | 3 | 1 | 6 |
| | 空手 | 4 | 1 | 1 | 1 | 3 | 7 | 5 | 11 | 10 | 43 |

（神戸総合型地域スポーツホームページより　http://www.sportsclub-kobe.com/）

116　第2章　現代社会とスポーツ

スポーツ活動の場を提供している（表2-3-4）.

　これらのクラブを統括する神戸市教育委員会やスポーツクラブ21ひょうご神戸市推進委員会，（財）神戸市体育協会によって，メンバーの交流を目的としたスポーツクラブデー（ヴィッセル神戸＆オリックス・バファローズ＆神戸製鋼を応援しよう），全市交流大会，活動発表会等が開催されている.

### 3　スポーツとモラル

#### 1）スポーツの意義とモラル

　オリンピック競技大会，世界選手権大会やワールドカップ等の国際大会をはじめ，多くのスポーツ大会が開催されているが，皆さんは，大会を観戦したことがあるだろうか．トップレベルの選手同士が人間の可能性の極限を追求し，正々堂々と勝敗を競い合い，競技スポーツに打ち込む競技者の姿は，国民のスポーツへの関心を高め，私たちに夢と感動を与えてくれる.

　また，スポーツは，身体活動が減少した社会生活での運動不足を解消し，「活動したい」という人間が持っている本源的な欲求を充足させ，達成感，爽快感等さまざまな精神的な効果をもたらし，言うまでもなく，健康・体力の保持・増進にも大きく貢献するとともに，明るく豊かで活力に満ちた生きがいのある社会の形成に寄与する，まさにすばらしい文化の1つである.

　このようなスポーツの持つ効果を期待し，国・地方公共団体や（財）日本体育協会をはじめスポーツ関係団体等を中心として，これまでの「学校体育・スポーツ」や「職場・企業スポーツ」完全依存型のスポーツ振興策から脱して，人々の日常生活圏域でスポーツを楽しむことのできる環境を整備するため，「総合型地域スポーツクラブ育成」や「広域スポーツセンターの設置」をはじめ生涯スポーツ社会づくりに向けた各種の施策が展開されている．また，スポーツの成立に必要な要件である「人」，「もの」，「かね」，「情報」（経営四大資源）が次第に整うことにより，今後，ますます多くの人々がスポーツに参加する機会が増え，今，運動部等で活動している皆さんも，単にスポーツを楽しむだけで

はなく，地域の「スポーツ指導者」として活躍するなど，いろいろな形でスポーツとの関わりをもつことになるかもしれない．すなわち，スポーツは，私たちが生涯にわたって明るく健康で活力に満ちた生活を営む上で欠くことのできない重要なものの1つとなってくることは明らかである．

　このようなスポーツの果たす役割の重要性を踏まえ，「European Sport for All Charter（ヨーロッパ・みんなのスポーツ憲章）」（1975年ヨーロッパ・スポーツ担当閣僚会議採択），「International Charter of Physical education  and Sport（体育およびスポーツに関する国際憲章）」（1978年第20回ユネスコ総会採択），「Olympic Charter（オリンピック憲章）」（2007年国際オリンピック委員会）等にみられるように，スポーツをすべての人々の基本的人権として位置づけ，その振興を個人はもとより，国家や社会など国際社会全体の責務としている．また，だれもが（高齢者や障がい者等を含め）生涯にわたる各時期（ライフステージ）において，それぞれの目的や年齢，体力，技術レベル，興味・関心などに応じて，いつでも，どこでも，主体的にスポーツを楽しみ，生活の質的充実を図ることのできる生涯スポーツ社会を実現することは，日本をはじめ，多くの国々における重要な政策課題となっている．

　スポーツの重要性への認識の高まりは，一方では，スポーツを通じて，人間社会が成立するための基本的な要件として不可欠な道徳を，単に通常の規範，規律としてではなく，人々の生き方と関連させて具体化したときに生じる「モラル（道徳的な思考や態度）」として高める機会が期待されることから，近年，その重要性が叫ばれるようになった理由の1つとも考えられる．


## 2）社会生活とスポーツ

　スポーツの楽しみ方には，① 狭義の生涯スポーツ（一般的に用いられている生涯スポーツ，競技スポーツ，学校体育・スポーツをすべて包含するものである）として，健康・体力づくり，楽しみ・生きがいづくり，仲間・コミュニティづくりなどを期待して「する」満足感，② 競技スポーツとして，人間の限界に挑戦する

118 第2章 現代社会とスポーツ

競技選手のプレイを「観る」感動，③指導者や役員として生涯スポーツ実施者や競技スポーツ選手を「支え・育てる」やりがいの3つがある．この3つのスポーツの楽しみ方は，社会的な地位や財産などにかかわらず，スポーツマンシップとして表現される人間としての普遍的なスポーツのモラル，すなわち，人間が人として存在するために必要な内在的な良心である「徳」を基盤に，人びとによって築き上げられたルール（規則），および互いに「公正」に行う「フェアプレイ」の精神を守ることによって成り立っている．

しかしながら，前述のように，満足感・感動・やりがいを与え，明るく豊かで活力に満ちた生きがいのある社会の形成に寄与するスポーツ活動は，スポーツ界，とりわけ勝敗を重視する競技スポーツ界において，競技者や指導者としての価値観の相違によるモラルの多様化や欠如により，スポーツマンシップやフェアプレー等についてのあるべき姿を規定しなければ成立しない現実もあることは否定できず，国際社会においても大きな問題となっている．

国際的には，「CODE OF SPORTS ETHICS FAIR PLAY―THE WINNING WAY（スポーツ倫理綱領）」（1992年第7回ヨーロッパ・スポーツ閣僚会議採択），「IOC Code of Ethics（IOC倫理規程）」（2007年国際オリンピック委員会），「DECLARATION OF ATHENS―A Healthy Society Built on Athletic Spirit―（アテネ宣言―スポーツマン精神に則った健全な社会を築く―）」（2004年第4回体育・スポーツ担当大臣等国際会議採択）などにおいて，スポーツマンとしての自覚や品位（品性）など，あるべき姿を定めている．また，日本においても，「日本体育協会スポーツ憲章」（2008年）において，スポーツを行う者の心得について述べ，フェアプレーの精神を強調している．また，「（財）日本体育協会および加盟団体における倫理に関するガイドライン」（2004年）では，「人道的行為に起因する事項」，「不適切な経理処理に起因する事項」，「各種大会における代表競技選手・役員の選考などに関する事項」，「その他，一般社会人としての社会規範に関する事項」について詳細にわたり注意を喚起している．さらに，国（文部科学省）においては，2010年8月に「スポーツ立国戦略」を公表して，今後のスポーツ振興策として，次

のような5つの重点戦略と主な施策を策定し，その中で，1つの柱として，モラルに関する問題を取り上げている（戦略4参照）.

### 5つの重点戦略

戦略1．ライフステージに応じたスポーツ機会の創造

戦略2．世界で競い合うトップアスリートの育成・強化

戦略3．スポーツ界の連携・協働による「好循環」の創出

戦略4．スポーツ界における透明性や公平・公平性の向上
  ・スポーツ団体のガバナンスを強化し，団体の管理運営の透明性を高めるとともに，スポーツ紛争の迅速・円滑な解決を支援し，公平・公正なスポーツ界を実現する.
  ・ドーピングのないクリーンで公正なスポーツ界を実現する.

戦略5．社会全体でスポーツを支える基盤の整備

（「スポーツ立国戦略」文部科学省 2010）

　なお，日本体育協会加盟団体である「（財）日本バレーボール協会」では，1998年9月に，さらに詳細に「競技者および役員の倫理規定」を定め，スポーツ関係者としての倫理に照らして逸脱する行為を行うことによって，他からの疑惑や不信を招き，批判を受けることのないよう，あらかじめガイドラインとしての禁止事項について，次のようにモラルのあり方を示している.

1．競技者または役員として著しく品位または名誉を傷つけること.

2．本会が禁止した競技会等に参加すること.

3．選抜された選手等を正当な理由なく代表チームに派遣しないなど，本会の決定した方針に従わないこと.

4．セクシュアルハラスメント，暴力行為，個人的な差別等人権尊重

の精神に反する言動をとること.
5. 禁止薬物の使用等により,フェアプレーの精神に明らかに違反すること.
6. 本会の認めていない競技会等に事前の了承なく,参加または開催のために金品を収受すること.
7. 競技における不正行為を期待して,役員,審判員,相手チーム関係者等との間で金品を授受することはもとより,事前に接触すること.
8. 選手の進路にかかわる所要の手続きを経ずして,選手の勧誘,入部,移籍を行うこと.
9. 選手の勧誘,入部,移籍に関連し,選手にこれらを強要したり,当事者（選手,保護者,指導者,代理人）間において,社会通念上良識を超える金品を授受すること.ただし,企業等からの寄付申し出があり,学校または後援会等において適切に会計処理がなされた場合はこの限りではない.
10. 都道府県協会から承認された招待試合を除き,合宿等の交通費などを当該チーム関係者以外の企業等に負担させること.
11. その他著しくスポーツマン精神に反する行為を行うこと.

（「寄附行為及び規程集」（財）日本バレーボール協会 2003）

　上記の禁止事項に違反した場合,競技者にあっては競技会等への出場及び参加資格の一定期間または永久の停止あるいはその他の処分,役員にあっては役員資格の一定期間または永久の停止あるいはその他の処分を行うこととしている.スポーツ関係者は,諸規則・規定や競技者及び役員倫理規定を順守し,常に品位と名誉を重んじつつ,フェアプレーの精神に基づいて行動し,スポーツの健全な普及・振興に努めていかねばならない.

### 3）学校生活における体育・スポーツとモラル

学校教育の目的は，児童・生徒・学生の人格の形成であり，人格の形成に不可欠な道徳教育を道徳の時間をはじめとして，学校の教育活動全体を通じて適切に行い，国家や社会の一員としてのあり方・生き方を身に付けることと考えることが出来る．

体育・スポーツは，その基盤として培われた道徳性を具体的にモラルとして生活の中に生かし，人としてふみあゆむべき道を自覚しつつ，人間性豊かな行動がとれるように深めていくために極めて大きい役割を果たすものである．

学校における体育・スポーツに関する指導は，その中心となる教科・科目としての体育，運動会・体育大会・校内競技会等体育的学校行事などの特別活動，教育課程外教育活動としての運動部活動などを通じて，教育活動全体との関連を図りながら行われ，スポーツのもつ本質的な特性に触れるとともに，その合理的・科学的な実践の過程で生じる競争や協同の経験を通して，「公正に取り組む」，「互いに協力する」，「自己の責任を果たす」，「参画する」などの意欲を育てるなどのモラル育成の機会となる．

### 4）ドーピングについて

① **ドーピングとは**　近年，日本はもとより国際社会におけるスポーツ界で，モラルと関連して特にアンチ・ドーピングについての関心が高まってきていることから，このことについて取り上げ，少し詳しく考えてみたい．

ドーピングとは，薬剤や特殊な方法などを用いてよい成績を得るために，身体・競技能力を高めようとすることであり，世界アンチ・ドーピング機構（World Anti-Doping Agency：WADA）は，次のような物質の使用や特殊な方法をあげている．

①禁止物質・ホルモン等の使用
　　蛋白同化薬→筋肉の増強

エリスロポエチン→赤血球の生成の促進

成長ホルモン→骨の伸張・筋肉の増強等

利尿薬・隠蔽薬→ドーピングの事実の隠蔽等

②禁止方法

酸素運搬能の強化→血液ドーピング等

化学的・物理的操作→ドーピングの隠蔽，検体のすり替え・改ざん

遺伝子ドーピング→細胞・遺伝因子の移入

これらは，正当な理由なく，禁止物質または禁止方法を保有することも禁じている．また，上の例以外に，競技会時における興奮剤やアルコール（特定競技）の使用を禁止しており，選手の治療目的に使用した場合でも，「治癒目的使用に係わる例外措置」を申請し，承認されていない場合はドーピング違反となることがある．

②　**ドーピングが禁止される理由**　　アテネオリンピック（2004年）陸上男子ハンマー投げの金メダルの選手が，ドーピング検査の結果，陽性であることが判明し，順位が変わるというニュースがあった．4年後の北京オリンピック（2008年）での同種目において再度ドーピングによる順位変更の可能性が伝えられたがその後，スポーツ仲裁裁判所は，「検査手続きに不備があった」とし，資格回復を求めた失格選手の提訴を認める異例の逆転裁定を下した（朝日新聞2010／06／11）．さらに，ドーピングに関連して，2000年のシドニーオリンピック陸上女子200m銀メダルの選手が，10年後の2010年6月に繰り上げにより，金メダルが授与されたという例もある（㈶日本アンチ・ドーピング機構　ドーピングに関するニュース2010／06／12）．応援していた選手が，たとえ素晴らしい成績をあげたとしてもドーピング使用によることは大変残念で，その競技だけでなくスポーツ全体に対して不信を抱く結果となることは間違いない．

ドーピングは，明らかにルール違反（ずるくて危険な行為）であるとともに，以下の理由で禁止されている．

| ① | スポーツの価値を否定する. |
|---|---|
| ② | 競技者の健康を害する. |
| ③ | フェアプレーの精神に反する. |
| ④ | 反社会的行為である. |

(「ドーピング防止のための選手必携書」 （財)日本アンチ・ドーピング機構 2009)

しかし，これだけアンチ・ドーピングに関する情報が周知されていても，ドーピング違反に関する問題はあとを絶たず，近年も多くの事例が報告されているのが現状である．そのペナルティーとして大会記録の抹消（メダル剥奪等を含む)，大会への一定期間の参加資格停止等の処分，また，悪質な場合は永久資格停止処分が科せられることになる．

## 4　スポーツの高度化

### 1）日本における国民のスポーツ実施の方向性

近年，国民のスポーツ実施状況として，従来の競技・種目に加え，ゲートボール，グラウンドゴルフ，ソフトバレーボールなど，多くのニュースポーツの開発などに伴う実施種目や公共スポーツ施設・商業スポーツ施設・学校体育施設などの実施場所・時間等スポーツの「多様化」とともに，高価な用具・服装の使用や海外にまで出かけてのスキーやゴルフの実施などスポーツの「大型化」については，一定の定着をみる一方，この1年間に「軽い運動・スポーツ」，「野外的スポーツ」，「競技的スポーツ」を実施した成人男女は，77.7%に達するなどスポーツの「大衆化（一般化)」の傾向は，一層顕著になってきている．

### 2）高度化への現状

2008年に開催された北京オリンピックでは，40以上の世界新記録と130以上のオリンピック記録が生まれ，世界の人々を感動させた．また，2009年8月に

124    第2章　現代社会とスポーツ

ベルリンで開催された世界陸上男子100mの9.58秒，200mの19.19秒（Usain Bolt 選手）の記録は，驚きとともに「人間の限界」はどこにあるのか考えさせられる記録であった．さらに2010年でも，陸上競技において世界記録が更新されており，客観的な記録からみても，スポーツの高度化の歩みは，相当早い勢いで進んでいると考えられる．また，球技においても PC を使用して，リアルタイムにゲーム分析を行うことによる戦術等の高度化がみられる．また，試合時だけでなく練習時も含めて，選手の能力を最大限に引き出す機材，用具，ソフト等の開発が現在のスポーツの高度化に大きく貢献している．一方，見るものにとっても，地上波のデジタル化，それを受信する TV 技術の高度化等により，私たちにより多くの情報を与えてくれている．これらを見ても，今後の科学技術の発達に伴い，一層スポーツの高度化は進展していくことになると思われる．

### 3）日本における競技力向上と高度化方策

　日本においては，スポーツの高度化に関する法律として「スポーツ振興法」（1961年，2006年改正）により，「スポーツ水準の向上のための措置」として，次のように定められている．

> 第14条　国及び地方公共団体は，わが国のスポーツの水準を国際的に高いものにするため，必要な措置を講ずるよう努めなければならない．
> 2　国は，前項に定める措置のうち，財団法人日本オリンピック委員会が行う国際的な規模のスポーツの振興のための事業に関する措置を講ずるに当たっては，財団法人日本オリンピック委員会との緊密な連絡に努めるものとする．

　しかし，近年，これまで日本の国際競技力を支えてきた学校運動部活動の低

迷や企業スポーツの後退（1991年以降2010年までのトップチームの休・廃部数約340）を背景として，例えば，1976年のモントリオールオリンピックにおいては，日本選手は25個（すべてのメダルに対し4.1%）のメダルを獲得したが，20年後の1996年のアトランタオリンピックでは14個（すべてのメダルに対し1.7%）と半減するなど国際競技力が低下している．とりわけ，社会全体でスポーツを支える基盤の整備が不可欠な団体競技・種目の不振（2008年北京オリンピックにおける日本選手のメダル獲得数25個のうちソフトボール1個のみ）は深刻であり，国（文部科学大臣）は，スポーツ振興法第4条の定めにより，1999年9月に，2000から2010年までの概ね10年間の施策計画として「スポーツ振興基本計画」を策定した．さらに，2006年9月には，5年間を経過したこれまでの推進状況を踏まえて改定し，「わが国の国際競技力の総合的な向上方策」として，オリンピックのメダルの獲得率を夏季・冬季合わせて3.5%と倍増することを目指し，その実現を図ってき

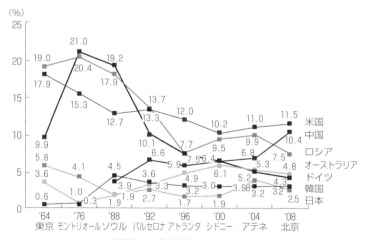

図2-3-4　オリンピック競技大会におけるメダル獲得状況（夏季）

126　第2章　現代社会とスポーツ

ている（図2-3-4参照）.

　また,「3　スポーツとモラル」で述べたように,2010年8月に国が策定・公表した「スポーツ立国戦略」には,この項と関連の深い「戦略2」について,次のように示されている.

**戦略2　世界で競い合うトップアスリートの育成・強化**

- ●世界の強豪国に伍する競技力向上を図るため,ジュニア期からトップレベルに至る体系的な強化体制を構築する.
- ●今後の夏季・冬季オリンピック競技大会について,それぞれの過去最多〔（夏季37（アテネ），冬季10（長野）〕を超えるメダル数の獲得を目指す.また,オリンピック競技大会および世界選手権大会において,過去最多〔オリンピック競技大会では,夏季52（北京），冬季25（ソルトレイクシティ）〕を超える入賞者数を目指す.さらに,将来を見据えた中・長期的な強化・育成戦略を推進する観点から,各ジュニア選手権大会のメダル獲得数の大幅増を目指す.
- ●トップアスリートがジュニア期から引退後まで安心して競技に専念することができる環境を整備する.
- ●国際競技大会等を積極的に招致・開催し,競技力の向上を含めたスポーツの振興,地域の活性化等を図る.

（「スポーツ立国戦略」文部科学省 2010）

　このような目標の達成に向けての施策の推進には,当然のことながら財政基盤の整備を欠くことができないが,先のスポーツ振興基本計画の具体的展開にみられたように,国・地方公共団体のスポーツ行政予算はもとより,スポーツ振興投票（toto：サッカーくじ）による収益,スポーツ振興基金等が集中的に配分されることになると考えられ,スポーツ関係各方面の努力により,競技力の

向上を目指したスポーツの高度化の道は，さらに進むことは明らかであろう．

## 【課題研究】

1）2010年，南アフリカで開催されたFIFAワールドカップについて，その経済効果を調べてみましょう．
2）みなさんの住んでいる街には，どのようなスポーツクラブがあり，どのような活動が展開されているか調べてみましょう．
3）ドーピングによって失われる「スポーツの価値」とは何か考えてみましょう．
4）「世界で競い合うトップアスリートの育成・強化」における具体的な政策にはどのようなものがあるか調べてみましょう．

**参考文献**

(社)メディカル・フィットネス協会監修（2002）：スポーツ社会学．嵯峨野書院．
日下裕弘・加納弘二著（2010）：生涯スポーツの理論と実際 改訂版．大修館書店．
スポーツ庁：スポーツの実施状況等に関する世論調査（http://www.mext.go.jp/sports/b_menu/sports/mcatetop5/list/1371920.htm）
中村敏雄・出原泰明・等々力賢治著（1994）：現代スポーツ論．大修館書店．
亀山佳明編（1992）：スポーツの社会学，世界思想社．
高等学校保健体育科用文部科学省検定済教科書(2009)：新保健体育 改訂版,大修館書店．
文部科学省白書：平成22年度総合型地域スポーツクラブ育成状況調査（http://www.mext.go.jp/a_menu/sports/club/1297482.htm）．
文部科学省白書：総合型地域スポーツクラブ育成マニュアル（http://www.mext.go.jp/a_menu/sports/club/main3_a7.htm）．
文部科学省白書：スポーツ実施率（http://www.mext.go.jp/a_menu/sports/jisshi/1294610.htm）．
Bjリーグオフィシャルサイト（http://www.bj-league.com/bj/Top.do）．
大阪エヴェッサオフィシャルサイト（http://www.evessa.com/）．
北海道日本ハムファイターズオフィシャルサイト（http://www.fighters.co.jp/）．
アルビレックス新潟オフィシャルサイト（http://www.albirex.co.jp/）．

128    第2章　現代社会とスポーツ

堺ブレイザーズオフィシャルサイト（http://www.blazers.gr.jp/）.

日本野球機構オフィシャルサイト（http://www.npb.or.jp/）.

神戸総合型地域スポーツクラブ（http://www.sportsclub-kobe.com/）.

The Conference of European Ministers responsible for Sport（1975）：European Sport for All Charter（http://www.coe.int/t/dg 4 /sport/Resources/texts/spchart 2 _en.asp # TopOfPage）.

United Nations Educational, Scientific and Cultural Organization（UNESCO）（1978）：International Charter of Physical Education and sport（http://www.unesco.org/education/information/nfsunesco/pdf/SPORT_E.PDF）.

International Olympic Committee（2010）：Olympic Charter（http://www.olympic.org/Documents/Olympic%20Charter/Charter_en_2010.pdf）.

The Conference of European Ministers responsible for Sport（1992）：CODE OF SPORTS ETHICS FAIR PLAY – THE WINNING WAY（http://portal.unesco.org/education/en/ev.php-URL_ID=2223&URL_DO=DO_TOPIC&URL_SECTION=201.html）.

International Olympic Committee（2007）：Olympic Charter Ethics 2007（http://www.joc.or.jp/olympism/charter/pdf/olympiccharter2007.pdf）.

Fourth International Conference of Ministers and Senior Officials Responsible for Physical Education and Sport（2004）：DECLARATION OF ATHENS—A Healthy Society Built on Athletic Spirit—（http://portal.unesco.org/education/en/file_download.php/6 ccd 8 b 2 e956bab72a0083d24e3862f 2 cAthens+Declaration.pdf）.

（財）日本体育協会（2008）：日本体育協会スポーツ憲章（http://www.japan-sports.or.jp/uploadFiles/20080918114227_1.pdf）.

（財）日本体育協会（2004）：（財）日本体育協会及び加盟団体における倫理に関するガイドライン.

小笠原正・塩野宏・松尾浩也編（2010）：スポーツ六法．信山社，東京.

World Anti-Doping Agency（2009）：The 2010 Prohibited List International Standard（http://www.wada-ama.org/Documents/World_Anti-Doping_Program/WADP-Prohibited-list/WADA_Prohibited_List_2010_EN.pdf）.

World Anti-Doping Agency（2009）：The World Anti-Doping Code（http://www.wada-ama.org/Documents/World_Anti-Doping_Program/WADP-The-Code/WADA_Anti-Doping_CODE_2009_EN.pdf）.

内閣府（2009）体力・スポーツに関する世論調査（http://www8.cao.go.jp/survey/h21/h21-tairyoku/index.html）.

文部省（現文部科学省）（2000）：スポーツ振興基本計画（http://www.mext.go.jp/a_menu /sports/plan/06031014.htm）．

保　健　編

# 第 3 章

## からだとこころ

### 第1節　健康と現代社会

#### 1　健康の概念

##### 1）健康の定義

　健康とはいつの時代にもかかわらず，ヒトとして生きるために必要不可欠な条件として求め続けられてきたものである．しかし，健康とは単に病気のない状態のことを指すものではない．WHO（World Health Organization；世界保健機構）の定義には，『健康とは，身体的，精神的，および社会的に完全に良好な状態にあることで，単に疾病または虚弱でないということではない』と記されており，健康について幅広くとらえられている．つまり，健康とは体も心も自分を取り巻く環境も健やかでなければならないということである．さらに，WHO専門家会議では，『与えられた遺伝的および環境条件のもとで，身体機能が正しく働いている状況』を広義の健康としている．遺伝的あるいは後天的障害を持つ者が，障害と向き合いながら環境に適応し，積極的に健康的な生活を送ることは，立派な健康人として見習うべき姿勢である．一方，健常な機能を持つ者が健康を害する習慣を続けることや，反社会的な行為をすることは健康とは言えず，改めなければならないことである．われわれは，常に健康の保持増進に努め，健全な社会生活を営んでゆかねばならない．

134 第3章 からだとこころ

### 2）健 康 管 理

① **健康管理の原則と考え方**　現代医学の飛躍的な進歩により，健康はさまざまな医療活動によって支えられるようになった．しかし，大切なことは個人レベルの健康管理である．医療に頼ることなく個人が主体となり，健康的な生活習慣を送らなければならない．

　現代人にとって重要な問題となってきている病気として，生活習慣病をあげることができる．従来成人病と呼ばれていたこの病気は，生活習慣を改善することで大幅に予防することができる．改善すべき生活習慣とは，運動不足，高カロリー・高塩分の食事，飲酒・喫煙習慣，不十分な休養である．自分の健康は自分の責任で維持，増進するという考え方が重要である．

② **疾病の予防**　疾病の予防は次の三段階に分けることができる．第一次予防とは，疾病の発生要因を取り除くことである．健康生活の三つの重要項目として，運動，栄養，休養があげられる．日々の生活の中に適度な運動を取り入れ，栄養バランスが良く規則正しい食習慣，適切な休養をとるという生活習慣を送ることによって体の抵抗力が高まり，疾病の発生そのものを予防することができる．また，保健医療活動として健康指導，予防接種や環境衛生活動など，国や地域行政の施策も重要である．第二次予防とは，疾病を早期に発見し，速やかに治療に引き継ぐことである．多くの疾病の初期段階はほとんど自覚症状がない．職場や地域の健康診断を定期的に受けることで，疾病の兆候や症状を発見することができる．どのような疾病も早期治療が効果的である．第三次予防は，疾病の治癒後，治療中あるいは後遺症を残している患者に対し，機能回復や症状の再発・悪化防止に努め，社会復帰の対策を講じることである．

③ **行政の施策**　国民の健康づくりは，個人の責任と社会の責任に分けることができる．健康づくり行政において第一線のサービスを担当する機関は市町村である．市町村は保健所をはじめとする保健，医療，社会福祉などの関係機関と密接に連携をはかり，地区の衛生組織などの協力のもとに住民の健康づくりを実施していく必要がある．保健所は疾病の予防，健康増進，環境衛生な

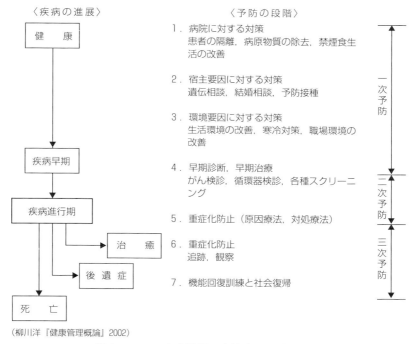

(柳川洋『健康管理概論』2002)

図3-1-1 疾病進展の自然史と予防の特徴

どに関する公衆衛生活動の中心機関として，地域住民の生活と健康にきわめて重要な役割を持っている．また，第一線サービスを実施する市町村を指導し，技術援助を行う責任がある．さらに自らも健康診断や保健技術指導を行う．特に3歳児検診，精神衛生相談などは保健所の業務となっている．

現在わが国は，保健や医療等の高い水準によって世界一の長寿国となっている．しかし，平均寿命が延びる一方で，生活習慣病による死因の割合や患者は増え続けている．このような状況の中，国民の健康を総合的に推進するために平成12年に国の施策としてまとめられた「健康21」は，平成24年に全面改正されて第二次として発表された．方針および目標の骨子は次の通りである．

136　第3章　からだとこころ

『① 健康寿命の延伸と健康格差の縮小　② 主要な生活習慣病の発症予防と重症化予防の徹底　③ 社会生活を営むために必要な機能の維持及び向上　④ 健康を支え，守るための社会環境の整備　⑤ 栄養・食生活，身体活動・運動，休養，飲酒，喫煙及び歯・口腔の健康に関する生活習慣及び社会環境の改善』

　このように，この施策は国民の健康の増進の総合的な推進を図るための基本的な事項を示し，少子高齢化や疾病構造の変化が進む中，全ての国民が共に支え合いながら希望や生きがいを持ち，健やかで心豊かに生活できる活力ある社会を実現し社会保障制度が持続可能なものとなるよう推進されるものである．

### 2　健康と運動

#### 1）運動の意義

　機械文明の発達によって現代人は，日常生活における労働力の省力化や快適な住居環境などの恩恵を得ることが可能になった．しかし，自ら体を動かす必要が極めて少なくなり，身体の生理機能を正常に保つだけの運動量を確保することさえできなくなってきている．また，エアコンの普及により，暑さ寒さという自然環境の厳しさに対応する心身の適応力も低下してきている．今日，慢性的な運動不足の傾向は，あらゆる年代において徴候がみられ，社会問題となっている．成長期の子供においては顕著な体力の低下が報告されており，肥満児や筋力不足，若年成人病の児童生徒が増加している．中高年においては，先にも述べた脳血管疾患，心疾患といった生活習慣病が増加している．

　一方でスポーツは，健康の維持増進に貢献するだけではなく，人々の情緒豊かな生活にも大きく貢献していると報告されている．クオリティ・オブ・ライフ（QOL）という言葉が医療・健康関連分野で盛んに使われているが，これは自己の社会生活の満足感，幸福感や安定感の程度を表す指標である．運動が人々にもたらすメリットは，「健康の維持増進」や「楽しさ，心身のリフレッシュ」の他，「交流・社交」としても捉えられているが，運動の実践は，この QOLの向上に大きく寄与しているとされている．

第1節　健康と現代社会　137

　このように，慢性的運動不足による健康への影響が問題視されるようになった今日，運動・スポーツ活動は単に楽しみとして実施されるのではなく，社会のニーズに応じた「体力の保持増進の手段」と「豊かで快適なライフスタイルの獲得」に必要不可欠なものとされている．

### 2）運動または運動不足が体へ及ぼす影響

① **運動が身体諸機能・器官に与える影響**　有酸素的運動は，大量に摂取された酸素により脂肪をエネルギーとして消費する．そのため血中脂質が低下し，コレステロールの沈着を防ぎ，循環器系疾患の予防となる．また，心拍出量は増大し，毛細血管の新生も即し，血流も促進する．さらに，筋細胞内のミトコンドリアの数・サイズともに増大され，酸素摂取能力は向上する．

　瞬発的運動やレジスタンストレーニングに代表されるような無酸素的運動は，筋繊維の肥大，筋力の増加，骨密度の増加などを即し，活動的な生活を保障する身体づくりに効果的である．

　ストレッチングなど各種の柔軟運動は，筋肉の柔軟性を高め，関節の可動域を広げ，十分な可動域のある関節がダイナミックな運動を保障し，障害の予防にも役立つ．

　また，各種のスポーツや運動は，身体面にとどまらず，精神的なストレスを軽減し，「肩こり」や「疲れやすい」，「全身倦怠感」といった不定愁訴の改善に効果をもたらす．その結果，運動は循環器系を中心とした疾患などを予防するだけではなく，健康的なライフスタイルを獲得することに貢献する．

　文部科学省体力運動能力調査報告書（2016）では，健康の自覚症状として「大いに健康」と回答した群は，男女ともにどの年代もスポーツテスト総合得点において高い平均値を示した（図3-1-1，3-1-2）．また，男女ともに「大いに健康」と回答した群の60％以上は，「ほとんど毎日」あるいは「ときどき運動」と回答している（図3-1-4，3-1-5）．これらは「健康」，「運動習慣」，「体力」の3つの関係を明確に表している．運動習慣は，健康と体力の維持増進に効果

第3章 からだとこころ

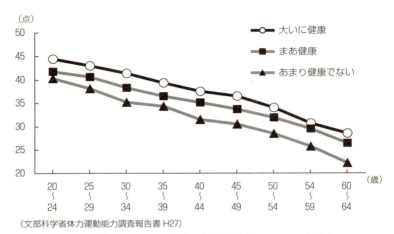

（文部科学省体力運動能力調査報告書 H27）

図3-1-2　健康に関する意識と年齢別体力テストの合計点（男性）

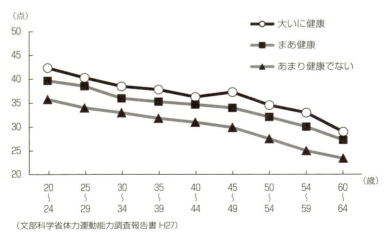

（文部科学省体力運動能力調査報告書 H27）

図3-1-3　健康に関する意識と年齢別体力テストの合計点（女性）

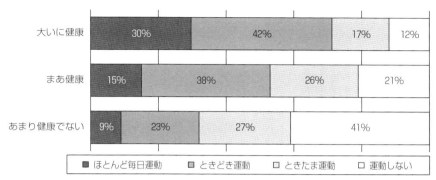

(文部科学省体力運動能力調査報告書 H27)

図3-1-4　健康に関する意識別の運動スポーツ実施頻度（男性）

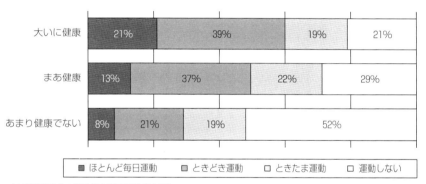

(文部科学省体力運動能力調査報告書 H27)

図3-1-5　健康に関する意識別の運動スポーツ実施頻度（女性）

的であり，再び運動が実施できるという好循環が確立できるのである．

② **運動不足による健康阻害**　使わなければ衰えていくというのは生きるものの原則である．筋肉は細くなり，筋力が低下するとともに機能が悪くなって体力の低下を招く（廃用性萎縮）．心臓も同様に，ある程度活発に動かさないと機能が悪くなり，全身持久力の低下を招くことになり，これが高血圧症また

140　第3章　からだとこころ

表3-1-1　運動不足によって生じる疾患や症状

○　心臓疾患（狭心症や心筋梗塞など）
○　高血圧症（血管の硬化などによる）
○　動脈硬化症（コレステロールなどの沈着による）
○　糖尿病（肥満，エネルギー代謝のアンバランスなどによる）
○　胃および十二指腸潰瘍（精神的なストレスなどによる）
○　腰痛症（筋力の低下やアンバランス，不良姿勢などによる）
○　ノイローゼ（精神的なストレスなどによる）
○　肥満症（中性脂肪の沈着などによる）
○　自律神経不安定症候群（精神的なストレスなどによる）

（片岡洵子他『健康と運動の生理』1994）

は心臓病といった循環器系の生活習慣病の誘因になっている．運動不足によって生じる疾患や症状をまとめると表3-1-1のようになる．

### 3　食事と健康

#### 1）バランスのとれた食事と栄養素

　私達が健康に生活する為には食べた物をエネルギーに変えたり，体の構成や体の調子を整える栄養素をバランス良く摂取する必要がある．栄養素はその働きや性質からたんぱく質，炭水化物，脂質，ビタミン，無機質（ミネラル）に分類され，これらは「五大栄養素」と呼ばれる．たんぱく質は筋肉や内臓，血液など身体をつくる構成成分となり，炭水化物・脂質は効率のよいエネルギー源に，ビタミン・無機質はたんぱく質や糖質などの分解や合成を助け体の調子を整える働きを持つ．

　栄養学でいうバランスとは主に「出入りのバランス」と「相互比率のバランス」の2つに分類される．「出入りのバランス」とは食物による摂取エネルギーと，身体や生命維持のための代謝，運動などで消費される消費エネルギーのつりあいのことであり，「相互比率のバランス」とは摂取エネルギーに占めるたんぱく質・脂質・炭水化物エネルギーの割合（PFC比）や，摂取たんぱく質に占める動物性たんぱく質の割合，たんぱく質におけるミネラル・脂質における

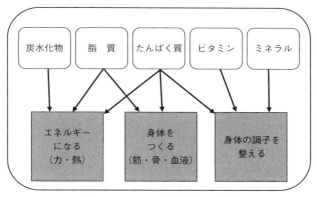

図3-1-6　5大栄養素と機能

表3-1-2　6つの基礎食品

| 1群 | 肉・魚類・卵大豆 | 血や肉になるもの | 主として良質たんぱく質の供給源 |
|---|---|---|---|
| 2群 | 牛乳・乳製品海藻類・小魚類 | 骨になるもの | 主としてカルシウムの供給源 |
| 3群 | 緑黄色野菜 | 体の調子を整えるもの | 主としてカロチンの供給源 |
| 4群 | その他の野菜果物 | 体の調子を整えるもの | 主としてビタミンCとミネラルの供給源 |
| 5群 | 穀類・薯類・砂糖 | 働く力になるもの | 主として糖質類エネルギーの供給源 |
| 6群 | 油脂類・種実類 | 働く力になるもの | 主として脂肪性エネルギーの供給源 |

脂肪酸の割合などが含まれる．「出入りのバランス」が悪いと肥満を含めた生活習慣病のリスクが高まり，「相互比率」のバランスが崩れるとせっかく摂った栄養素も効率よく利用されないという状態になり，免疫機能の低下や異常に影響するといわれている．健康の保持増進や成長に必要な多くの栄養素は食事を通して摂取しているが，毎日の食事を栄養素で計算することは難しい．そこ

142　第3章　からだとこころ

で栄養バランスを食品バランスに置き換えるために厚生労働省が6つの基礎食品群（表3-1-3）を作成した．バランスのとれた食事を実践するためには，6つの基礎食品群の中からいろいろな食品を組み合わせて，過不足のない栄養素摂取をすることを心掛けなければならない．

### 2）食事と生活習慣

「出入りのバランス」が崩れ，摂取カロリーが消費カロリーを上回ると余ったエネルギーは脂肪として体内に蓄えられる．こういった状態が続くと生活習慣病の入り口である肥満へと繋がっていく．一般にBMI（Body Mass Index）が25以上の場合に肥満と判断されるが，20歳以上の日本人の肥満割合は男性29.5％，女性19.2％で男女ともこの10年間ほぼ横ばい状態にある．

生活習慣病を防ぐには摂取カロリーと消費カロリーのバランスを整えることが大切で，そのためには食生活の見直しと適度な運動習慣を取り入れることが必要となる．生活習慣病の原因となる体脂肪や血中脂質の増加には，「出入りバランス」の崩れの他に食事の回数や摂取のタイミングなども影響する．少量を複数回に分けて1日の食事回数を多くするよりも，空腹時間を長くして一度に大量に食べる「まとめ食い」のほうが，肝臓の脂肪酸合成機能が高まり，脂

表3-1-3　肥満度の判定基準

|  | BMI |
|---|---|
| 低体重（やせ） | 18.5未満 |
| 普通体重 | 18.5以上　25未満 |
| 肥満（1度） | 25以上　30未満 |
| 肥満（2度） | 30以上　35未満 |
| 肥満（3度） | 35以上　40未満 |
| 肥満（4度） | 40以上 |

BMI：[体重（kg）]÷[身長（m）の2乗]

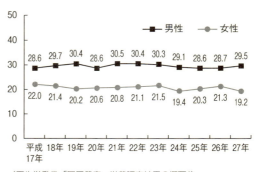

（厚生労働省「国民健康・栄養調査結果の概要」）

図3-1-7　肥満者（BMI≧25kg/㎡）の割合の年次推移（20歳以上）

肪組織ではその細胞数の増加が促進されるなど肥満の傾向を強めることが確認されている．したがって，1日の総摂取量が同じであれば食事の回数が多いほうが太りにくいといえる．また食事は回数もそうであるが，健康維持のためには食べるタイミングも重要なポイントとなる．特に朝食は1日のエネルギーを補充する意味で大切であるといわれ，文部科学省が平成21年に実施した調査でも，朝食をきちんと食べた集団のほうが朝食を食べない集団よりも成績も体力

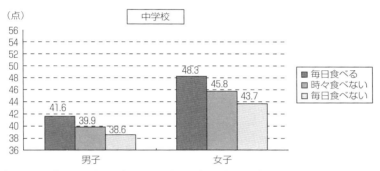

図3-1-8　朝食の摂取状況と体力総合点

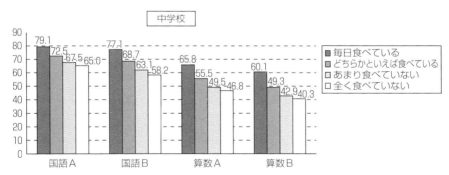

図3-1-9　朝食の摂取状況と成績

も上回った．私たちが毎日の健康を維持しながら生活するためには，栄養バランスのとれた食事と適度な運動を取り入れ，規則正しい食習慣を継続することが重要なのである．

### 3）偏　　食

一般的に特定の食品ばかり食べるとか，逆に特定の食品を嫌って食べない場合を偏食という．人それぞれにある程度の好き嫌いがあるのは普通のことであるが，その偏りがひどくなると栄養摂取に問題が生じ，成長期の場合には嗜好の発達あるいは意欲や好奇心などの心に発達にも影響を及ぼすと考えられている．偏食の原因としては，次のことがあげられる．

①過去に食べた時に不快感を経験した．
②本人が新しい食品に興味を示さない，つまり性格的に好奇心に乏しい場合．
③家庭での食事環境が影響を与えている．

また偏食を続けるとストレスへの抵抗力が落ちる，疲れやすくなる，免疫機能が低下するなど心身ともに不健康な状態に陥りやすく，極端な場合は重篤な栄養障害をきたす場合もある．毎日の食事からエネルギー源や体の構成成分がたえず新しく作られ，新しく補給されることによって我々は健康を保っている．したがって，極度な偏食はしないように心がけ，健康を保つために必要な食物成分を補給する，すなわちバランスのとれた食事が健康な心身をつくるのである．

### 4　休養と健康

### 1）休　　養

「休養」は疲労やストレスと関連があり，「休む」と「養う」の2つの側面がある．「休む」は仕事や活動によって生じた心身の疲労回復を図り，元の元気な状態に戻すこと．「養う」は明日への英気を養い，身体的，精神的，社会的健康を高めるという意味がある．そのためにはゆったりとした時間を確保す

ることはもちろん，さまざまな精神的なリフレッシュを伴う活動を取り入れていかなければならない．過度なストレスへの的確な対処や，質の良い睡眠時間の確保も含めて，身体的休養・精神的休養を積極的に促進することが大切である．

### 2）ストレスへの対処

　医学や心理学の領域では，心や体にかかる外部からの刺激をストレッサーと言い，ストレッサーに適応しようとして，こころや体に生じたさまざまな反応をストレス反応と呼ぶ．現在ではストレッサーとストレス反応をまとめてストレスと呼ぶことが一般的である．普段私たちの体は自律神経系・内分泌系・免疫系のバランスによって微妙に調節されているが，ストレスによってこのバランスが崩れると心身に不調をきたし，精神的あるいは身体的な病的症状に変わることが少なくない．うつ病やパニック障害などの精神疾患はもちろん，胃腸炎や狭心症，アレルギー疾患などもストレスが原因となる場合がある．私たちは日常生活でストレスを経験すると，そのストレスを解決したりストレスによる悪影響（ストレス反応）を緩和するためにさまざまな工夫をするが，ストレス対処（コーピング）が適切になされていれば心理面，身体面，行動面のストレス

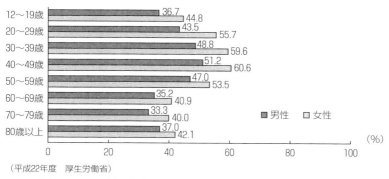

（平成22年度　厚生労働省）
図3-1-10　性・年齢別にみた悩みやストレスがある者の割合

146　第3章　からだとこころ

反応はしだいに低下していく．健康で快適な毎日を送るためには，適度に運動する，趣味を楽しむ，ストレッサーから遠ざかる，積極的に休養するなどのストレス対処が大切となる．

### 3）睡　　　眠

　睡眠は心身の疲労回復を図り，精神的な健康を養う意味で最も有効な手段のひとつである．その為には睡眠時間はもちろん，睡眠の質にも注意を払わなければならない．睡眠時間が不足していたり，不眠症のためになかなか寝付けなかったりして睡眠による休養感が得られなくなると，日中の注意力の低下，頭痛などの体の痛みや消化器系の不調が現れ，意欲が低下することが分かっている．また睡眠不足は肥満，高血圧，対糖能異常などの生活習慣病の引き金となることや，不眠はうつ病などの精神疾患の発症率を上げることも知られている．睡眠中は深い眠りの「ノンレム睡眠」と浅い眠りの「レム睡眠」を繰り返し，成長ホルモンが分泌される．成長ホルモンは身体の成長を促すだけではなく，「細胞の修復」や「疲労回復」の働きもあり，質のよい睡眠（ノンレム睡眠）をとることで多く分泌されるのである．十分な睡眠時間を確保すること，質の良い睡眠をとることは疲労回復を早めるだけでなく，心や体の健康づくりにも効果的である．

### 【課題研究】

1）図3-1-2から図3-1-5を見て，体力テスト合計点と健康に関する意識，運動習慣の関係性を考え，自分自身の現状と比較してみましょう．

2）1日の総摂取カロリーと総消費カロリーを調べて，バランスのとれた食事と運動習慣について考察してみましょう．

## 参考文献

柳川　洋他（2002）：健康管理概論．南江堂，pp. 1 -10.

名取礼二他（1991）：健康・体力づくりハンドブック．大修館書店，pp. 4 -10.

片岡洵子他（1994）：健康と運動の生理．技報堂出版，pp. 125-129.

山口幸生（1997）：中高年の運動とクオリティ・オブライフ（QOL），体育の科学，Vol. 47，pp. 693-698.

植田誠治（2002）：学校保健統計からみた子供の体力・健康状態，体育の科学，Vol. 52，pp. 877-882.

スポーツ庁：平成27年度体力・運動能力調査報告書．pp. 50-51.

国立健康・栄養研究所　国民健康栄養振興会（2002）：健康・栄養，pp. 106，122-123.

医学書院（1993）：栄養学．pp. 116-117.

日本化学会編（1992）：ストレスを科学する．大日本図書，pp. 20-25，29-30.

林俊一郎（1993）：ストレスの肖像．中公新書，pp. 50-55.

ストレスと休養・保護　北海道医報　第951号

池見西次郎（1985）：セルフコントロールの医学．日本放送出版協会，pp. 73-75.

小杉正太郎他（2004）：ストレス心理．川島書店，pp. 36-53.

医学書院（1993）：栄養学．pp. 116-117.

小坂橋靖他（2003）：食と健康大辞典　pp. 188-189，pp. 228-234.

厚生労働省：休養・こころの健康

厚生労働省（2015）：国民健康・栄養調査結果の概要（https://www.go.jp/file/04-Houdouhappyou- 10904750 -kenkoukyoku-Gantaisakukenkouzoushinka / kekkagaiyou.pdf）

日本科学会編（1992）：ストレスを科学する，大日本図書，pp. 20-25，pp. 29-30.

## 第2節　心と健康

### 1　身体的要因による精神の変化

　精神が身体の条件によって影響を受けることは既に述べたが，精神に直接影響を与える身体的器官は，新皮質系・大脳辺縁系・視床下部である．

　脳の損傷が精神に影響を与えることはよく知られているが，身体の生理的条件によっても脳の働きに影響を及ぼし，更に，精神活動にも影響を与えるのである．自律神経系・内分泌系の異常は，身体的機能はもとより精神の発達や機能に影響を及ぼし，精神的活動を低下させたり，逆に感情を高ぶらせたりすることもある．気温や騒音などの外界の環境や身体的疲労も，精神機能に影響を与え，それらがより強くあらわれ，かつ長びいたりするとノイローゼに陥ったりする．

#### 1）精神的要因による身体の変化

　これとは逆の現象で，われわれにとって，日常もっとも多く認められるのは，感情の変化によっておこる身体的機能の変化である．ショックが大きいとき

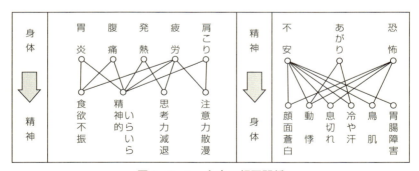

図3-2-1　心身の相互関係

は,一瞬呼吸さえできない状態になったりする.これらの感情や精神の緊張は,全身の表情としてあらわれ,血行・脈拍・呼吸・涙・汗などの分泌に変化を来し,更に立毛筋の収縮によって鳥肌となってあらわれる.そのほか,注意力や集中力を欠いて負傷したり,女性の場合は生理的異常を来すこともある.

このように,精神状態による身体の変化は,表情のみならず,消化器官・循環器官・呼吸器官などの働きや,汗腺・涙腺・消化腺などの内分泌系の働き,更に,骨格筋の自律的緊張といった身体的機能にも変化を与える.

### 2) 心身の相関

一般に,われわれは日常生活で,不安・恐怖・苦痛などの感情をおこす原因となるような事柄に対して,常に精神的緊張を伴って対処している.これは,しばしば,辺縁系の欲求や情動の動きを乱し,精神的ストレスをおこす引き金となる.このストレッサーに対して,心身の抵抗力を高めるため,自律神経系が興奮し,副腎皮質ホルモンの分泌が促進される.

また,ストレスが続いたり,強すぎたりすると,脳幹の機能が乱されて,自律神経の働きや,ホルモンの分泌が不均衡となって,内臓諸器官に異常があらわれるようになる.このような状態が度々おこると,逆に内臓に機能障害を生じ,心身症を引きおこすことになる.

一方,からだの変調など,身体の情報は,内臓や全身に張りめぐらされた知

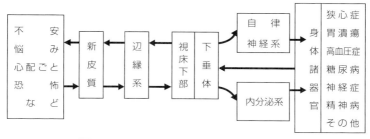

図3-2-2　ストレスと心身相関の仕組み

150    第3章　からだとこころ

覚神経によって，視床下部一辺縁系に伝達され，更に，新皮質に送られて，内臓諸器官の異常感が精神的不安・恐怖・悩みなどをおこす．これが神経症である．このように，心身相関の機構には，自律神経系・知覚神経・内分泌系が重要な役割を果たしているのである．

### 3）心身症とは

　からだの病気であり，臓器の病気であるもののなかに，精神的ストレスが病気の主要原因ではないかと考えられる症例がある．例えば，胃潰瘍・高血圧症・じんま疹・ぜんそく・狭心症などがそれである．これらの疾病は「身体疾患のなかでその発症や経過に心理社会的因子が密接に関与し，器質的ないし機能的障害がみとめられる病態」とされる心身症であると考えられている．

　①　**精神的トレーニングの実施**　　常に物事に積極的に取り組む姿勢が大切である．その際，欲求や感情に駆られた衝動的行動をとらないこと，また，感情と理性が適度に調和を保ち，慎重で自己統制のとれた行動をとるようにする．

　②　**人間関係の重視と社会的役割・責任の自覚**　　われわれが健康で安全な生活を送ることができるのは，社会において他の人びとの理解・信頼を得て，自分の責任を果たし，相互の協力関係によって成り立っていることを自覚することである．

　③　**適当な休憩とレクリエーションの実施**　　精神が活発に活動するためには，休息が必要である．この休息は，活動的な休息であって，単に何もしない

表3-2-1　心身症が見られる疾患例

| | |
|---|---|
| 循環器系 | 本態性高血圧症・レイノー症候群・神経性狭心症・不整脈など |
| 呼吸器系 | 気管支ぜんそく・神経性呼吸困難（過呼吸症候群を含む）など |
| 消化器系 | 胃潰瘍・十二指腸潰瘍・慢性胃炎・潰瘍性大腸炎など |
| 内分泌・代謝系 | 肥満症・糖尿病・甲状腺機能亢進症など |
| 神経系 | 片頭痛・自律神経失調症・失神発作・慢性疲労など |
| 泌尿器系 | 夜尿症・遊走腎などの疾患，インポテンツ・神経性頻尿など |
| 皮膚系 | 神経性皮膚炎・皮膚掻痒症・円形脱毛症・慢性じんま疹など |

（佐々木高伸・志和資朗『心身症』1989より抜粋）

第2節　心と健康　151

で休んでいるだけではない．遊戯・スポーツ・趣味などのレクリエーション活動が望ましい．これによって，心身ともにリフレッシュして，健全な社会生活を維持していくことが大切である．

### 2　欲求と適応

われわれ人間は，何らかの不足を感じたとき，その不足を満たすための行動をおこそうとする．この行動の原動力は，心身におこった不満を満たそうとする精神の働きである．つまり，現在の状態に不足を感じ，将来において充足しようと願い，ここに一種の緊張状態が生ずる．これが，衝動あるいは動因とよばれ，その緊張が将来に向かって持続される状態のことを欲求という．また，日常のさまざまな生活環境のなかで，当面する事態に対して，より好ましい関係を維持しようとする働きを，適応という．

#### 1）欲求の種類と段階

欲求は一般的に，1次的欲求と2次的欲求に分けられる．1次的欲求とは，生きていくための欲求であり，2次的欲求は，人間らしく生きていくための欲求ということができる．

特に，2次的欲求のあらわれ方には個人差があり，社会や環境の影響を受けやすい．これらの欲求は生理的欲求を基盤としており，その上に立って自我欲求が芽生え，次いで，社会的欲求が形成される．

#### 2）欲求不満とは

欲求は必ずしも満たされるものではない．何らかの条件で阻止され，干渉され，抑圧されて，目標達成の満足が得られない状態のことを欲求不満 frustration と

表3-2-2　欲求の種類

| 1次的(生理的)欲求 | 2次的（社会的・心理的）欲求 |
| --- | --- |
| 渇きの欲求（飲欲） | 愛情の欲求 |
| 飢餓の欲求（食欲） | 安定感の欲求 |
| 休息の欲求 | 承認の欲求 |
| 性的欲求 | 独立の欲求 |
|  | 所属の欲求 |
| 母性的欲求 | 成功の欲求 |
| 苦痛回避の欲求 | 新しい経験の欲求 |

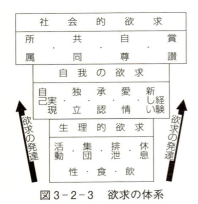

図3-2-3　欲求の体系

いう．欲求が満たされると，一応は安定した状態になるが，欲求の充足と同時に，また新しい欲求が芽生えるものである．こうして，絶えず欲求不満が繰り返され，その都度，目標を達成しようとするところに行動の進歩がある．また，それぞれの欲求を生活環境のなかで，いかに調整していくかという心の働きが理性であり，その理性に基づいて行動をおこすところに人間の価値があるといえよう．

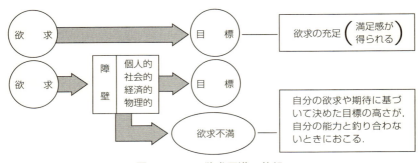

図3-2-4　欲求不満の仕組み

3) 不安と葛藤

　不安とは，漠然とした恐れ，危険を予期して心の安定を失ったときにおこる感情である．しばしば，動悸や胸が締めつけられる感じ，冷や汗などの生理的変化を伴うことが多い．

　不安は，自分をおびやかす実体が，明確に把握できないために，解決の糸口

第2節 心と健康　153

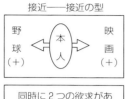
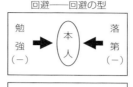
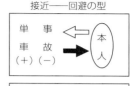

図3-2-5　葛藤状態の型

がつかめず，心理的に不安な状態である．自分が不安な感情をもっていることにとらわれ過ぎると，不安は強くなり，繰り返しあらわれるようになる．

　欲求不満に類似した状態に葛藤 conflict がある．葛藤とは，2つ以上の欲求が同時にあって，対立し，そのどちらかを選ぶべきか，思い迷う状態をいう．これには，大別して3つの型がある．

### 4）適 応 機 制

　われわれの精神活動には，欲求不満や葛藤の状態に置かれると，それに伴う心身の緊張や不安・悩みなどをやわらげ，精神の安定を回復して，精神の健康を維持しようとする働きがある．このような精神の働きを適応機制という．これには，良い適応機制と悪い適応機制とがある．われわれはより健全な適応機制を多く身につけ，不健全な方法はできるだけ慎むべきである．

　これらの適応機制は次のように分類される．

　①　**合 理 的 機 制**　　合理的規制は，もっとも健全な機制と考えられているもので，欲求の充足を妨げている障壁を，積極的・合理的な方法で取り除いて，欲求の充足をはかるものである．

　②　**代 償 機 制**　　欲求の充足が妨げられている場合に，その欲求の代わりに，類似した別の欲求を満足させることによって，はじめの欲求による緊張をある程度取り除く機制で，合理的機制に次ぐ健全な方法である．

③ **防衛機制** 主に2次的欲求が満たされず，自分が不利になったとき防衛するためにとられる方法で，次のような機制がある．

　㋐ **同一化**

有名人の服装や身振りなどを模範して，同一の気分になり，欲求を充足するという機制である．

　㋑ **合理化**

真の動機（理由）を隠し，自分に好都合な理屈をつけて不満を解消し，満足を合理化しようとする機制である．

④ **逃避機制** 欲求の実現を阻んでいる障壁を越える努力をしないで，適応困難な状況から逃避することによって，不満や不安から逃れようとする機制で，次の2つの機制がある．

　㋐ **抑　圧**

欲求を充足させる努力をしないで，精神の奥底に押さえ込んでしまう機制である．押さえられた欲求は，常に機会があれば満足を得ようとする．そのため，押さえられた欲求が，形を変えて出現することもある．

　㋑ **退　行**

他人を避けて自己のなかに閉じこもり，孤立化することによって，困難な状況との接触を逃れようとする機制である．

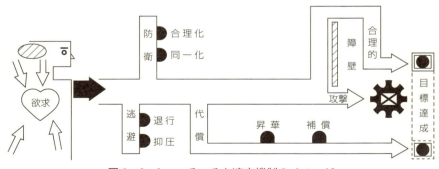

図3-2-6　いろいろな適応機制のイメージ

⑤ **攻撃機制** 欲求が満たされないときに，攻撃的な行動（暴力・傷害・破壊などの行為）をとったり，その逆の態度や行動（規則違反・盗み・悪口や皮肉を言うなどの行為）をとることによって，欲求不満を解決しようとする機制である．一時的な満足は得られても，本来の意味で欲求不満の解決にはならず，必ずといってよいほど新しい問題を引きおこすことになる．したがって，この攻撃機制はもっとも不健全な方法であり，極力避けなければならない．

### 5）適 応 異 常

さまざまな社会環境のなかで，自己の欲求を円満に解決できなくて精神の緊張状態が持続し，安定した社会生活を営むことができず，規律や習慣に合わない行動をおこすことを適応異常という．青年期は，感受性に富み，正義感が強いので，刺激を求め，過激な行動に走りやすい．その結果，目的達成を急ぐあまり手段や方法を誤り，家出や自殺をはかったり，非行や犯罪を犯しやすい．

私たちは，欲求充足の方法や手段を誤らず，良い友人，良い相談相手をもって，健全な社会生活を送るよう努力すべきであろう．

### 3 思春期と性

思春期には，体が急激に発育し，大人らしい体つきになってくる．また，体のなかでは，生殖器が急速に発達し，その働きが活発になって，男女とも将来子どもを産み育てるための準備がととのえられ，女性の場合，もしこの時期に，いきすぎたダイエットなどにより，生殖器のじゅうぶんな発達がさまたげられるようなことがあれば，月経不順や不妊，また分娩障害の原因になるなど，将来に好ましくない影響を生じることがある．性機能の成熟にとって，思春期が重要なのはこのためである．また，思春期には，性機能の成熟にともなって心の面でも変化がおこり，例えば，異性への関心が高まり，異性と親しくなりたいという欲求が強くなる．しかし現実には，親しい関係がつくれない，親しい関係をつづけていくことがむずかしいなど，思いどおりにならずに悩むことも

少なくない．その背景には，性的欲求のあらわれかたが男女でちがうことを知らなかったり，異性の性機能を理解していなかった結果，相手の気持ちを誤解したり，自分の気持ちをうまく伝えきれなかったりすることもある．思春期には，異性と人間的な関係をきずくことは，直面する大きな課題のひとつであり，その体験は，自立した人間へと成長するための大きな糧となる．

### 1) 受　　精

膣内に射精された精子は，子宮を経て卵管に達する．卵子と出合った1個の精子は，卵子の膜を溶かして，その内部に入る．これを受精という．この瞬間に胎児の性別が決まる．すなわち，精子の性染色体には，X染色体とY染色体がある．一方，卵子の性染色体は，X染色体だけである．Y染色体もつ精子と卵子が合体したとき男性となり，X染色体をもつ精子と卵子が合体したとき女性となる．

### 2) 妊　　娠

受精卵は細胞分裂を繰り返しながら，卵管を子宮までほぼ4日で移動し，子宮内膜に付着して固定する．この着床によって妊娠が成立し，胎盤が形成される．胎盤は，胎児のへその緒とつながり，母体との間で胎児の発育に必要な栄養物質や酸素を送り，老廃物の排出を行う．また，胎盤からFSH（卵胞刺激ホルモン）が分泌され，これが黄体を発育させ，プロゲステロンの分泌を促進させる．これによって排卵や月経が阻止され，子宮が安定する．

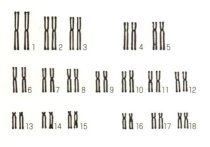

1対の特殊染色体すなわち性染色体

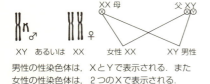

XY あるいは XX　　　女性XX　　XY男性

男性の性染色体は，XとYで表示される．また女性の性染色体は，2つのXで表示される．

**図3-2-7　人間の染色体**

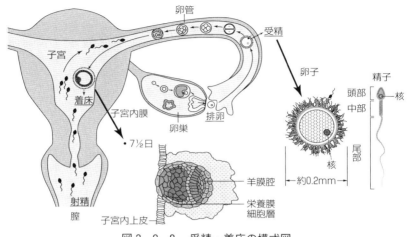

図3-2-8　受精・着床の模式図

### 3）出　　産

　胎児は12週ぐらいで男女の区別ができるようになり，20週では，胎児の動きや心音もはっきりしてくる．32週ぐらいになると，体重は1500gほどになり，胎外に出ても保護することによって生きられるようになる．40週では，体重が3200g，身長約50cmに育つ．この状態になると，急に胎盤からのホルモンが減少し，黄体ホルモンが止まり，下垂体からのホルモンの働きで，子宮筋の収縮がおこる．これが陣痛である．

　陣痛の繰り返しによって，胎児は子宮から押し出され，普通は頭を先にして出産する．

### 4）生殖器系の仕組みと働き

　男女の相違をあらわす特徴の第1は性器官であって，これは，胎児のときに既に決まっている．これが第1次性徴である．そして，男子が11歳，女子が9歳のころから性腺が発達しはじめ，性ホルモンが盛んに分泌される．この働き

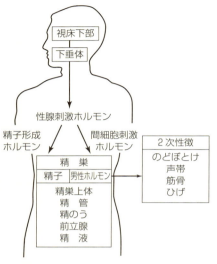

図3-2-9　男子の第2次性徴

で，男女に特有な形態や機能があらわれる．これを第2次性徴という．この時期を思春期といい，思春期から成人に達するまでの数年間は，身体的・精神的に大きな変化がみられる．

### 5）男子の性機能

　男子の性器官は，精巣（睾丸）・精巣上体（副睾丸）・精管・精のう・前立腺と陰茎からなっている．精巣は，陰のうにつつまれた精子をつくる器官で，精子を含んだ精液は，精巣上体・精管を通って尿道に出る．精のうは精液の成分の大部分を占め，精子の運動を盛んにする役目を果たす．

　陰茎は外皮と海綿体からなっており，外皮は亀頭の表面を包んでいる．陰茎は，直接の刺激や心理的刺激などによって，反射的にこの海綿体に血液が流入して充血し勃起する．更に，性的刺激が加わると，精液は尿道を通り体外に射出される．これを射精という．また，はじめての射精を精通という．射精は，

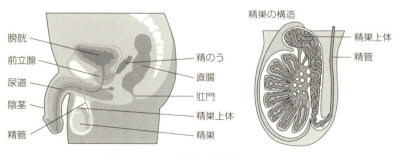

図3-2-10　男子の性器官（生殖器）

睡眠中，夢のなかで性的刺激を受けておこることがある．これを夢精という．これは，生殖器の発達に伴ってあらわれる自然な現象である．精液の1回の射出量は2-4ccであり，その中に2-3億の精子が含まれている．精子は膣内に射出されると，子宮頸部から子宮腔を経て卵管に向かい，卵子の分泌物に誘導されて卵子に到達する．精子は酸性の膣内では数時間しか活動できないが，弱アルカリ性の子宮内や卵管内では数日間生存する．

### 6）女子の性機能

女子の性器官は，卵巣・卵管・子宮・膣からなっている．思春期以後，下垂体の卵胞刺激ホルモン（FSH）の働きによって，性器官の発達が促進され，卵巣での卵子の生産と女性ホルモンの生産・分泌が盛んになる．女性ホルモンの分泌によって，皮下脂肪の発達，乳房の発達など，第2次性徴があらわれる．

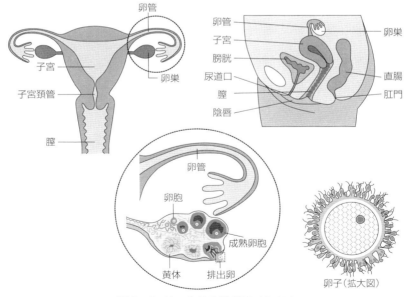

図3-2-11　女子の性器官（生殖器）

160　第3章　からだとこころ

## 【課題研究】

1）自身の心のバランスを保つためにどのようなことを心掛けたらよいか
考えてみましょう.

2）異性と親しい関係をつくり，それをつづけていくためにどのようなこ
とを心掛けるべきか考えてみましょう.

**参考文献**

近畿地区高等専門学校体育研究会編（1995）：改訂保健体育概論. 啓文社，京都.

佐々木高伸・志和資朗（1989）：心身症　バイオフィドバック療法の基礎と臨床. 新興医
学出版社，東京.

（社）日本体育学会監修（1998）：最新スポーツ科学辞典. 平凡社，東京.

## 第3節　疾病とその予防

### 1　疾病の経過と予防

#### 1）生活習慣病とは

長年にわたって喫煙・飲酒・運動不足・不規則な食事・ストレスなどの不規則な生活習慣をおこなうことによりおこる疾病のことで，わが国の死因順位の上位をしめ，三大生活習慣病とも呼ばれる，「ガン・脳卒中・心疾患」などがこれに含まれる．

#### 2）生活習慣病の症状

①　**自覚症状と他覚症状**　　自覚症状は，痛い・だるいなどからだの異状を感じそれを訴える場合をいい，他覚症状は，各種検査・医師の診断などで，明

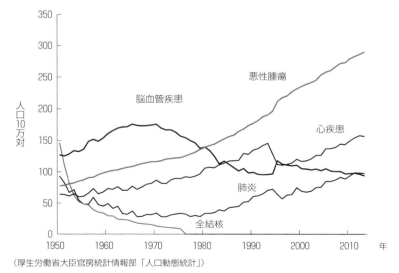

（厚生労働省大臣官房統計情報部「人口動態統計」）

図3-3-1　疾患別死亡率の推移（1950〜2013年）

162　第3章　からだとこころ

らかになる症状をいう．

②　**全身症状と局所症状**　　全身症状は，発熱・倦怠感などの症状をいい，他覚症状は，局所的にみられる，痛み・発赤などをいう．


### 3）生活習慣病の原因

①　**主因と誘因**　　発病の直接の原因を主因といい，生体の抵抗力を弱め，発病を助長させる原因を誘因という．

②　**内因と外因**　　体の中で病気にかかりやすい体質を内因といい生体の外部からの刺激で病気をおこさせる要因を外因という．

③　**病気の3要因**　　病気になる要因には大きく3つの要因，「主因・病因環」境があり，これらの条件が悪化したり変化することにより病気になる．また，反対に，病気になってもこの3要因の条件がよければ，症状として現れず治ったり，軽症ですむ場合がある．したがって病気発生には3要因の相互作用が大きく関係していることがわかる．

しかし，ほとんどの病気はこの3要素との相互作用が深い関係にあるのに対し，中には血友病のように主体だけで発病したり，放射線障害のような病因だけで発病するなど，例外的な病気もある．


### 4）生活習慣病の治療

病気の治療にもっとも大切な事は，本来人間がもっている自然治癒能力を高め発揮できるようにすることである．そのためにいろいろな手当てを行うのが治療である．治療には大きく分けて2つがある．

①　**原因療法**　　直接原因になっているものを取り除く方法．

②　**対処療法**　　発熱や痛みなど主症状を抑え，自然治癒力を高め治療する方法．

これらの療法によって病気の治療をおこなっていくわけだが，この過程において，早期に行うか，完全に治療したのかでその後の経過が変わってくる．例

えば，インフルエンザの経過中，肺炎を併発したり，リューマチ熱のあと心内膜炎をおこし，生涯にわたり後遺症となるなどである．

したがって，治療は早期発見，早期治療が重要であり，予防活動もまた最重要課題となる．

### 5）生活習慣病の予防

生活習慣病は普段からの予防対策が重要であり，この予防には大きく分け，一次予防（病気にならない生活習慣を身につける）と二次予防（早期治療・早期発見）の２段階に分かれる．

① **一次予防** 　生活習慣病の特性を理解し，健康でバランスのよい生活習慣を身につけ，健康増進を図り，病気にならないように心がけることや，体重・血圧などの変化が病気の前兆であったりするので，日常の生活で体調の変化に気づくようにして初期段階の予防を行うこと．

② **二次予防** 　生活習慣病は自覚症状がほとんどなく，一次予防だけでは予防しきれない部分が多い．したがって，定期的な健康診断・健康相談を活用し早期発見・早期治療を行うこと．

生活習慣病は，体に感じる自覚症状は少なく気づいたときには手遅れになる場合が多い．したがって，長年にわたる，喫煙・飲酒・運動不足・不規則な食事・ストレスなど乱れた生活習慣を続けることにより発病する事を理解し，生活習慣を健全なものに変えていく事が生活習慣病にもっとも有効な予防法である．

### 6）生活習慣病の種類とその予防

① **ガン**（悪性腫瘍） 　日本の死因第１位を占めるのがガンである．ガンは正常な細胞をがん細胞に変化させ増殖させていく腫瘍である．進行するスピードが速く，特に年齢に応じて速度が変わるが，若年齢ほど速度は速い，進行すれば血液を介していたるところへ転移し治療は難しく，死亡率は非常に高い．

ガンの種類は，粘膜の表面にできる腫瘍（胃がん・肺がん）と骨や筋肉にできる腫瘍（骨肉腫・筋肉腫）と血液にできる腫瘍（白血病）など大きく3つに分けら

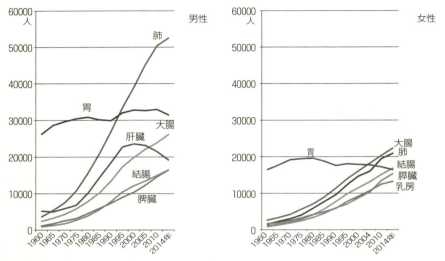

（資料：国立がん研究センターがん対策情報センター）

図3-3-2　性，部位別にみたガン死亡者数割合の年次推移

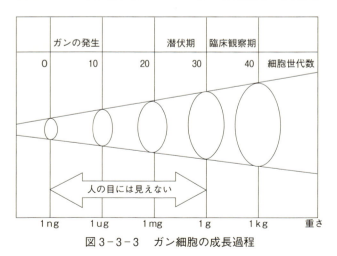

図3-3-3　ガン細胞の成長過程

第3節　疾病とその予防　　165

表3-3-1　ガンを防ぐための12ヶ条

| | |
|---|---|
| 1. いろどり豊かな食卓にして | バランスのとれた栄養をとる |
| 2. ワンパターンではありませんか？ | 毎日変化のある食生活を |
| 3. おいしい食べ方しましょう | 食べ過ぎをさけ，脂肪はひかえめに |
| 4. 健康的に楽しみましょう | お酒はほどほどに |
| 5. 吸いたい気持ちはわかりますが | タバコを少なくする |
| 6. 緑黄野菜をたっぷり | 食べ物から適量にビタミンと繊維質のものを多くとる |
| 7. 胃や食道をいたわって | 塩辛いものは少なめに，熱いものはさましてから |
| 8. 突然変異を引き起こします | 焦げた部分はさける |
| 9. 食べる前にチェックして | かびの生えたものに注意 |
| 10. 太陽はいたずら者です | 日光に当たりすぎない |
| 11. いい汗，流しましょう | 適度にスポーツをする |
| 12. 気分もさわやか | 体を清潔に |

（国立ガンセンター『ガンを防ぐための12ヶ条』1995）

　れる．死亡者数は男女合計で肺がんがもっとも多く，次いで大腸がん，胃がんの順である（図3-3-2）．

　ガンのおこり方としては，人間の細胞にはすべてガン遺伝子が存在しており，発ガン因子による刺激によって，正常な遺伝子が突然変異を起こしガン化する（図3-3-3）．特に発ガン因子は，われわれの普段の生活の中にいろいろな形で存在し，避けて通ることは不可能である．

　ガンを防ぐには，一次予防としての原因となる因子を避け，また原因となる生活習慣を改善していく事が大切である．例えばタバコの吸いすぎや，偏食，アルコールの飲みすぎなどである．またこういった一次予防の促進を促すために国立がんセンターでは「ガンを防ぐための12ヶ条」を作り提唱している（表3-3-1）．

　しかし，いかに生活習慣を改善し健康的な生活を営んでも，完全にガンの発生を防ぎきれない．そのために二次的予防として，定期的に健康診断を受けガンの早期発見，早期治療をおこなうことが大事である．

　最近では，発生部位によっては米粒大の初期のガンでも発見できるようになり，早期治療への足がかりとなっている．また，治療方法の発展により早期ガンはほぼ完全に治癒することが図3-3-4の5年間の生存率からも明らかであ

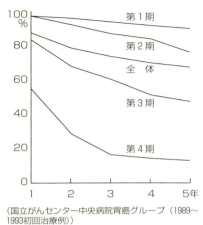

(国立がんセンター中央病院胃癌グループ（1989〜1993初回治療例））

**図3-3-4　胃がんの生存率**
(治療開始後満5年経過して生存している場合)

る．

② **循 環 器 病**　循環器疾患は，体内を巡る血管におこる疾患で，特に動脈が硬くなる（動脈硬化）または内部が狭くなる（高血圧）といった動脈病変がもととなり，病変部が脳の場合は脳卒中に，また，心臓の冠状動脈にある場合は心筋梗塞などの心疾患として現れる．

　　　脳　卒　中

　脳卒中は，脳にある毛細血管内でおきた動脈硬化が原因でおこり，これらは血管が詰まっての血行障害や破れたりしての出血による血液循環障害である．

　脳卒中は脳血管障害の違いによって次の4つに分けられる．

1. 脳　　梗　　塞　　脳内の血管が詰まる事によって起こり脳血栓と脳塞栓の2種類に分けられる．
2. 脳　　出　　血　　脳内の血管が破れることでくも膜下出血と脳内出血の2種類に分けられる．
3. 一過性脳虚血　　一時的に脳内の血流が少なくなることで，少時間で回復する．また，繰り返して脳梗塞にいたることもある．
4. 高血圧性脳症　　急激な血圧の上昇によっておきる．血圧が下がれば症状は消失する．

脳卒中予防のためには次のような事に注意する事が大切である．
1　普段の血圧を知っておく．
2　心房細動の有無を調べておく．
3　喫煙者は禁煙する．

4　飲酒はひかえめにする.

　　5　コレステロールが高いか調べておく.

　　6　糖尿病があれば，医師の勧告に従い，症状をコントロールする.

　　7　日常の生活に運動習慣を取り入れる.

　　8　低塩，低脂肪の食事をとる.

　　9　循環障害があるか医師に尋ねておく.

　10　脳卒中の症状があった場合には，すぐに医療機関を受信する.


### 心　疾　患

　心疾患には，先天性心疾患・慢性リュウマチ性心疾患・虚血性心疾患などがあげられるが，生活習慣病として問題になるのが虚血性心疾患である．これは酸素と栄養を運搬する血管が動脈変動のために心臓の機能が低下した状態をいう.

　虚血性心疾患には次の2種類に分けられる.

　　1．狭　心　症　　心筋が要求する血液量に対して，供給分が不足したために，一時的に心筋が酸素不足になることをいう.

　　2．心筋梗塞　　冠動脈が詰まり血液がまったく流れない状態になり，心筋が酸素不足を起こした状態をいう.

　これらの循環器病は，危険因子となる冠動脈硬化が20歳頃に徐々に始まっており，それに加えての偏食・喫煙・運動不足・肥満・食塩やアルコールの取りすぎなど，また精神的なストレスや睡眠不足など，不健康な生活の積み重ねが原因となりもたらされている．これらをふまえて，予防対策は，好ましくない生活習慣を総合的に変えていくことが大切である．厚生省では一時予防のために『循環器

**表3-3-2　循環器病を防ぐ日常生活の注意10ヶ条**

| | |
|---|---|
| 1 | 規則正しい生活を |
| 2 | 精神の安定を |
| 3 | 保温に気をつけよう |
| 4 | 便通をととのえる |
| 5 | 飲酒・タバコは控えめに |
| 6 | 肥満の防止 |
| 7 | 適度な運動をしよう |
| 8 | 検診を受けよう |
| 9 | バランスのとれた食事を |
| 10 | 塩分を減らそう |

168　　第3章　からだとこころ

病を防ぐ日常生活の注意10ヶ条』を提唱している（表3-3-2）．

　しかし，いかに普段の生活を健全にしていても，年齢からくる動脈病変はさけられない．したがって二次予防である定期的な健康診断で高血圧や動脈硬化を早期に発見し治療を行うことが重要であり，間違えれば命取りとなる循環器病も大事にいたらず発症を防ぐことが出来る．

　③　**行政から見た主な予防施策**　　生活習慣病予防対策は，個人の努力以外に国や各地方団体が援助，支援をおこなっている．主な保健医療福祉活動として，少年青年期は学校保険法，成人では労働安全衛生法，中高年・老齢者では老人保険法などがある．特に生活習慣病としては，対象年齢のもっとも多い中高年・老齢者を対象とした老人保険法が重要であり，壮年期からの健康づくりのために市町村や保健所や医療機関では次のような保険事業が実施されている．

　　○　健康手帳　　　老人保険法によって医療活動が受けられる．
　　○　健康教育　　　生活習慣病の予防知識が学べる．
　　○　健康相談　　　病気による悩みや不安を相談できる．
　　○　健康調査　　　定期的な健康診断が受けられる．
　　○　機能訓練　　　病後のリハビリが受けられる．
　　○　訪問指導　　　自宅で看護指導が受けられる．

　　2　感染症の経過と予防

　1）**感染症とは**

　感染症とは，体外にある生物が体内に侵入し発育，増殖することにより特定の病的症状が表れることを意味する．進入を受ける側を宿主，侵入する生物を病原体といい，人から人へ感染することを伝染病と呼ぶ．

　2）**感染症の主な種類と推移**

　近年，わが国では感染症の発生数は減少傾向にあるが，戦後十数年にわたり死亡順位の１位を占めた病気でもある．この第１位をしめた結核をはじめ，わ

第3節 疾病とその予防　169

表 3-3-3　主な感染症患者数の推移

|  | 赤　痢 | インフルエンザ | 日本脳炎 | 急性灰白髄炎 | 結　核 | 淋　病 |
|---|---|---|---|---|---|---|
| 1950年 | 46,780 | 39,324 | 5,196 | 3,321 | 528,826 | 178,273 |
| 1960年 | 93,971 | 142,893 | 1,607 | 5,606 | 489,715 | 8,736 |
| 1970年 | 9,996 | 173,371 | 145 | 8 | 180,833 | 8,349 |
| 1980年 | 951 | 66,744 | 28 | 2 | 73,230 | 7,661 |
| 1990年 | 920 | 25,021 | 55 | 0 | 51,821 | 5,646 |
| 1995年 | 1,062 | 22,393 | 4 | 1 | 42,958 | 1,699 |
| 1997年 | 1,301 | 8,816 | 6 | — | — | 2,355 |

が国ではいろいろな感染症（表3-3-3）があり，どの伝染病も医療技術の発達
により原因解明，減少につながっている．また，社会・経済の発達により，環
境衛生，栄養の改善も伝染病の減少に大きな役割を果たしている．これ以外に
天然痘においては，生ワクチン（種痘）の導入により大きな成果を上げ，1979
年12月，WHOは，天然痘の根絶を発表した．

　しかし，主な感染症はわが国において減少はしてきたが今なお発展途上国に
おいてはまだ多くの発生を見ている．そして最近ではエイズ，エボラ出血熱・
O-157などをはじめとするまだ治療方法の解明がなされず治療困難な感染症が
社会問題となっている．


## 3）感染症予防について

### 感染症の3要因

　感染症の予防には，まず3要因である感染源・感染経路・感受性者について
学び，どう対処するかが大事である．

　主に病原巣を作る場所として人・動物・無生物の3つがある．人を中心に病
原巣を持つ感染症として，結核・赤痢・ポリオ・性病などで，動物には，日本
脳炎・狂犬病など，また，無生物には，破傷風などがあげられる．そして，感
染経路としては，保菌者からの直接感染（性病），くしゃみなどの飛沫散布によ
る感染（結核・インフルエンザ），妊娠や出産に伴う母から子への感染（梅毒・B型
肝炎）などの直接伝播と，飲料水などから感染する水系感染などの媒介物感染

170　第3章　からだとこころ

(腸チフス・赤痢)，蚊やシラミなどの動物が媒体となる媒介動物感染(日本脳炎)，病原体を含むほこりを吸い込むことによる空気感染（オウム病）などの間接伝播がある．

〇感染源対策

感染源となる病原体を駆除する事がここでの対策である．重要となるのが感染した患者であり，この場合，化学物質や物理的手段で病原体を殺滅する消毒と，他の人への感染を防ぐため，病原体が感染可能な期間，患者を引き離しておく隔離と，国内にない病原体を侵入させないために，空港や海港などで入国者や輸入動植物のチェックを行う検疫などが対策として行われている．

〇感染経路対策

感染経路対策は，直接・間接伝播の系統別に伝染病予防法をもとにして行われている．水系感染は上下水道・井戸などの消毒，飛沫感染や空気感染は患者の隔離とともに患者が使用した部屋や使用物の消毒，媒介動物感染は感染源の動物の駆除を行っている．

〇感受性者対策

この対策は，体の抵抗力をつけ，進入する病原体から体を守ることで，衛生的な生活（手洗いなど）や抵抗力を弱める過労の防止または特異的方法として，ワクチンの投与による免疫力の強化がある．

〇総合的対策

「感染源対策」「感染経路対策」「感受性者対策」の3つの内，1つを阻止できれば感染症の流行を抑えることが出来る．例えば，結核の場合，予防接種(感受性者経路対策)，赤痢の場合では上下水道などの環境整備（感染経路対策）がそれにあたる．しかし基本的には，この3つを並行して行うことが大事である．


### 4）エイズとその予防

#### エイズとその現状

エイズは正式名称を後天性免疫不全症候群といい，ヒト免疫不全ウイルス

第3節 疾病とその予防　171

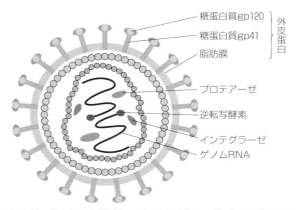

＊HIVの表面には，糖タンパク質があって，この中の1つが，ヒトの免疫に関与する．
＊CD4分子を受容体としているので，これらに吸着していく．
＊Tリンパ球やマクロファージと結合して，侵入していく．
（HIV母子感染予防のガイドライン，厚生省　HIV母子感染予防対策検討会より）

図3-3-5　HIVの構造

HIV（図3-3-5）が体内に侵入しTリンパ球に感染し，人体の持つ免疫作用を破壊する感染症で，このため体外にある細菌，ウイルスが体内に侵入しても対応できず，感染，発病し死亡する．

　エイズの感染初期は風邪とよく似た症状があらわる．この時期をHIV急性感染といい，この時期を過ぎると7-10年間症状が目立って現れない無症候キャリアと呼ばれる時期が続く．しかし内部では，HIVの増殖は続いており，そのため免疫反応に必要なTリンパ球が減少している．

　無症候性キャリアの後に，持続的な発熱，食欲不振，下痢，異常発疹などが症状としてあらわれる．この時期をエイズ関連症候群という．

　最後には，T4リンパ球の急速な減少に伴い免疫不全であるエイズになり，日和見感染（カリニ肺炎）や腫瘍（カポジ肉腫）におかされ，発病の予後は非常に悪く，発病後4年以内に90％は死亡する．

　現在，全世界のHIV感染者数の分布は図3-3-6にあるようにアフリカ，

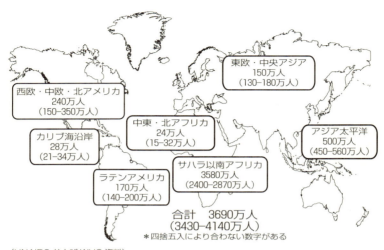

(UNAIDSおよびWHO資料)
図3-3-6　世界の地域別生存HIV感染者推計総数（2015年現在）

アジア，アメリカ大陸の順に多く，全体のHIV感染者推計数は3690万人と推計されており，このうち成人は約3430万人，15歳未満の子供は約260万人と推計している．また，2015年1年間で，200万人が新たにHIVに感染し，120万人が死亡したと推計している．

国内においては，2017（平成29）年，HIV感染者は，外国国籍の感染者も含めて累計19,896件確認されており，またエイズ患者も累計8,936件確認されている．

### エイズの予防

予防対策としては，一次予防として病気にならないようにすることである．HIVの感染は，血液，精液または膣内分泌液などが，注射や性交などを通して感染する．しかしHIVの感染能力自体は弱く，傷口などに触れるかまたは，直接ウイルスを注射などにより体内に入れない限り感染は少ない．したがって，不特定多数との接触を行うとき，これらに気をつけ他人の体液・血液に触

れないように気をつけることが大切である．特に性交による無症候性キャリア
の増加が問題となっており，その予防策として，世界各国でコンドームのキャ
ンペーンが行われている．

　二次予防として，早期発見，早期治療の実施が望まれている．これは早い段
階で HIV 患者を発見し，他への感染を防ぐという意味で重要である．

　三次予防としては，患者の症状の悪化防止し，社会復帰を促すことである．
HIV は，基本的に感染力が弱いことを一般社会に理解してもらい，患者を隔
離するのではなく，一般社会の中で共同生活を送りながら治療を進めていく事
が大事である．

　現在，早期治療により，かなりの期間，発病を遅らせる事が出来るようになっ
た．またエイズに対しての知識が浸透し，近年では，先進国での新規 HIV 感
染者は減少している．しかしその反面，発展途上国での HIV 感染者は着実に
増えてきている．

　エイズの治療については，現在世界の多くの関係団体（製薬会社，研究所，大
学）などで早急に開発が進められてはいるが，ウイルスの特性上，開発は難し
い．しかし WHO は国際協力と対策の強化を各国に呼びかけ，毎年12月1日を
世界エイズデーとし，世界により強い関心を促している．そして，治療薬・予
防薬の研究は年を追うごとに進み，延命効果のある薬が次々と開発されてきて
いる．

　今後われわれは，日本国内はもとより国際間の協力をより強化し，特に近隣
諸国アジアでの協力体制の充実を図ることが大切である．


【課題研究】

　1）生活習慣病の種類を調べ，その予防対策としてライフスタイルを考え
　　ましょう．

　2）HIV とエイズについてまとめ，それぞれの世界と日本の状況を調べ
　　てみましょう．

## 参考文献

エイズ予防情報ネット（2018）：日本の状況・世界の状況（http://api-net.jfap.or.jp/status/world.html）

鎌倉光宏（1987）：AIDS A Basic Guide. 保健会館，東京.

近畿地区高等専門学校体育研究会編（1999）：改訂保健体育要論第7版. 啓文社，京都.

国立がんセンターがん情報サービス（2018）：がん登録・統計（https://ganjoho.jp/reg_stat/statistics/dl/index.html）

日本対がん協会（2018）：がん予防・がん検診の推進（https://www.jcancer.jp/about_cancer_and_checkup）

星野洪郎・星旦二（1999）：新高等保健体育教授用参考資料保健編④集団の健康. 大修館書店，東京.

## 第4節　大脳の仕組みと働き

　われわれ人間の高等な精神活動のすべてを支配しているのは脳である．泣いたり，笑ったり，怒ったり，また，何かを決意したりするのも脳の働きである．つまり「知性・感情・意志」といった精神の働きは，脳が支配している．その発生の経過に基づいては（図3-4-1）で明らかなように，下等動物から高等動物への進化を追うかたちで種々の動物の大脳を並べた図である．大脳は脊髄神

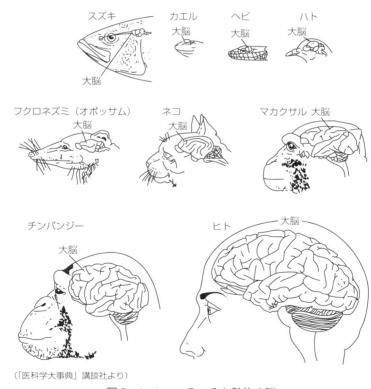

（「医科学大事典」講談社より）

図3-4-1　いろいろな動物の脳

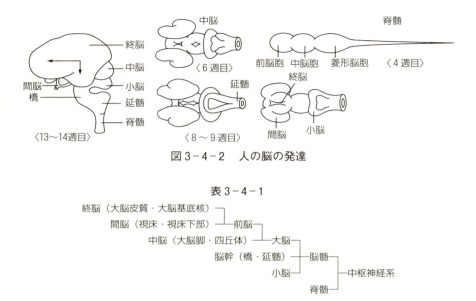

図3-4-2　人の脳の発達

表3-4-1

経の頭側部が発達，拡大，膨大してきたものである．さらに胎児期における脳の発達段階図を見ても，このことは確認できる（図3-4-2）．

そして，上記のような中枢神経系の分類と命名がなされている（表3-4-1）．特に人間では大脳の発達著しく，これが脳の大部分を占める．間脳・中脳・橋・延髄は，大脳と脊髄の間に介在して，機能的にも共通性がみられるので，これらを合わせて脳幹とよばれている．大脳の表層は，神経細胞からなって，灰白質といい，深部は神経繊維からなり，白質という．前者を大脳皮質，後者を大脳髄質という．また，白質の内部に神経細胞が集団をつくるときは核という．これは脳幹にみられる．大脳半球[1]は大脳縦裂により左右の半球に分かれ，両半球は脳梁で結ばれている．これらの表層の大部分を占める大脳皮質を新皮質といい，脳梁周囲の皮質を大脳辺縁系という（図3-4-3）．

第4節　大脳の仕組みと働き　177

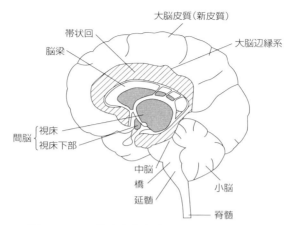

図3-4-3　脳を左右半球の間で切ったところ

1　大脳新皮質の働き

　新皮質は，動物が高等になるほどよく発達し，ここでは，高等な精神活動がきわめて合理的な分業の体制で営まれている．新皮質は脳溝（大脳縦裂・中心溝・外側溝）で4つの部位に分かれ，前頭葉・側頭葉・後頭葉・頭頂葉と区分される（図3-4-4）．特に人間では，前頭葉が4つの部位の中でももっとも広く，表面積の32.8%を占める．図3-4-5で示す通り動物が高等になるほど前頭葉の面積は広い．

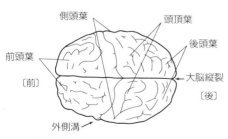

図3-4-4　脳を上から見たところ

　各部位は，それぞれ特定の機能をもち，これを機能の局在といい，特定の機能の部分を領野という（図3-4-6）．

　新皮質に対する情報は，主として，目・耳・皮膚などの受容器によって取り入れられる外部環境の変化である．新

178　第3章　からだとこころ

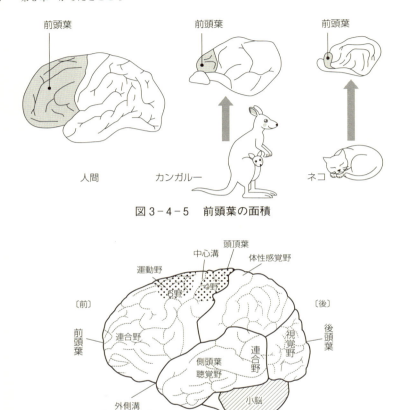

図3-4-5　前頭葉の面積

図3-4-6　脳の側面図（左側）

　皮質では，これらの情報を受け止めるインプットの中枢と，これを統合し運動の指令として送り出すアウトプットの中枢に分かれている．前者は新皮質の後ろの領域（頭頂葉・後頭葉・側頭葉）を，後者は前の領域（前頭葉）を占める．そしてこれらの領域のなかでは，いろいろな精神活動が分業の体制で営まれている．すなわち，後ろの領域では，皮膚感覚・聴覚などの感覚野で外界からの刺激を受け止め，一方では側頭葉の記憶の仕組みによって印象として蓄え，他方，

すでに蓄えられている印象と照合して，感覚されているものが何であるかを知覚・判断・理解する働きが営まれている．これらの働きは総合して知能とよばれている（図3-4-7）．

人間の新皮質のインプットにあたる感覚野と，アウトプットにあたる運動野の領域は，大脳皮質全体の面積に比べるとわずかであって，その間をうめる連合野が非常に広い面積を占めている．これは，人間の記憶や知覚・判断・理解などの中継である連合野がもっとも発達していることを示すと同時に，高度な心の働きをもっていることがわかる．

ここで，随意運動の領域（ペンフィールドのマップ図3-4-8）について，もう少し詳しく述べておこう．アウトプット

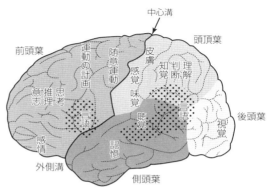

図3-4-7　ヒトの新皮質の分業の状況

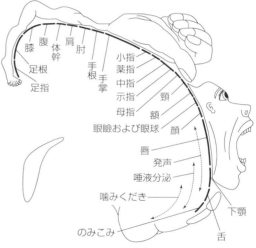

（真島英信・石田絢子『人体生理の基礎』杏林書店）

図3-4-8　随意運動の領域（4野）と機能局在

トの中枢にあたる前頭葉は，取り入れた情報について考察し，推理し，意志を決定する．この働きは，前端の前頭前野で営まれる．ここで意志決定されると，これを行動として実現するため，1つ1つの筋肉へ送り出す指令プログラムを

180　第3章　からだとこころ

組まなければならない．この働きは，運動の計画の領域（運動野6野）で営まれ，最後にそれぞれの筋肉へ運動の命令が送り出される．この領域が随意運動の領域（運動野4野）である（図3-4-6）．そして，われわれは，こうしようと意志決定したことがうまく実現できると喜び，挫折すると悲しみの感情がわく，この喜びや悲しみの心（情緒という）も前頭前野で営まれている．

　また，運動野にはそれぞれ機能の分化があって，よく使うものほど占める部分が大きい．したがって，機能に関する大きさの部分順では，発生・唇・舌・手・足となり，体の大部分を占めている胴体などはきわめて小さい．他に，感覚野についても同じことがいわれる．

　このように，新皮質系のもっとも高等な精神活動は，創造の精神である．そして，人間と動物の本質的な違いは，脳の働きであって，特に前頭前野で営まれる創造の精神と感情である．

　2　大脳辺縁系の働き

　大脳新皮質のすぐ内側にあるのが大脳辺縁系である．大脳辺縁系の統合の中枢は，旧皮質と古皮質と中間皮質[2]であり，それぞれ機能を分担しているものと考えられるが，まだ十分解明されていないため，辺縁皮質として取り扱われ，中継核も含めて，大脳辺縁系とよぶ（表3-4-2）．

　大脳辺縁系は，海馬，扁桃核，帯状回などからなっており，動物の進化からみると，大脳の中でも古いほうの脳，つまり進化の過程ではじめのほうにでき

表3-4-2　大脳皮質の分類

| | 新　皮　質　系 | 辺　　　縁　　　系 | | |
|---|---|---|---|---|
| | | 旧　皮　質 | 古　皮　質 | 中　間　皮　質 |
| 皮質 | 新　　皮　　質 | 梨　状　葉（紡錘回） | 歯　状　回海　馬 | 帯状回　海馬回側頭葉前極 |
| 中継核 | 基底核（運動性）視　床（感覚性） | 扁　桃　核視　床　下　部 | 中　隔　核視　床　下　部 | |

第4節　大脳の仕組みと働き　181

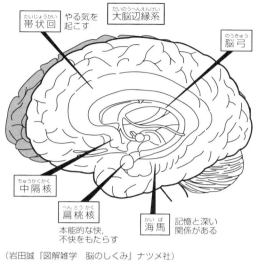

(岩田誠『図解雑学　脳のしくみ』ナツメ社)
図3-4-9　大脳辺縁系の場所

た脳とされている（図3-4-9）。働きとしては，主に喜怒哀楽といった感情や，本能的な衝動と関係していて，本能行動，情動行動，集団行動，記憶などは大脳辺縁系を介した行動である．大脳辺縁系を刺激すると呼吸運動や血圧や胃や腸の働きに影響を及ぼすだけでなく，唾液の分泌の変化，瞳孔の開閉など，自律機能に対して多彩な変化を起こす．

　個体維持と種族保存という基本的な生命活動に対しても，大脳辺縁系は非常に大きな役割をしている．動物における群居本能，人間における集団形成の本能的欲求も大脳辺縁系に備わっていると想定されている．

### 1）海　　馬

　海馬とはタツノオトシゴの別名で，その形がタツノオトシゴに似ているため海馬と呼ばれている．大きさは約8cmあり，主に記憶との関係で大切な働きをしている．海馬自体は記憶をとり込んで分類する働きをしていて，それが済むと脳の別の場所へと情報を送る．新しい情報に対応し，記憶を書き直す装置としてふさわしい器官といわれている．

### 2）扁　桃　核

　扁桃核はアーモンド（扁桃）のような形をしているので，こう呼ばれている．

扁桃核には，感覚情報が入ってくるようになっており，自分にとっていいものか悪いものかの価値判断をおこなう．また，それにより本能的な快不快の感情を生み出すのも扁桃核の働きである．

### 3）帯状回

帯状回は，大脳辺縁系の外側にあり，大脳新皮質と広く接していて，扁桃核がおこなった快不快の価値判断や，視床下部から出てきた欲求を大脳新皮質に伝え，行動への意欲や積極的に考える気持ちをつくり出している．

大脳半球は，高等な動物ほど新皮質系の発達が著しく，脳の中での占める割合も高い．そのため，旧皮質や古皮質の大脳辺縁系は，大脳半球の底面に押しやられ，内部に閉じ込められている．

大脳辺縁系は，大脳新皮質がほとんどない爬虫類にもあるため，爬虫類脳，ワニ脳とも呼ばれている．爬虫類などは，大脳辺縁系がむき出しになっているが，人間の場合は，大脳新皮質が発達したため，大脳の中のほうに押しやられてしまっていて，外側からは見えない（図3-4-10・図3-4-11）．

大脳辺縁系を特徴づける統合作用は，本能的欲求と情動の心を形成することである．本能的欲求とは，個体維持と種族保存という基本的生命活動を推進す

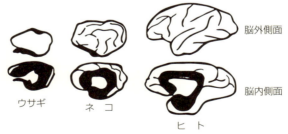

動物が高等になり，新皮質が大きくかぶさってきてもあまり変わらないことを示す．
（真島英信・石田絢子「人体整理の基礎」杏林書店）

**図3-4-10　大脳辺縁系の脳幹に対する比率**

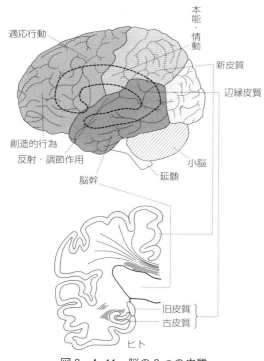

図3-4-11　脳の3つの皮質

る欲求であって，食欲と性欲と集団欲がある．

　食欲は，個体維持に絶対必要な欲求であり，視床下部（図3-4-3参照）[3]にある2つの部分が役割を分担している．ものを食べるように命令する中枢（摂食中枢）と，逆に食べるのをやめるよう命令する中枢（満腹中枢）である．

　ネズミなどに対する動物実験では，摂食中枢に電気刺激を与えると，ものを食べ続け満腹になっても食べることをやめない．さらに，摂食中枢を破壊すると，命令が出なくなるため何も食べなくなり，やがて死んでしまうのである．一方，満腹中枢に電気刺激を与えると，たとえ空腹であっても絶対に何も食べない．また，満腹中枢を破壊すると，命令が出なくなるため食べることをやめない．つまり，摂食中枢と満腹中枢は反対の役割をもっているのである．

　われわれの日常生活において物を食べるか，食べないかの判断（摂食調節）は，摂食中枢と満腹中枢が血液中のぶどう糖（血糖）の量を感受し，辺縁皮質に送り出している情報に基づくといわれている．血液中に栄養がなくなると，ブドウ糖も少なくなる．反対に栄養があればブドウ糖も多くなる．このようなブドウ糖の増減に2つの中枢が反応することによって，食欲をコントロールし

184　　第3章　からだとこころ

ているのである.

　また，種族保存の欲求，性欲においても視床下部が重要な働きをしている.
食欲は個体，つまり一人一人の生命を維持するための欲望だが，性欲はヒトと
いう種を保存するためになくてはならない欲望である. 性欲を支配している中
枢は2つあり，異性への欲求を高める中枢と，実際に交尾行動を実行するもの
が存在する. サルの実験では，この2つの中枢を刺激すると相手がいなくても，
あるいは同性に対しても性行動に出た.

　このような本能的欲求は，満たされると快感を覚え，満たされないと不快感
を覚え，これが高じると怒りとなる. 身体的な変化（心拍数・血圧の変化，鳥肌が
立つ，赤面するなど）を伴い，これらの心理的・生理的に複合した現象を情動（emo-
tion）とよんでいる. 大脳辺縁系はこの情動形成の中枢でもある. しかし，新
皮質で形成される微妙で繊細な精神活動に比べると，きわめて素朴な原始的な
心である. その心は，新皮質がまだ発達していない赤ん坊の心のすべてであり，
基本的生命活動の推進に結びついている. いわば基本的な心というべきであろ
う.

### 4）新皮質系と辺縁系

　先に述べたように，新皮質は高等な精神活動（知・情・意）を受け持っている
のに対して，辺縁系は基本的生命活動にかかわっている. これらの多くは，互
いに関連しながら働いているのである（表3-4-3）.

　性欲を例に挙げれば，われわれはふつう，必ず性行動に移るということはな
い. つまり，単に本能的に行動するのではなく，きちんと状況を判断している
のである. これは，大脳新皮質の前頭前野も関わっているからである. 性欲を
支配する中枢からの情報は前頭前野に伝わり，視覚や聴覚，体性感覚などから
入ってくる情報なども考慮し，総合的に性行動に出るかどうかを判断している
のである. 人間の場合は，これに理性や知性といったものが加わり，性行動を
コントロールしているが，下等な動物などは反射的に性行動に移ってしまう.

第4節　大脳の仕組みと働き　185

表3-4-3　新皮質と古皮質の比較

| 古皮質（古い脳） | 新皮質（新しい脳） |
|---|---|
| 原始的感覚の形成 | 判別性感覚の形成 |
| 　嗅覚・内臓痛覚・臓器感覚 | 　視覚・聴覚・体性感覚・味覚 |
| 情動・欲求の形成 | 感性・情操の形成 |
| 　快(満足)─不快(不満) | 　嬉しい─悲しい |
| 　楽・恐怖・怒 | 　喜・愛─哀・憎 |
| 本能的行動（情動行動） | 意志的行動（随意運動） |
| 　大まかで不器用 | 　器用でデリケート |
| 　食行動・性行動・表情 | 　スポーツ・芸術 |
| 　泣く・笑う | 　演技としての動作 |
| 素朴な意識 | 明晰な意識 |
| 　　個　　性 | 　　人　　格 |
| 衝　　動 | 知能・判断 |
| 　　自　己（エゴ） | 　科学・技術・言語・思考 |
| 生命維持に必要 | 文化創造に必要 |
| 本能の基礎 | 精神の基礎 |
| 　原動力として作用　　←─ | 　統御力として作用 |

　新皮質と辺縁系は，ブレーキとアクセルの役割を果たしており，それがうま
く噛み合っていれば，人間の精神状態はバランスを保ち，行動も常識的な範囲
におさまっている．すなわち，新皮質の機能の多くは辺縁系に対して抑制し，
統制する．また，辺縁系の働きは新皮質を支えているといえよう．いわば本能
的な生命力に生かされつつ，精神によってこれを統制しているのが人間の姿で
あり，人間らしさの特徴であるといえよう．


【課題研究】

　1）ヒトの脳の成長について調べてみましょう．

　2）脳についての最新の研究について調べてみましょう．


注
1）大脳半球は，中枢神経の容積の約70％を占め，高等な精神活動中枢であり，約140億
　　の脳細胞が存在している．

186　第3章　からだとこころ

2）辺縁系は発生学上，旧皮質・古皮質・中間皮質の3つの部分に区分される．

3）大脳辺縁系に囲まれて脊髄につながっている部分を脳幹と呼んでいる．脳幹には，視床，視床下部，中脳，橋，延髄などがあり，大脳基底核と共に大脳辺縁系に含まれるとみることもできる．


**参考文献**

近畿地区高等専門学校体育研究会編（2000）：新版保健体育概論．晃洋書房，pp. 144-150.

新井節男・内藤純子・森田茂（1987）：かっこよさを求める学問　健康文化体育学．六甲出版，p. 58.

岩田誠（2001）：図解雑学　脳のしくみ．ナツメ社，pp. 24-25，122-153.

武見太郎編（1982）：医科学大事典．講談社，東京．

中野昭一編（2000）：図解生理学．医学書院，東京．

真島英信・石田絢子（1988）：人体生理の基礎．杏林書店，東京．

山元大輔（2001）：3日でわかる脳．ダイヤモンド社，pp. 120-123，170-171.

# 第 *4* 章

## 健康と生涯

### 第1節　生活と地球環境

#### 1　生態系とは

　生物は互いに関係を持ち「生物群集」を形成している．生物の生育・生息には，非生物的環境が不可欠である．生態系とは，ある地域・空間における生物（生物群集），非生物的環境，生物群集と非生物的環境の関係を1つのシステムとして捉えたものである．生物群集はその要素として生産者・消費者・分解者に分けられ，生物の生活空間を満たす主な基質は大気・土壌・水に区分される．

　生産者は，無機物から有機物を合成する生物であり，光合成を行う緑色植物や植物プランクトンなどである．消費者は自分で無機物から有機物を合成できないため，他の生物体を摂食して栄養源として生活している生物であり，動物がこれに相当する．植物を摂食する植食動物を一次消費者，一次消費者を捕食する肉食動物を二次消費者，それを捕食するより高次の消費者が存在する（食物連鎖）．消費者のうち，生物の枯死体・遺体や排出物中の有機物を無機物に分解する過程に関わる生物を特に分解者といい，土壌中や水中にいる菌類・細菌などの微生物がそれに含まれる（図4-1-1）．

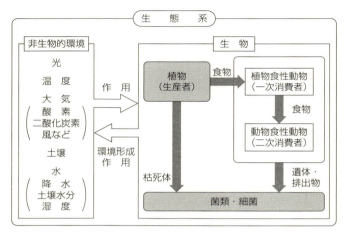

(数研出版編集部編『三訂版リードLight生物基礎』2016)

図4-1-1　生態系の概念図

## 1）生態系における生物の捉え方
### ① 種内関係

　生物の中で同種個体が集まり、互いに関係を持っている状態を個体群とよぶ。現在、地球上で絶滅の危機に瀕している個体群を絶滅危惧種といい、絶滅危惧種のリストをレッドリストという。このレッドリストでは、個体群の増減を定量的に評価し、コンピュータシミュレーションを利用して、絶滅確率（個体数＝0となる確率）を算出している。個体群を$N$、時間を$t$、1個体あたりに換算した変化率を$r$としたとき、単位時間当たりの個体数の変化は、その時の個体群$N$に変化率$r$を掛ければよい。すなわち$dN/dt = rN$となる。出生数が死亡数を上回れば、個体数は指数関数的に増加する。実際には、個体数が増加するにつれて、各個体が利用できる非生物的環境を含めた生活環境要素が不足し、個体群の増加率は小さくなる。その環境が収容できる最大値（環境収容力$K$）に達したとき、個体数は安定する。$N=K$で個体数は一定となる。この過程は、ロジスティック式と呼ばれる曲線で表され、個体群動態を考える際の基本と

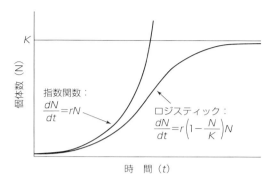

(日本生態学会編『生態学入門（第2版）』2012，東京農業大学
地域環境科学部編『新版地域環境科学概論』2014）
図4-1-2　指数関数的な増加とロジスティック式

なっている（図4-1-2）．

②種間関係

　生物の中でそれぞれの種は，他の生物と相互作用すると同時に，エネルギーの循環・物質の交換などを介して非生物的環境とも相互作用することによって，全体として形成するシステムにおいて果たす役割に関連する．そのようなそれぞれの種の領域・範囲は生態学的位置あるいはニッチと呼ばれている．ニッチが完全に同一な2種の間では，激しい種間競争によって，どちらか一方が排除される．また，ニッチの一部が重なり合う場合は，重なり合う領域で競争が生じ，お互いのニッチが変化するであろうが，一方が完全に排除されることはない．あるニッチを持つ種（在来種）の中にニッチが完全に同一である種（別の種）を人為的に入れた場合，在来種は絶滅の危機に瀕する可能性がある．1種の生物の消失により種間相互作用の鎖の1本が切れ，その種と関係を結んでいた別の種が次々に絶滅するという可能性がある．

③環境に応じた生物の進化

　地球生物は古生代初期のころに生物種の急激な増加があったとされている．その時期から生態系における食物連鎖がより複雑になり，多くの種がニッチを

獲得するために進化したと考えることができる．地球環境の変化に適応するためには，異なる能力を持つ多くの種を生態系に取り込むことで生物の多様性を大きくすることは重要であろう．多様性が大きいことは，変化する環境に対応できる種があるということである．生物はすみわけによってニッチを創出し，多様性を高めることで生態系の崩壊を防いでいるといえる．

### 2）物質循環とエネルギーの流れ
① 炭素の循環（図4-1-3）

炭素は二酸化炭素の形で植物などの生産者に取り込まれ，光合成によって有機物に変えられる（同化）．その有機物の一部は食物連鎖を通じて動物などの消費者に取り込まれる．生産者や消費者の枯死体・遺体や排出物などに含まれる有機物は，菌類や細菌などの分解者に取り込まれる．これらの有機物はそれぞれの呼吸によって分解され，二酸化炭素にもどる（異化）．

② 窒素（$N_2$）の循環（図4-1-4）

生体に含まれるタンパク質やDNA，RNA，ATP，クロロフィルなどの有

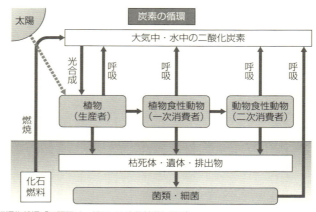

（数研出版編集部編『三訂版リードLight生物基礎』2016）
図4-1-3　炭素の循環の概念図

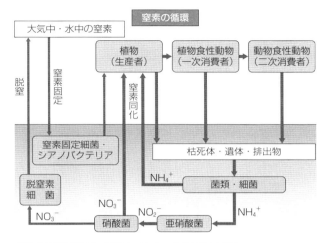

(数研出版編集部編『三訂版リードLight 生物基礎』2016)

図4-1-4　窒素の循環の概念図

機物には窒素が含まれている．

　窒素は主に硝酸イオン（$NO_3^-$）やアンモニウムイオン（$NH_4^+$）の形で生産者に取り込まれ，アミノ酸を経てタンパク質などの有機窒素化合物に変えられる(窒素同化)．有機窒素化合物の一部は食物連鎖によって消費者に取り込まれ，その枯死体・遺体や排出物中の有機窒素化合物は菌類や細菌などの分解者によって$NH_4^+$に変えられる．$NH_4^+$は土壌中の硝化菌（硝酸菌と亜硝酸菌）によって$NO_3^-$に変えられる（硝化）．$NH_4^+$や$NO_3^-$は再び植物に利用される．

　多くの生物は大気中の窒素を直接利用することができない．根粒菌やアゾトバクター，クロストリジウム，および一部のシアノバクテリアは，大気中の窒素を取り込み，アンモニウムイオン（$NH_4^+$）に変えることができる(窒素固定)．土壌中の硝酸イオン（$NO_3^-$）の一部は脱窒素細菌によって窒素に変えられて，大気中にもどる（脱窒）．

　③ エネルギーの流れ

　植物などの生産者が受け取った光エネルギーは，光合成によって化学エネル

192　第 4 章　健康と生涯

ギーに変換された後，物質循環に伴って生態系の中を流れる．それぞれの生物
によって利用されたエネルギーは，最終的に熱エネルギーとなって大気中に放
出され，生態系外へ出ていく．エネルギーは炭素や窒素のように循環すること
はない．


### 3）生物多様性

① 生物多様性の階層

　自然界で見られる生物の多様性には，1 つの生物種内に見られる様々な形質
における多様さがある．これを遺伝的多様性と呼ぶ．不連続な遺伝的変異（遺
伝的多型）は，最も顕著な遺伝的多様性である．遺伝的多様性の基礎は，多く
の遺伝子座で複数の対立遺伝子が突然変異によって生じ，何らかの機構で維持
されることにある．集団の大きさが大きいほど近親交配の度合いは減る（より
多くの遺伝子座で多様化が起こる）ので，遺伝的多様性は高くなる．反対に集団の
大きさが急に小さくなると，近親交配の度合いが増すため，生存率および繁殖
力が低下し，遺伝的多様性も大幅に減少し，絶滅率が高くなる傾向がある．

　地球上の生物が示す多様性のうち，生物学的に最も捉えやすく，最も広くか
つ頻繁に取り上げられてきたのは，種多様性（生物種を単位とする）として見た
ときの多様性である．種の違いは，形態の違いや近年では DNA 配列などの分
子レベルでの区別もされている．種多様性は，一般化してみれば，系統分類に
基づく生物多様性の 1 つといえる．種より高い階級（属，科，目，鋼，門）に視
点を合わせて見ると，また異なった生物多様性のパターンが浮かび上がってく
る．

　生物の機能あるいはニッチに基づくグループに分けて見ると，同じ生物群集
についても，系統分類をもとにしたものとは違った生物多様性のパターンが現
れる．このような機能的多様性，つまり生物の機能，あるいはそれに密接にか
かわる生態系におけるニッチに基づく多様性の方が，系統分類を基にするより
も生態系の構造や動態における相違や変化とより密接な関係があり，生態系の

理解にとってより重要と考えられる.

　ここまでの生物の形質・形態・機能の多様さに関する側面と併せて，同種あるいは異種の複数個体の間の協調的関係が生物の示す多様さの中にある．それらは，社会性と相利共生である．例えば，社会性の高い昆虫であるシロアリの多くは共同で作業をすることによって，複雑な構造をもった塚を建造する．ミツバチはコミュニケーションによって共同で効率よく餌を利用する．植物と花粉媒介者との相利共生もその中の1つである．こうした生物群集間における構造は生物多様性を増進すると考えられている．

② 生物多様性と環境

　生態系を構成する"生物"は，環境に応じて常に進化し，他の生物との相互作用を持っている．このような進化生態学的な概念は，生態系を理解し，現在の環境問題（地球温暖化に対する生物の反応，外来種の侵入による在来種への影響，生物多様性の消失による生態系への影響など）を考える上で重要である．

## 2　環境保全と健康

　環境は人間の生存のみならず，生態系の大切な基盤である．高度経済成長期の日本および世界の先進国は，国力の増強，経済の成長を追い求めて発展をしてきた．しかしながら，健康の保護と生活環境の保全を権利として確保する事には意識が希薄であった．日本では，1970年12月の「公害国会」で14の公害関係法が成立し，1971年7月1日に環境庁が設置された．背景には，「四大公害病」として日本の公害史に残る，熊本水俣病，新潟水俣病，イタイイタイ病，四日市ぜん息の被害住民の公害反対運動，反公害の国民世論があった．これらの重化学工業の振興による環境汚染，自然破壊に対しては，今後も政府，地方自治体，企業，住民すべてが常に環境保全の側面から考える必要がある．自分（達）だけの都合で環境を変えてよいことは無い．歴史から学び，人の生命・健康や自然環境に対して悪影響を及ぼす可能性が懸念される物質や活動について，ある程度予防的に対処をすることは重要であろう．被害が確認されてから

194　第4章　健康と生涯

の対応では歴史を繰り返すことになる.

　現代社会では，野生動物およびヒトへの合成化学物質の影響についての関心が高まっている．日本では，1997年NHKの科学番組「サイエンスアイ」のディレクター村松秀氏が，ヒトの内分泌をかく乱する環境中の合成化学物質について取り上げた番組を制作した．この番組の中で，その合成化学物質について，「環境中のホルモン様物質 (environmental hormone)」を簡略にした「環境ホルモン」として紹介して以来，「環境ホルモン」という言葉が，マスコミなどで多く取り上げられるようになった．現在，環境ホルモンの生態系への影響について議論されている内容を概観する.

### 1）合成化学物質と健康〈内分泌攪乱物質〉予防原則

　1962年，レイチェル・カーソンは著書『沈黙の春』で，生態系において合成殺虫剤（DDTを代表とした）が招く危険性を指摘した．その後1996年，シーア・コルボーンらは著書『奪われし未来』で，環境ホルモンの生体内でのホルモン阻害作用がいかに危険な現象であるか数々の研究結果をもとにして警告した．著書の中で，環境ホルモンによって内分泌，特に生殖に関わる機能への影響が疑われる多くの事例・研究結果が取り上げられた．また，環境ホルモンは一過性ではなく残留性が高く，胎児期に生体内にとどまり成人期に影響を及ぼす可能性があることが示された．さらに，生態系においては，食物連鎖の初期における生産者や一次消費者が，汚染物質と共に環境ホルモンを摂取することで，順次高次の消費者に登っていくにつれて高濃度の環境ホルモンを体内に蓄積する（図4-2-1）．つまり，環境ホルモンは初期の摂取者の体内ではほんの些細な量であっても，食物連鎖によって濃縮され，多量になっていく可能性を持っていることが示された.

　近年では，化学物質による野生生物やヒトの生殖機能等への影響についての社会的関心は高まっている．しかしながら，科学的には未解明な点も多いため，経済協力開発機構（OECD）でも加盟国の協力の下で内分泌かく乱化学物質の

第1節　生活と地球環境　　195

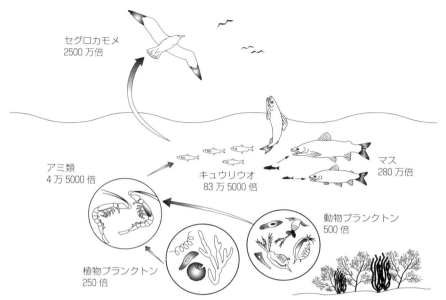

食物連鎖の過程で残留性化学物質が生物の体内に蓄積する．
（シーア・コルボーン，ダイアン・ダマノスキ，ジョン・ピータソン・マイヤーズ『奪われし未来増補改訂版』2001をもとに作成）

図 4-2-1　残留性化学物質の生物濃縮

評価に関する検討が進められている．日本では，「化学物質の内分泌かく乱作用に関する今後の対応―EXTEND2016―」（2016年6月環境省発表）において，132物質を評価対象物質として選定し，うち85物質について「内分泌かく乱に関する試験対象物質となりえる物質」とした．人間が作り出した化学物質は1000万種類以上もあり，その中で現代社会にかかわりの深い化学物質は7万5000種類あると言われている．今後も環境ホルモンを簡便に検出する方法が開発されていくことが予想されるが，ヒトをはじめとする哺乳動物への影響の可能性，および魚類，両生類，鳥類への影響の可能性は，代謝，蓄積，暴露量，作用のタイミングなどによってそれぞれ異なることが分かっている．化学物質の環境中でのふるまい等の継続的な研究は必須である．

196　第4章　健康と生涯

## 2）環境保全に対する認識

　2016年1月に開催された世界経済フォーラム年次総会（通称　ダボス会議）において，海洋ごみに関する報告書が発表され，2050年までに海洋中に存在するプラスチックの量が，質量ベースで魚の量を超過するという試算が報告された．さらに，2015年2月Scienceに掲載された論文では，海洋にプラスチックごみを流出させている国ごとの推計量を示し，各国の人口や経済状況もふまえた上で，世界中で海洋ごみについて考える必要性を示した[1]．これらの報告は，現在流通しているプラスチックのリサイクルと共に，今後使用するプラスチック製品の縮小を意識させるものとなっている．自然環境にプラスチックが流出することによって，そのプラスチックは自然環境中で破砕・細分化されて微細なプラスチックごみになる．微細なプラスチックごみは，食物連鎖に取り込まれ，生態系へ及ぼす影響が懸念されている．

　2015年に動画サイトでウミガメの鼻からプラスチック製ストローを取り除く様子が拡散されるなど，徐々に海洋ごみに対する問題提起が世の中に広まりつつある．さらに，2017年7月にScience Advancesに掲載された論文では，プラスチックはこれまで推計で83億トン生産され，そのうち63億トンがごみになり，その中の79％が埋め立て地や自然環境に蓄積されていることを示した[2]．米国コーヒーチェーン大手のスターバックスは，2018年7月9日，プラスチック製の使い捨てストローの使用を2020年までに世界中の店舗で全廃すると発表した．環境保全に対する社会的関心を更に高めていくことで，経済活動や各国の政治に与える影響は大きくなる．今後は個人的な環境保全意識と共に，所属する組織内での組織的な取り組みも重要である．

## 3　地球規模の環境保全

　2006年にアル・ゴア元アメリカ合衆国副大統領脚本・主演の「不都合な真実」が公開され，著書も出版された．その中で，過去から現在の気象データ，および温暖化によって変化した自然の様子を明瞭に視覚化し，環境問題を意識する

重要性について訴えた．内容についての事実誤認やデータの誇大化に対する批判がある中で，アル・ゴア氏は環境問題啓発への貢献を評価され，2007年にノーベル平和賞を授与された．2017年には続編の「不都合な真実2」が公開され，著書も出版された．

　地球規模の環境問題というと，地球温暖化，酸性雨，森林の減少，オゾン層の破壊，エネルギー問題，生物多様性の減少，海洋汚染などが挙げられる．それぞれの問題は相互に関連性があり，世界人口の増加や現状の人間のライフスタイルが原因であるとも考えられる．これらの環境問題は人類だけではなく生態系全体に問題を引き起こしていることを意識する必要がある．現在，世界全体で地球環境問題に取り組む動きが出てきている．

### 1）地球温暖化

① 大気の組成

　現在の大気の組成は，体積比で窒素78.1％，酸素（$O_2$）20.9％，アルゴン0.93％，二酸化炭素（$CO_2$）0.03％，その他0.04％となっている．大気中の$O_2$は$CO_2$に比べて多く，反対に$CO_2$は$O_2$の約1／700しかないので，人間活動による影響を受けやすい．

　産業革命以降の人間活動によって化石燃料の大量消費が始まり，大気中の$CO_2$濃度が増加した．太陽からの日射は大気を通過して地表面を加熱する．その一方で，大気中の水蒸気や$CO_2$，オゾンなどは赤外線をよく吸収するので，熱が宇宙に逃げていくのを防いでいる．このような作用が温室効果と呼ばれている．このように二酸化炭素などは温室のガラスのような役割を果たすので，温室効果ガスと呼ばれている．

　人間活動によって増加した主な温室効果ガスには，$CO_2$，メタン，一酸化二窒素，フロンガスがある．その中でも$CO_2$は，化石燃料由来のものと森林減少や土地利用変化の影響によるものを合わせると76.0％を占める．

② 地球温暖化問題　—地球規模の取り組み—

気候変動に関する政府間パネル（Intergovernmental Panel on Climate change: IPCC）は第5次評価報告書（2013年公表）における観測事実として，「気候システムの温暖化には疑う余地はない」と報告した[3]．これは陸域と海上を合わせた世界平均地上気温を線形の変化傾向から計算し，1880年から2012年の期間に0.85℃上昇していること，さらに最近30年の各10年間は1850年以降のどの10年平均よりも高温であり続けたという結果から導き出された（図4-3-1）．

地球温暖化問題は1980年代から科学者の間で認識が強まり，各国政府関係者にも広く共有されるに至った．そして，1992年にブラジルのリオデジャネイロで開催された国連環境開発会議（地球サミット）において，国連気候変動枠組条

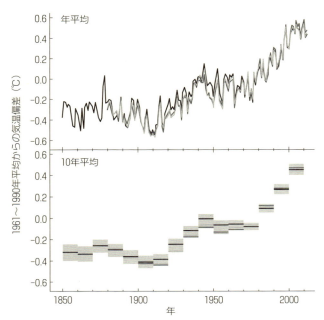

上段（年平均）：複数の線は観測データの違いを示している．
下段（10年平均）：中央太線が観測データの平均値を示している．
（環境省（2014）：IPCC第5次評価報告書の概要）

**図4-3-1　世界の平均地上気温（陸域＋海上）の偏差（1850～2012年）**

第1節　生活と地球環境　　199

約が採択された．この条約では，CO₂を中心とする大気中の温室効果ガスの濃度を安定化することを目的とし，気候変動の悪影響を防ぐための取り組みの原則や措置などを定めた．

　1997年の気候変動枠組条約第3回締約国会合（COP 3）では，京都議定書が採択された．この議定書では，2008年から2012年までの5年間を第1約束期間とし，先進国であるEU，米国，日本のCO₂平均排出量をそれぞれ1990年比8％減，7％減，6％減とする排出削減義務を規定した．しかし，米国は2001年にクリントン政権からブッシュ政権に交代した直後，京都議定書からの離脱を宣言した．「途上国が先進国と同等の義務を負わず，米国の経済に悪影響がある議定書には，米国は決して参加しない」という議会決議によるものであった．2000年以降は経済成長を果たした中国のCO₂排出量が急増し，アメリカを抜いて世界最大の排出国となった．中国以外のインドなどの途上国の排出量も増大し，米国が離脱した京都議定書の下で削減義務を負う先進国のCO₂排出量シェアは，対世界比1／4以下となった．

　2010年のCOP16では，2013年から2020年を期間とするカンクン合意が採択され，先進国，途上国が温室効果ガス削減・抑制に向けた目標と行動を自主的に約束し，報告する枠組みが成立する．先進国のみに義務を課す京都議定書とは異なり，米国，中国を含めた主要排出国が温室効果ガスの削減・抑制に向けて意志を統一する初めての枠組みとなった．

　2015年のCOP21において，パリ協定が採択された．パリ協定の内容を要約すると，

　・長期目標の制定

　産業革命以降の温度上昇を1.5〜2℃以内に抑えることを目標とし，今世紀後半には人為起源の温室効果ガスの排出・吸収の収支バランスをゼロにする．

　・5年ごとの約束草案の見直し・提出

　提出された情報は専門家のレビューを受け，多国間議論に付される．

　・グローバルストックテーク

長期目標達成に関する世界全体の進捗状況の確認を行い，各国の今後の目標見直しの参考とする．
となっている．パリ協定は，京都議定書とは異なり，各国の目標達成は義務付けられていない．各国の義務は，目標を設定・更新し，進捗状況を定期的に報告し，レビューを受けることである．初回のグローバルストックテークは，2023年に実施される．

　地球温暖化交渉は「国益を賭けた経済戦争」と言う人もいる．途上国の言い分は経済成長のためにはエネルギーが必要であるということである．石炭エネルギーは現在最も安価で，幅広く賦存する．さらに，産業革命以降に化石燃料を利用して温室効果ガスを排出し発展してきたのは先進国であることも事実である．そういう状況の中でパリ協定は，各交渉グループが利害を異にしながらも最大公約数的に受け入れられる（現時点での）「利用可能な最良の合意」といえよう．その点で，地球温暖化問題を考える上では重要な条約である．2017年6月1日に米国共和党トランプ政権はパリ協定を離脱すると発表した．しかし，地球規模で環境問題に取り組む流れは始まったばかりである．化石燃料に代わるエネルギー利用のための「石炭火力よりも安い再生可能エネルギー発電」を目指した技術開発も進んでいる[4]．現在の状況を改善するには，政治と共に各国間の協力など全地球的な取り組みが求められる．


## 2）酸性雨

　溶液の液性が中性である純水のpHは7であるが，降雨には大気中の二酸化炭素が溶け込むため，人為起源の大気汚染物質が無かったとしてもpHは7よりも低くなる（酸性）．大気中の二酸化炭素が十分溶け込んだ場合のpHが5.6であるため，酸性雨とは5.6pHよりも低い降雨のことを指す．近年では酸性霧やガスなども問題となるとなることが判明し，それらは酸性降下物と呼ばれている．

　酸性雨は植物，土壌，湖沼およびそこに生息する生物に被害を与える．森林

被害やプランクトンなどを死滅させるという被害を及ぼす.

　酸性雨の原因は比較的はっきりしているため対応が行いやすいと考えられる. 燃料中の硫黄酸化物や窒素酸化物などの汚染物質をできるだけ少なくすること, 燃焼方法を工夫して発生を少なくすること, 排出ガスから取り除くなどである. 排出源の対策は不可欠である.

### 3）森林の減少

　世界の陸地面積の約31％は森林である. 現在問題となっているのは, 熱帯雨林の減少である. 一方で先進国の温帯や寒帯に属する森林面積は比較的安定している. つまり, 北半球の先進国の森林面積は安定もしくは漸増傾向にあるが, 南半球の発展途上国の熱帯雨林は破滅的な状況と考えられる.

　熱帯雨林減少の原因は, 農耕地への転用, 焼畑農耕作, 薪炭材の確保のための伐採, 鉱工業のための伐採, 過放牧, 乱伐などがある. いずれも人口の増加や先進国による商業的資源確保の問題が根底にある.

### 4）オゾン層の破壊

　オゾン層とは, 地上10km-50kmの成層圏に存在するオゾン濃度の高い領域を指し, その濃度は, 酸素原子と酸素分子の結合による生成と, 紫外線による酸素分子と酸素原子への分解反応がほぼ釣り合って維持されている. オゾン層は, 太陽光に含まれる有害な紫外線の大部分を吸収し, 地球上の生物を守っている. しかし, フロンガスの一種であるクロロフルオロカーボン（CFC）やハロンなどの人工的な化学物質がオゾン層を破壊していることが調査・研究によって明らかになった. 特に, 南極上空でオゾン層が著しく薄くなるオゾンホールが1970年代末ごろから確認され, 1992年以降に大規模なものがたびたび出現するようになった（図4-3-2）.

　CFCは20世紀最大の発明品と称賛され, 冷蔵庫やカーエアコンの冷媒, 電子部品や精密部品の洗浄, スプレーの噴射剤, ウレタンやクッションの発泡剤

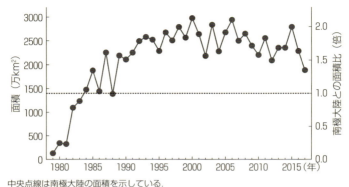

中央点線は南極大陸の面積を示している．
（国土交通省気象庁：南極オゾンホールの年最大面積の経年変化）
図4-3-2　オゾンホール面積の年最大値の推移

などに用いられてきた．しかし，今では CFC をはじめ多くのオゾン層を破壊する物質の生産が全廃されている．私たちは，業務用冷凍空調機器やカーエアコンに冷媒として利用されているフロンガスが，機器の廃棄に伴って大気中に排出されないように，フロンガスを回収・処理できる業者を選ばなければならない．

5）エネルギー環境
① ヒートアイランド現象
　エネルギーを使用したときには二酸化炭素や水蒸気の他に熱が大気中に放出される．地球表面の温度が一定に保たれているのは，太陽からの入射エネルギーと地表面からの放射エネルギーが均衡しているからである．重力場では物質に熱を吸収させて地球の外に放出することはできないため，地球上での廃熱の手段は赤外線の放射しかない．この廃熱の停滞によって，都市ではヒートアイランド現象が生じている．エネルギー使用をする限りこの廃熱問題は常に関わる．エネルギー使用量が多い現代において，今後更なるエネルギーの節約（省エントロピー）を心がけた取り組みが求められていくべきであろう．

②エネルギーと生活

　現代社会において，エネルギーは大量消費され人々の生活を楽にし，豊かにすることに貢献している．一方で，自家用車利用を控えて徒歩や自転車を利用した移動，冷暖房温度の適正化，衣類の天日乾燥などの日頃の生活における省エネルギーが推奨されている．このような省エネルギー活動は，人力エネルギーの利用と考えることもできる．エネルギー大量消費を基本とした暮らしが当たり前になっている先進国の社会では，運動不足による循環器系の疾病も問題になっている．人間の環境適応能力を活用したエネルギー，つまり，人力によるエネルギーは間違いなく自然エネルギーである．自らのエネルギーである人力の使用量を多くしていくことで自らの運動機能の維持，向上も見込める．さらに地球環境への負担軽減にもつながる．

　現代社会に生活する我々は未来の生活を意識した上で，地球環境との付き合い方を考えていく必要があろう．エネルギーは循環しないが，生態系は循環できる環境を必要としているのである．

【課題研究】

1）ある環境（公園の池，学校の庭など）を題材に生態系を書き出してみましょう．

2）生物が環境ホルモンによって影響を受けたとされる過去の研究報告について調べてみましょう．

3）2019年以降の気候変動枠組条約締約国会合における各国の合意について調べましょう．さらに世界各国（特に先進国）の地球温暖化対策の進捗について調べてみましょう．

注および引用

1）Jambeck, R. J., R. Geyer, C. Wilcox, T. R. Siegler, M. Perryman, A. Andrady, R. Narayan, K. L. Law（2015）：Plastic waste inputs from land into the ocean. Science, 347. 768 –

204 第4章 健康と生涯

771.

2）Geyer, R., J. R. Jambeck, Kara L. L.（2017）：Production, use, and fate of all plastics ever made. Science Advances, 2017；3：e1700782. 1－5.

3）気候変動に関する政府間パネル（IPCC）（2013）：CLIMATE CHANGE2013The Physical Science Basis.

4）岩谷俊之（2017）：パリ協定離脱の裏にある「トランプ戦略」を検証する―“米国第一”のエネルギー・産業政策は成功するか？―，経営センサー，株式会社東レ経営研究所, 22－29.


**参考文献**

井上民二, 和田英太郎編(1998)：岩波講座　地球環境学5　生物多様性とその保全, pp. 97-131.

川名英之（1991）：ドキュメント　日本の公害　第1巻　公害の激化，緑風出版.

環境省ホームページ：保健・化学物質対策，http://www.env.go.jp/chemi/end/index. html,（参照　2018-09-20）

レイチェル・カーソン，青樹簗一訳（1980）：沈黙の春―生と死の妙薬―，新潮社.

アル・ゴア著，枝廣淳子訳（2007）：不都合な真実，ランダムハウス講談社.

アル・ゴア著，枝廣淳子訳（2017）：不都合な真実2, 実業之日本社.

有馬純（2016）：精神論抜きの地球温暖化対策，エネルギーフォーラム.

山下正和（2003）：環境問題の「ほんとう」を考える，化学同人，pp. 61-92.

数研出版編集部編（2016）：三訂版リード Light 生物基礎. 数研出版，pp90-92.

日本生態学会編（2012）：生態学入門（第2版）. 東京化学同人，pp66-70.

東京農業大学地域環境科学部編（2014）：新版地域環境科学概論. 理工図書，pp120.

シーア・コルボーン，ダイアン・ダマノスキ，ジョン・ピータソン・マイヤーズ著，長尾力，堀千恵子訳（2001）：奪われし未来増補改訂版，翔泳社，pp53.

国土交通省気象庁ホームページ：地球環境・気候の観測・解析データ，https://www.jma. go.jp/jma/menu/menureport.html,（参照　2018-09-20）

## 第2節　健康と環境

### 1　環境汚染とは

#### 1）自然環境の汚染

　人間は，その長い歴史のなかで，自然の中で生活をしながら，生活を豊かなものにするために自然環境条件を克服し，また，自然界にある資源を利用して文明を発達させてきた．人間が生活する上において，何らかの自然環境への影響は避けられないものであるが，人口が少なく産業も農業が中心で，人間活動の規模も小さかったころは，自然のもつ復元力や浄化作用が有効に働いて自然環境や生態系は維持されてきた．

　しかし，産業革命以後，工業，化学，医学技術が急速に発展し，人間の生活活動が活発になるにつれて，自然環境の破壊が様々な形で進行してきた．人口の増加や産業や生活の複雑化，生活水準を向上させていくにつれて，各種の廃棄物が増え，生物・物質の循環系に変化をもたらした．そして，それが自然の浄化作用の限界を超えるようになると，環境汚染が急速に広がっていった．

　工業活動が盛んになり，都市へ人口が集中しはじめると，増大する廃棄物と自然の浄化作用との不均衡がますます広がり，環境汚染問題は新しい段階を迎えることになった．

#### 2）現代社会と環境汚染

　わが国において，環境汚染問題が深刻になってきたのは1970年ごろからである．この高度経済成長が本格化した時期は，「欧米に追いつき，追い越せ」のスローガンのもとに，経済性をなによりも優先させた．その反面，環境対策は，きわめて不十分なまま取り残されたのである．その結果，わが国の自然環境や生活環境の破壊と汚染は急速に進んだ．十分な対策を伴うことなく大量に作り

206 第4章 健康と生涯

**表4-2-1 公害の分類**

| 公害 | 環境汚染 | 大気汚染・水質汚濁・土壌汚染 放射能汚染・悪臭・ごみ公害 |
|---|---|---|
| | 環境破壊 | 騒音・振動・地盤沈下・日照障害 乱開発による緑の破壊・山林荒廃 |

出された様々な要因は、環境を汚染・破壊し、動植物や人間の生命に被害をもたらす現象を、公害とよんでいる。（表4-2-1）

今日の環境問題は、国民の日常生活や通常の事業活動から生ずる過大な環境負荷が原因となっており、その解決には、大量生産・大量消費・大量廃棄型の現代社会の在り方そのものを持続可能なものへと変革していかなければならない。具体的には、廃棄物対策、公害規制、自然環境保全、野生動植物保護などを自ら意識し、地球温暖化、オゾン層保護、リサイクル、化学物質、海洋汚染防止、森林・緑地・河川・湖沼の保全、環境影響評価、放射性物質の監視測定などの対策をする必要がある。

### 3）環境汚染と種類

人間の生活環境を汚染する主なものとしては、地球を取り巻く大気層を人間の活動によって排出される各種の気体や粒子によって汚染される大気汚染。飲料水や河川・湖沼・海洋などの水域を汚染する水質汚濁。大気汚染物質の沈下・堆積（カドミウム・銅などの重金属）、農業・化学肥料の投入・散布、水域の汚染物質の浸透などによって起こる土壌汚染。

また、主に環境基準（表4-2-2）以下であっても当事者にとって生活を脅かされると感じられるものに、自動車・電車などの交通機関や、工場、建設作業現場などのほか、空港周辺では、航空機の離発着音による騒音。交通機関・工場・建設作業現場などでの振動。畜産場・パルプ製造工場・し尿処理場などが発生源で起こる悪臭。などがあげられる。地下水の汲み上げなどによって地盤が沈下するなども都市的地域に多い公害の形態である。

これらとは別に近年は、自然災害による環境汚染も問題となっている。2011年3月11日（金）東北地方太平洋沖地震では、関東にかけての東日本一帯に甚

第2節 健康と環境　207

表4-2-2　おもな環境基準の例

| 分　類 | 物　　質 | 基　　準　　値 | |
|---|---|---|---|
| 大気汚染 | 一酸化炭素 | （1日平均値）<br>（8時間平均値） | 10ppm 以下<br>20ppm 以下 |
| | 二酸化いおう | （1日平均値）<br>（1時間値） | 0.04ppm 以下<br>0.1ppm 以下 |
| | 二酸化窒素<br>光化学オキシダント | （1日平均値）<br>（1時間値） | 0.04〜0.06ppm 以下<br>0.06ppm 以下 |
| 水質汚濁 | アルキル水銀，PCB<br>カドミウム | （水域）<br>（水域） | 検出されないこと<br>0.01mg/l 以下 |
| 土壌汚染 | 銅<br>ヒ素 | （田）<br>（田） | 125mg/kg未満<br>15mg/kg未満 |
| 騒　音 | 自動車騒音 | （住居地域） | 昼間は55デシベル以下<br>夜間は45デシベル以下 |

大な被害をもたらし，戦後最悪の自然災害となった．この地震により災害廃棄物は想定外の量となり，処理に関する特別措置法が施行された．また，福島第一原発事故に伴う放射性物質の拡散による環境汚染に関しては，人の健康又は生活環境への影響を速やかに軽減する措置を講ずるために，放射性物質汚染対処特措法も公布されるなど，地震大国といわれるわが国では，他の環境汚染問題と併せて対策を練る必要がある．

### 4）防止対策

わが国は環境汚染の人体への健康被害を防止するために，環境の望ましい条件を環境基準として設定している．やむを得ず排出する物質については，大気汚染防止法・水質汚濁防止法などを定め規制をおこなっている．また，基準を越える場合には，工業の操業停止や責任者の処罰などが決められている．

1960年代から70年代にかけて，高度経済成長期に悪化した環境は，これらの取り組みにより年々改善されている．しかし，基本的な問題解決には，個々の国や地域の取り組みだけでなく，国際的な協力による取り組みが必要である．

208　第4章　健康と生涯

### 5）震災廃棄物の再利用

　震災廃棄物には，可燃系混合物（木質廃材，廃プラスチック，紙類，繊維等）が比較的多く含まれるもの，不燃系混合物（がれき類，ガラス，陶磁器，煉瓦，瓦等）が比較的多く含まれるもの，木質系混合物（住居・倉庫等の解体の際に発生又は津波により破損・流出した廃木材，内装建材，不用家具等の木質廃材）を主体とするもの，コンクリート系混合物（鉄筋コンクリート構造の建物・構造物等の解体，住宅の基礎やブロック塀の撤去の際に発生したコンクリート破片やコンクリート塊）等を主体とするもの，金属系混合物（鉄骨構造の建物・構造物等の解体の際に発生した鉄骨や，鉄筋，金属サッシ，シャッターのほか，機械類，家電製品）等を主体とするもの，土砂系混合物（土砂崩れの土砂，津波及び洪水等により堆積した土砂・砂泥）等を主体とするもの，津波堆積物（津波により海底から巻き上げられ，陸上に堆積した土砂・泥状物）等のこと．

　分別又は選別された廃棄物のうち，再生資源化できるものについては，パルプ原料やボイラー燃料，セメント原料，鉄くず・非鉄金属くず，破砕・選別などの処理を行うことで土木工事用の資材等様々な用途で利用され，再生資源化が難しいものは，焼却処理や埋立処分される．

### 2　大気汚染と健康

### 1）大気汚染とは

　人間活動の規模の拡大に伴い，大気中に放出される物質の種類や量は急速に増えてきている．工場・火力発電所・交通機関・一般家庭に至るまでの様々な人間の活動で使用される石炭・石油などのエネルギー燃料の燃焼に伴う各種の汚染物質が，ガス・煤煙などで大気中に放出され，大気を汚染している．

　2010年ごろからはわが国だけでなく，近隣国の大気汚染にも悩まされている．特に中国において，自動車の急激な増加による排気ガス増，集中暖房のための石炭使用，経済活性化による工場の大量排煙による微粒子状物資増加が偏西風等でわが国を脅かす結果となっている．この微粒子状物質をPM2.5と呼

び，非常に小さな微粒子であり，肺の奥深くまで入りやすいため，呼吸器系や循環器系への健康被害や肺がんのリスク上昇が懸念されており，国際的な問題となっている．

　石炭や石油を燃焼させると二酸化炭素・二酸化硫黄・窒素酸化物などの汚染物質が大気中に放出される．大気中に直接放出されたこれらの汚染物質を一次汚染物質といい，一次汚染物質が大気中で化学反応により変換して生じた汚染物質を二次汚染物質という．この変換の1つには光化学反応による光科学オキシデントや雨によって溶け毒性を増す酸性雨などがある．

　また近年では，各地のゴミ焼却センターなどから出るガスによるダイオキシン汚染や，フロンやハロンによるオゾン層の破壊，不燃物として壁の断熱材などに使われてきたアスベストの毒性，都市部の気温が異常に上昇するヒートアイランド現象など，様々な対策が取られる中で次々と新しい問題が起こってきている．


### 2）汚染物質と健康被害

　①　**窒素酸化物**　物質が空気中で燃焼すると必ず窒素酸化物が生じる．窒素酸化物は一酸化窒素，二酸化窒素などの総称であり，自動車・航空機・火力発電所・ビルの暖房・家庭の台所などから排出される．濃度の高い二酸化窒素ガスを吸引すると肺表面に強い炎症が起こり，長期間にわたって微量のガスを吸引すると肺胞が拡張し肺気腫になる．

　②　**二酸化硫黄**　硫黄を含む燃料である重油や石炭を燃やすと二酸化硫黄が発生し，それらが工場などから大気中に放出される．かつてわが国では，工業地帯を中心に二酸化硫黄が大量に排出され深刻な大気汚染をもたらせた．吸引すると四日市公害などで知られる気管支喘息や気管支炎などを引き起こす．しかし，環境基準を定め，その対策を実施した結果，大部分の硫黄分を取り除き，空気中に放出しているため，1980年には全国的に環境基準を下回り，大気中の二酸化硫黄の濃度は減少傾向にある．

210    第 4 章　健康と生涯

表 4 - 2 - 3　大気汚染・公害年表（★ 4 大公害病）

| 発生年 | 大　気　汚　染 | 発生年 | 大　気　汚　染　以　外 |
|---|---|---|---|
| 明治16年 | 浅野セメント降灰事件（東京） | 明治11年 | 足尾銅山鉱毒事件（栃木） |
| 明治25年 | 別子銅山煙害事件（愛媛） | 大正11年 | ★神通川イタイイタイ病（富山） |
| 昭和12年 | 亜鉛精錬所煙害（群馬） | 昭和31年 | ★水俣病の発生（熊本） |
| 昭和36年 | ★四日市喘息被害（三重） | 昭和32年 | 江戸川漁業被害（東京） |
| 昭和37年 | 首都圏で冬にスモッグ発生 | 昭和39年 | ★阿賀野川第 2 水俣病（新潟） |
| 昭和53年 | 排気ガス「西淀川訴訟」（大阪市） | 昭和43年 | カネミ油症事件（北九州市） |
| 昭和57年 | 川崎公害訴訟（神奈川） | 昭和47年 | 土呂久鉱山亜砒酸中毒（宮崎） |
| 平成元年 | 名古屋南部大気汚染公害訴訟 | 昭和48年 | 六価クロム汚染問題（東京） |
| 平成11年 | 東海村原子力臨界事故（茨城） | 昭和50年 | 豊島産廃公害事件（香川） |
| 平成12年 | 荏原製作所（藤沢工場）引地川ダイオキシン汚染事故 | 昭和50年 | 水島コンビナート重油流出（岡山） |
| 平成17年 | アスベストによる中皮腫などの被害が拡大の情勢（国内全域） | 昭和56年 | 水道水に発ガン性物質トリハロメタンを検出（大阪） |
| 平成23年 | 原子力発電所の損壊による放射性物質の拡散（福島） | 平成23年 | 自然災害廃棄物（特別措置法施行） |

　　③　**光化学オキシダント**　工場や自動車から排出される窒素酸化物や炭化水素類などの一次汚染物質が，太陽光線の照射を受けて光化学反応により二次的に生成されるオゾンなどの酸化性物質の総称で光化学スモッグの原因となっている．人体へは，粘膜への刺激，呼吸器への影響などがあり，農作物などへも被害を与える．

　　④　**浮遊粒子状物質**　大気中の有害な粒子状物質で，ディーゼル自動車から排出される黒煙，各種の工場から発生するガス状の粒子である煤塵，積雪地帯でのスパイクタイヤの使用により発生する粉塵などがある．発ガン性，気管支喘息花粉症，肺腺維症などの人体への影響が懸念される．

　　⑤　**ダイオキシン**　廃棄物の焼却などにより発生し大気中に放出される．有機塩素系化合物の一種で，発ガン性やガン細胞の増殖促進作用，催奇性や生殖異常を起こす猛毒物質である．生物の体内にはいると排出されにくく，食物連鎖を通じて濃縮され，食物連鎖の頂点にいる人間では，長期間にわたり汚染さ

れ続けると，その毒性は慢性的に身体をむしばむ．

⑥　**フロンによるオゾン層の破壊**　人工的に作られた化合物で，毒性が低く，安定していて燃えにくく，冷蔵庫の冷媒，整髪剤，電子部品の洗浄剤など，広い分野で使用されてきた．しかし，放出されたフロンは成層圏にあがっていき，太陽からのエネルギーを放射により分解され，そこにあるオゾン層と反応を起こし，オゾン層を破壊していく．オゾン層は，太陽からの強い紫外線を吸収し，地球上の生物を保護する役割を果たしている．オゾン層が破壊されることにより，有害な紫外線が増加し，皮膚ガンや皮膚の老化の促進，免疫機能の低下，白内障の発生などが確かめられる．

表4-2-4　大気汚染に係る環境基準

| 物　　質 | 環　境　上　の　条　件 | 測　定　方　法 |
|---|---|---|
| 二酸化硫黄<br>（SO₂） | 1時間値の1日平均値が0.04ppm以下であり，かつ，時間値が0.1ppm以下であること． | 溶液導電率法又は紫外線蛍光法 |
| 一酸化炭素<br>（CO） | 1時間値の1日平均値が10ppm以下であり，かつ，1時間値の8時間平均値が20ppm以下であること． | 非分散型赤外分析計を用いる方法 |
| 浮遊粒子状物質<br>（SPM） | 1時間値の1日平均値が0.10mg/m3以下であり，かつ，1時間値が0.20mg/m3以下であること． | 濾過捕集による重量濃度測定方法又はこの方法によって測定された重量濃度と直線的な関係を有する量が得られる光散乱法，圧電天びん法若しくはベータ線吸収法 |
| 二酸化窒素<br>（NO₂） | 1時間値の1日平均値が0.04ppmから0.06ppmまでのゾーン内又はそれ以下であること． | ザルツマン試薬を用いる吸光光度法又はオゾンを用いる化学発光法 |
| 光化学オキシダント<br>（Ox） | 1時間値が0.06ppm以下であること． | 中性ヨウ化カリウム溶液を用いる吸光光度法若しくは電量法，紫外線吸収法又はエチレンを用いる化学発光法 |

3　水質汚濁と健康

　地球は，その表面の2／3を水で覆われており，そのうち97.5％は海水であ

212 第4章 健康と生涯

り，残りの2.5％が淡水である．利用しやすい河川水，湖沼水，地下水は，わずかしかなく，これらは貴重なものである．また，人体の2／3は，水からできており，ヒトが生命活動を維持していくのに，1日に2.5リットルの水が必要であると言われている．また，し尿や呼吸，汗など形を変え，ヒトは体内から水を毎日排出している．水はヒトの体にとって非常に重要である．

### 1）水質汚濁とその原因

　水質汚濁とは，川や湖や海に汚染物質が流れ込むことによっておこり，きれいな水に異物が混じって本来の状態から変化し，多くの有害物質を含み，水利用に何らかの支障が生じた状態をいう．水質汚濁を大きく分けると4つに分類することができる．

　① **有機汚濁**　台所排水やし尿などの生活排水や，パルプ製紙工場などの排水に含まれる多量の有機物によって水環境が汚れる．このような有機物は，水中の嫌気性細菌によって分解される（自浄作用）が，分解される量よりも流れ込む量が多ければ，汚濁がどんどん進んで，分解し切れなかった有機物はヘドロとなって腐敗し堆積する．また，有機物が分解されるときに酸素を消費し，有機物の量が多いと水中が無酸素状態となり，魚貝類の大量死を招くことがある．

　② **有害物質による汚染**　有害物質とは，水域の生物に微量でも悪影響を与える物質のことである．工場などからの排水中に含まれる有機化合物や重金属，PCB，ダイオキシン類，農薬など，主に産業排水から流れ込むものが大半である．これらの物質には，毒性が強く，分解されにくく，蓄積しやすいなどの共通した特徴がある．また，生活雑排水中にも，水生生物に悪影響を与える界面活性剤や助剤が含まれている．

　③ **富栄養化**　閉鎖性水域において栄養塩類（窒素，リン，カリウム）が増えると，植物性プランクトンが急速に増える．栄養が増えるのだから良いように思うが，ここで「栄養」というのは，植物性プランクトンの成長のための

栄養分を指している．その結果，動植物の死骸などの有機物が増え，有機汚濁を引き起こす原因となる．また，植物性プランクトンが急速に増えて生態系のバランスを崩し，見た目にも汚くなって悪臭を発し，赤潮やアオコの原因になり，魚などの他の生物にも影響を与える．

④　**無機懸濁物質**　　土砂などの無機物によって水が濁る．土砂などの無機物は，酸素消費も起こさず，生物に有害ではないが，水が濁るので見た目に汚ない．合成洗剤の助剤に使われるゼオライトは，このような無機懸濁物質の一つといえる．

### 2）水質汚濁による健康被害

　今日では，有害物質による水質汚濁が原因でおこる健康被害は，工業排水の規制が厳しくなった結果，影を潜めている．しかし，近年まで良質の地下水を求めてIC工場などが各地に進出し，それらの工場排水や産業廃棄物が捨てられ，それらが地下に浸透し，深層地下水まで汚染される事故が相次いだ．問題になっている主な物質は，トリクロロエチレンなどの有機塩素系の溶剤である．これは，発ガン性，中枢神経障害，肝障害，腎障害などを引き起こす．また，水の汚染による健康被害は，汚染物質を飲料水として直接とる場合と，水中の汚染物質が魚介類や農作物に蓄積し，これを食料として間接的にとる場合がある．後者は，有機水銀が原因で発生した水俣病や，鉱山から出たカドミウムによる汚染水を農業用水などに利用したイタイイタイ病などが代表的なものである．これらの健康被害は，生物濃縮されたものを人体が取り込むことによって，より大きな被害を招いた（図4-2-3）．

### 3）水質汚濁防止対策

①　**排水規制の実施**　　国は，水質汚濁防止対策として，排水規制の実施を行っている．国が定める排水基準は，健康項目としてカドミウム，シアン，トリクロロエチレン，水銀化合物など27項目，生活環境項目として水素イオン濃

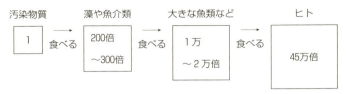

図4-2-3 食物連鎖と生物濃縮の関係

度，浮遊物質量などの15項目に関する基準値が設けられている．また，汚濁発生源が集中する水域などにおいては，国が定める基準を達成することが困難になる場合がある．このような水域においては，各都道府県が国の基準よりも厳しい上乗せ基準を設けることが出来ることになっている．上乗せ基準は，その地域の実態に応じて定められている．

　② **雑排水の浄化対策**　　食事後に出てくる食べかすや調理排水などをそのまま流すと，河川や湖沼の汚濁が進む．それをきれいな状態に戻すには，大量の水で希釈しなければならない（表4-2-4）．汚れた生活排水をできるだけ少なくし，それらを未然に防ぐためには，次のことに気をつけたい．

- 皿に残った油や醤油は，紙などで拭き取る．
- 食事の残飯などは，水切り袋で取り，出来るだけ流さないようにする．
- 食用油はそのまま下水に流さず，紙や布にしみ込ませて燃えるゴミとして出す．固めた油は，有機肥料として使用する．
- 米のとぎ汁は，植物などに与えて肥料とする．
- 洗剤などに含まれる界面活性剤の除去をするには，その20倍もの活性炭が必要になるので，余分な洗剤は使わない．

以上のように水質汚濁にはさまざまな要因があるが，日常生活で少し注意をするだけで，生活排水中の有機物を少なくすることができる．水の汚れの70%は家庭からでているので，自分一人なら大丈夫と考えず，一人一人の努力で台所排水や洗濯排水などの生活雑排水に気を付け，水質汚濁が健康に及ぼす影響を良く理解し，生活を改善し見直すことが大切である．

第2節 健康と環境 215

表4-2-4 魚が住める環境にするために必要な水の量

| 食 品 の 種 類 | 魚がすめるように希釈するに必要な水の量 |
|---|---|
| ラーメンの汁（300ml） | 風呂桶4杯分（1200l） |
| 米のとぎ汁（500ml） | 風呂桶4杯分（1200l） |
| 味噌汁（200ml） | 風呂桶4.5杯分（1350l） |
| 日本酒（180ml） | 風呂桶24杯分（7200l） |
| おでんの汁（500ml） | 風呂桶24.7杯分（7410l） |
| 天ぷらの廃油（500ml） | 風呂桶330杯分（99000l） |

### 4 産業廃棄物と健康

　産業廃棄物と一口でいっても，実はさまざまなものがある．電気，ガス，熱供給，水道業，農業，建築業，製紙加工製造業，鉄鋼業，化学工業などがあり，これらの業種だけで，年間総排出量の約8割を占めている．廃棄物を生活環境の保全及び資源の有効利用の観点から，発生抑制，循環資源のリユース・リサイクル及び適正処分の推進に取り組むようになっている．ここでいう「循環資源」とは，排出されたものすべて資源として捉えて，リユース・リサイクルをするというメッセージを込めて作られた新しい言葉である．再生利用しようとするものは，容器包装リサイクル，家電リサイクル，建築リサイクル，自動車リサイクルなどがあげられる．また，食品のリサイクルとして，脱水・乾燥その他の主務省令で定める方法により，食品廃棄物等の量を減少させる試みなどもある．

### 1) 産業廃棄物の現状

　日本は，「ゴミ大国」と言う不名誉な呼び方をされることがある．全国の産業廃棄物の排出状況は，年々増加傾向にある．平成12年度は約4億600万トンで前年度よりも約600万トンの増加で，深刻な問題を抱えている．主な排出物は，汚泥，動物のふん尿，がれき類で，総排出量の8割を占めている．これらの産

業廃棄物の処理方法として，再生利用，減量化，最終処分（埋め立て）などを行っているが，最終処分場の確保などの問題から残存容量が多くなっている.

### 2）産業廃棄物と健康

良い環境は，私たちの生活にとって，とても大切なものである．近年，環境を汚染して，人や動植物にも影響を及ぼすことで，ダイオキシンが注目されている．ダイオキシンは，ごく微量でも，生物の体内に入るとホルモンと似た働きをして内分泌機能を阻害し，生殖機能などに悪影響を与える発ガン性物質である．脂肪に溶けやすく，脂肪分の多い魚，肉，乳製品，卵などに多く含まれている．食生活の違いから，わが国では魚，欧米では肉からの取り込み量が多くなっている．いずれの国でも，体への取り込み量の7〜9割程度は魚，肉，乳製品，卵に由来している．野菜については，ダイオキシンが水には溶けにくいことから，根から水を吸い上げても濃縮することはあまり考えられない.

現在，環境ホルモンの疑いがあるのは約100種類以上あると言われており，猛毒のダイオキシン類・PCB（ポリ塩化ビフェニール類）・合成樹脂原料のビスフェノールA・農薬のDDTなどが代表的なものである．これらの有害物質を含む処理には特別な技術を要することから，不法投棄や埋め立てによる環境汚染も強く懸念されている．不法投棄の背景には，最終処分地の確保が困難であったり，経費節減であったり，安易に処理業者にゆだねられていることが問題である．足尾銅山鉱毒事件やイタイイタイ病などは，不適切な状態で処理された産業廃棄物による健康被害である.

### 3）産業廃棄物への対応

近年，ライフサイクルアセスメント（LCA）が盛んになり，製品の誕生から廃棄までの全体で環境への影響度を評価するという試みが企業に広がっている．これは，企業の責任を明らかにするものである．また，プレサイクルの意識が高まっている．「プレ（前）」+「リサイクル」の造語で，リサイクルの前段

階にあたる時から，ゴミ問題などを意識して「ゴミにならない・リサイクルしやすい・リサイクルされた商品を選んでいこう」というものである．また，廃棄物焼却炉などへの対策として，平成9年12月から大気汚染防止法や廃棄物処理法によって，焼却施設の煙突などから出るダイオキシンの対策を開始した．ダイオキシンは不完全燃焼によって発生しやすく，高温での焼却，排ガスの適正な処理ができる設備の整った焼却施設も求められるようになった．塩化ビニル製品を含めた廃棄物などは，ものを大切に長く使うことやごみの分別・リサイクルを進めていくことなどにより，ごみの発生量を減らすことが重要である．

### 【 課題研究 】

1）自然環境の汚染は，時代と共に変化していますが，その背景となるものを調べてみましょう．

2）大気汚染と地球温暖化は密接な関係があると言われていますが，どのような被害があり，深刻な問題となっているのか調べてみましょう．

3）水道水を飲める国の代表としてわが国は有名ですが，その処理方法や高度な技術を支えている背景を調べてみましょう．

4）廃棄物を再利用するリサイクルは最近は当たり前ですが，リサイクル先進国のドイツの取り組みなど他国との違いを調べてみましょう．

**参考文献**

環境省：平成14年度版環境白書

近畿地区高等専門学校体育研究会編（1995）：改訂保健体育要論，啓文社，京都．

安成哲三・岩坂泰信編（1999）：岩波講座　地球環境学3「大気環境の変化」，東京．

保田仁資（1996）：やさしい環境科学，化学同人，京都．

大石正道（1999）：入門ビジュアルエコロジー　生態系と地球環境のしくみ，日本実業出版社，東京．

環境省：行政資料「産業廃棄物の排出及び処理状況等（平成12年度実績）について」

宇土正彦ほか（1999）：進高等保健体育，大修館書店，東京．

218　第4章　健康と生涯

環境省：災害廃棄物対策情報サイト
環境省：環境経済情報ポータルサイト
環境省：環境基準
環境省：日本の環境制作ポータルサイト

## 第3節　福祉・障害とスポーツ

### 1　社 会 福 祉

#### 1）社会福祉とは

わが国で初めて「社会福祉」という用語が法律上使われたのは，1947（昭和22）年に施行された日本国憲法である．第25条では，「すべて国民は，健康で文化的な最低限度の生活を営む権利を有する．国はすべての生活部面において，社会福祉，社会保障及び公衆衛生の向上及び増進に努めなければならない．」と述べられている．

それでは，社会福祉の語義とはどういったことなのであろうか．「福祉」にはしあわせ，幸福という意味がある．英語で社会福祉は「socialwelfare」と表現されるが，「welfare」は，しあわせな生活を意味する．つまり，社会福祉とは，一人ひとりのしあわせな生活を社会的に保障・援助することを意味する．

#### 2）わが国の社会福祉の歴史

① **第二次世界大戦後**　わが国の社会福祉は第二次世界大戦後，大きな変革を迎えることとなる．1945（昭和20）年に第二次世界大戦が終結し，GHQ（占領軍総司令部）による占領行政が始まることとなった．当時，戦争・戦災で親を失った孤児，戦地からの引揚者や失業者が街にあふれていた．GHQは1946（昭和21）年2月に「社会救済に関する覚書」を発表した．そこには，「国家による救済は無差別平等を貫く」「生活困窮者の保護救済は国家責任で対処する」「公私分離を明確にする」「必要な保護救済費は制限しない」の4原則が提起され，これが戦後の民主的な福祉改革における指導原理となった．このGHQ覚書に基づいて1946（昭和21）年9月に「（旧）生活保護法」が制定された．また，飢餓，非行，暴力の脅威におびえる児童のための「児童福祉法」が1947（昭和22）

年に制定され，多数の傷痍軍人を援助するための「身体障害者福祉法」が1949
（昭和24）年に制定された．「（旧）生活保護法」は1946（昭和21）年に制定され
たが，欠格事項があり，保護受給権も認められていなかったため，現行の「生
活保護法」が1950（昭和25）年に制定された．これらを総合して福祉3法と呼
ばれている．そして，1947（昭和22）年には，戦後の社会福祉発展の根源となっ
た日本国憲法が施行されたことにより，戦前の福祉政策を全面的に見直し，新
たな社会構築を目指すことになった．

② **高度経済成長期**　　1960（昭和35）年前後からの高度経済成長期には，
税収等の大幅増により，国・地方財政が潤い，社会福祉は年々充実していった．
1958（昭和33）年「国民健康保険法」，1959（昭和34）年「国民年金法」の制定に
より，国民皆保険・皆年金体制が確立されることとなった．そして，1960（昭
和35）年「精神薄弱者福祉法（現：知的障害者福祉法）」，1963（昭和38）年「老人福
祉法」，1964（昭和39）年「母子福祉法（現：母子及び寡婦福祉法）」が制定された．
これらは，先述した福祉3法とあわせて福祉6法と呼ばれている．しかし，こ
の高度経済成長の裏側には，さまざまな公害病等の深刻な社会問題が生じてい
たことを忘れてはならない．

③ **平成の福祉改革**　　1989（平成元）年には，「高齢者保健福祉推進十か年
戦略」（ゴールドプラン）が厚生省，大蔵省，自治省の三省協議により策定され
た．そして，1994（平成6）年，文部，厚生，労働，建設の4大臣合意により
策定された「今後の子育て支援のための施策の基本的方向について」（エンゼル
プラン）は，子育てを社会的責任として支援していくための具体的内容と整備
目標値を示したものである．1995（平成7）年には，「障害者プラン」が策定さ
れ，地域での生活や雇用の面でのバリアフリーの環境作りと具体的な数値が提
示された．これにより社会福祉の3プランが揃い，各領域における施策の充実
が図られていくこととなった．これらは，1999（平成11）年には，ゴールドプ
ラン21，新エンゼルプラン，2003（平成15）年には，新障害者プランと見直さ
れることとなる．

また，高齢者の介護問題を社
会全体で支える仕組みとなる
「介護保険法」は，1997（平成
9）年に厚生省から発表され，
2000（平成12）年に実施となっ
た．

### 2　パラリンピック

#### 1）パラリンピックの歴史

1944年，イギリス政府は，兵
士の治療と社会復帰を目的にロ
ンドン郊外にあったストークマ
ンデビル病院内に脊髄損傷科を
開設した．その初代科長にルー
ドウィッヒ・グットマンが任命
された．グットマンは，リハビ
リテーションの一環としてス
ポーツを治療に取り入れる方法
を用いた．

表4-3-1　パラリンピック年表（夏季大会）

| 回 | 開催年 | 開催都市 | 参加国数 | 参加人数 |
|---|---|---|---|---|
| 1 | 1960 | ローマ | 23 | 400 |
| 2 | 1964 | 東京 | 21 | 378 |
| 3 | 1968 | テルアビブ | 29 | 750 |
| 4 | 1972 | ハイデルベルグ | 43 | 984 |
| 5 | 1976 | トロント | 40 | 1,657 |
| 6 | 1980 | アーネム(アルヘルム) | 42 | 1,973 |
| 7 | 1984 | ニューヨーク ストークマンデビル | 54 | 2,102 |
| 8 | 1988 | ソウル | 61 | 3,057 |
| 9 | 1992 | バルセロナ | 83 | 3,001 |
| 10 | 1996 | アトランタ | 104 | 3,259 |
| 11 | 2000 | シドニー | 122 | 3,881 |
| 12 | 2004 | アテネ | 135 | 3,808 |
| 13 | 2008 | 北京 | 146 | 3,951 |
| 14 | 2012 | ロンドン | 164 | 4,237 |
| 15 | 2016 | リオデジャネイロ | 159 | 4,333 |

※第1回ローマ大会は日本不参加
（日本パラリンピック委員会 http://www.jsad.or.jp/para-lympic/what/chronology.html）

1948年7月28日，グットマンは，第14回オリンピック・ロンドン大会の開会
式の日に，ストークマンデビル病院内で16名（男14名，女2名）の車椅子使用者
によるアーチェリー大会を開催した．この大会は，以後毎年開催され，1952年
にはオランダからの参加を得て国際的な規模のものとなった．

1960年，国際ストークマンデビル大会委員会（ISMGC）が設立され，グット
マンがその初代会長に就任した．ISMGCは，オリンピック開催年に実施する
大会だけは，オリンピック開催国でオリンピック終了後に実施する意向を表明
した．そして同年，第17回オリンピック・ローマ大会の直後に，同じオリンピッ

第4章 健康と生涯

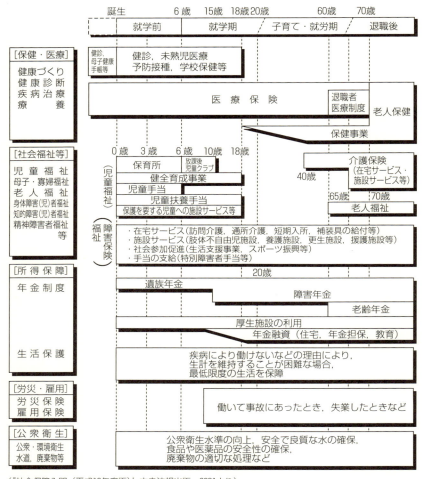

(『社会保障入門(平成13年度版)』中央法規出版,2001より)

図4-3-1　国民の生活を支える社会保障制度

ク施設を利用し,21か国,400名が参加して国際ストークマンデビル大会が開催された.のちに,この大会が第1回パラリンピックと位置づけられ,1964年の日本・東京大会へと引き継がれた.冬季パラリンピックは,このような夏の

第3節　福祉・障害とスポーツ　　223

大会の発展にともない，第
1回大会が1976年スウェー
デン，エーンシェルドス
ピークで行われた．

　ところで，このパラリン
ピック（Paralympic）という
言葉であるが，1964年に東
京で開催された第13回国際
ストークマンデビル大会で
はじめて使われた言葉であ
る．この大会に際し日本
は，「パラリンピック」と
いう愛称を大会に付し，リ
ハビリテーションとしての
スポーツの役割を広く啓蒙
した．そして，1988年の韓

表 4 - 3 - 2　　パラリンピック年表（冬季大会）

| 回 | 開催年 | 開催都市 | 参加国数 | 参加人数 |
|---|---|---|---|---|
| 1 | 1976 | エンシェルツヴィーク | 16 | 53 |
| 2 | 1980 | ヤイロ | 18 | 299 |
| 3 | 1984 | インスブルック | 21 | 419 |
| 4 | 1988 | インスブルック | 22 | 377 |
| 5 | 1992 | ティーニュ アルベールビル | 24 | 365 |
| 6 | 1994 | リレハンメル | 31 | 471 |
| 7 | 1998 | 長野 | 31 | 571 |
| 8 | 2002 | ソルトレーク | 36 | 416 |
| 9 | 2006 | トリノ | 38 | 474 |
| 10 | 2010 | バンクーバー | 44 | 502 |
| 11 | 2014 | ソチ | 45 | 547 |
| 12 | 2018 | 平昌 | 49 | 567 |

※第1回エンシェルツヴィーク大会は日本不参加

（日本パラリンピック委員会 http://www.jsad.or.jp/paralympic/what/chronology.html）

国・ソウル大会からは，パラリンピックという名称が正式に用いられることと
なった．しかし，東京大会当時のパラリンピックという言葉は，「"下半身麻痺
者"の大会である」という大会規約に添い，対麻痺を表す「Paraplegia」と「Olympic」の合成語として用いられていた．しかし，大会に出場する者が対麻痺者
だけではないこと，オリンピックと並んだ対等の大会でありたいとの願いか
ら，ソウル大会からは「Parallel」の「Para」に置き換えられ，「もう1つのオ
リンピック」と呼ばれている．

## 2）わが国の障害者スポーツの歩みとその振興について

　わが国の障害者スポーツについての取り組みは，1964（昭和39）年に開催さ
れた国際ストークマンデビル大会（東京パラリンピック）から本格的に始まった

224　第4章　健康と生涯

といえる.

　東京パラリンピックを翌年に控え, 1963 (昭和38) 年に「㈶国際身体障害者スポーツ大会運営委員会」が設立された. そして1964 (昭和39) 年, 東京パラリンピックは二部制に分けて行われ, 第一部は, 11月8日から12日まで, 車椅子選手参加の国際ストークマンデビル大会 (東京パラリンピック) が開催された. そして第二部が, 同年11月13, 14日に, 車椅子選手を除いた国内大会として同会場で行われた.

　この大会を契機に, 日本でも身体障害者スポーツ大会を今後も継続して行うべきではないかという意見が出され, 1965 (昭和40) 年, 「㈶国際身体障害者スポーツ大会運営委員会」が「㈶日本身体障害者スポーツ協会」と名称を改め設立された. そして, 同年, 第1回全国身体障害者スポーツ大会が行われ, 以後毎年, 秋季国体のあとに同施設を使用して開催されている.

　その後,「日本車椅子バスケットボール連盟」,「日本身体障害者アーチェリー連盟」などが設立され, 各連盟・協会が大会の主催を行っている. 1991 (平成3) 年からは, 陸上競技, 水泳の2種目で, 「ジャパンパラリンピック」が開催され, 2002 (平成14) 年には, その種目はアーチェリー, 陸上, 水泳, アイススレッジホッケー, スキー, クロスカントリーの6種目に増えて行われている. また, 1998 (平成10) 年には, 冬季パラリンピックが長野で行われ, 32カ国, 1146名の選手の参加によって行われた.

　　3　年齢と運動

　近年, 余暇の増加に伴い, さまざまな年齢層において, スポーツが盛んに行われている. 特に競技としてのスポーツではなく, 健康の維持, 増進を目的とする中高年のスポーツは, その程度が適度である場合, もっとも効果的である. しかし, 運動の量や質が年齢に対する適正を欠いた場合は, 活性酸素を増加させ, 健康を害する場合がある. したがって, 発達, 加齢に伴う身体的変化を考慮して, それぞれの年齢層に見合った適切な運動を心がける必要がある.

## 1）加齢とは

　私たち人間は，発育期を経て衰退期へ生じる生体組織内での変化の過程で，これを発達という場合もあり，また加齢という場合もある．さらに老化という場合もあり，最近では「エイジング（ageing）」とそのまま使うこともある．なかでも衰退期での心身の変化（衰え）を老化と呼んでいる．

## 2）中高年者の生理的特徴

　中高年期に達したときの加齢に伴う生理的機能の衰退を特徴付けるものの一つに心臓があげられる．心筋は生涯休むことなく働き続けているために，常に遅滞なく酸素が供給されなければならない．そのためには，心筋の冠状動脈の状態をより良い状態で保つ必要がある．冠状動脈の血液が不足した状態を虚血といい，また，動脈壁が加齢とともに次第に肥厚し，弾力性も低下してさまざまな種類・程度の血管異常が生じると，動脈硬化や心筋梗塞を引き起こす原因ともなりうる．以前は，あまり心臓に負担をかけないようにする方がよいという意見があったが，今ではほとんどそのような意見は聞かないといっても過言ではない．心筋を生理的に保つには，運動をすることによって血液中の乳酸を増加させたり，プラスミンの活性を高めたりする必要がある．安静な生活を送っていては，これらが十分に作り出されないため，心臓の低下が著しくなり，中高年ほどその衰退が目立つのである．

## 3）中高年者の適切なスポーツとそのやり方

　中高年者がスポーツを行う場合，その目的は大きく3つに分けられる．第1に健康の保持・増進によるもので，全身運動を伴うスポーツによって健康を保ち，一段と増進させようとするもの．第2にレクリエーションによるもので，身体を動かすことによって，精神的緊張から開放され，明日への活力を蓄えることを目的とし，遊び・楽しみの要素が大きいもの．第3に競技スポーツとして，より高い記録や対戦相手に勝利することを目的として行うもの．この3つ

である.

　しかし，スポーツを行う者が必ずしも健康であるとは限らず，疾患を有しながらスポーツに参加する者もいれば，自分の体が健康であると過信している者も少なくない．どの目的で行うにしても，まず事前にメディカルチェックを受ける必要がある．特に各種の心臓疾患，糖尿病，高血圧などは厳重にチェックする必要がある．なお，次のような自覚症状がある場合，運動を行わない方がよい.

　　①　睡眠不足

　　②　疲労感が強い

　　③　強い精神的ショックを受けた

　　④　二日酔い

　　⑤　風邪，下痢

　中高年に適切なスポーツといえば，ジョギング，水泳，ウォーキング，体操，ゴルフ，テニス，スキー，剣道，魚釣りなどさまざまであるが，大切なのは，『好きこそものの上手なれ』，まずそのスポーツを好きになること．そして自分の体力に見合ったコンディショニング計画を立てることである．中高年でスポーツを習慣的に行うために，何より長期間長続きさせることが必要である．また，運動の前後には必ずストレッチを行うこと．運動を始める前には必ず，筋肉や筋を伸ばし，終了したら緊張をほぐす．怪我の防止にはこれらが，必要不可欠である.

　　4　リハビリテーション

## 1）リハビリテーション（rehabilitation）の意味

　リハビリテーションの語源はラテン語の re（再び）と habilitare（適合させる）からきた habilitation が結合してできた言葉で「再適合」を意味する.

### 2）リハビリテーションとは

　何らかの怪我や病気などによって身体や精神に障害が生じ，欠損や後遺症などが残り，社会生活や職業生活を営む上で支障が生じた者に対して，失われた機能を向上させ，普通の社会生活が出来るように，残された機能を最大限に引き出し，人間として充実した日々が送れるよう指導し，援助することをリハビリテーションという．また，機能回復や社会復帰という意味だけではなく，人間が人間らしく生きる権利の獲得「人間の権利・名誉の回復」が本来の意味でもある．

### 3）リハビリテーションの実際

　リハビリテーションは，障害を受けた人々がその度合いと，それぞれの目的に応じて失われた機能の回復訓練を受けられるように，医学的リハビリテーション，職業的リハビリテーション，社会的リハビリテーションに分けられている．近頃では特殊教育も教育的リハビリテーションの一部として位置付けされるようになってきた．

　①　**医学的リハビリテーション**　　障害者の失われた心身の機能を残された能力・機能を活用し最大限に引き出す医療行為である．具体的には，マッサージや運動療法などの物理的手段を用いて機能回復を図り，自立して日常生活が送れることを目的する．またリハビリテーションは，医師だけではなく，さまざまな専門家が患者にかかわっている．理学療法士（PT）や作業療法士（OT），言語聴覚士（ST）がこれにあたる．

　②　**職業的リハビリテーション**　　障害を受けた人が，残された機能を最大限に活用して，自立し職業活動を通じて社会に貢献し，経済的寄与を可能にすることを目的としたものである．具体的には障害者職業センター障害者職業訓練学校などで，その者にふさわしい職業につけるよう努めている．

　③　**社会的リハビリテーション**　　障害者が医学的・職業的リハビリテーションを受けようと思っても，それにかかる必要な費用が不足していたり，職

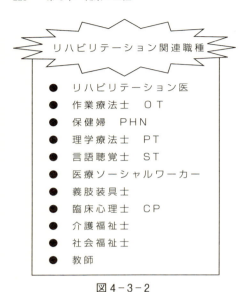

図4-3-2

業訓練を受ける施設などが近くに存在しなければ困難である．このように社会復帰のさまたげとなる多様な困難を軽減し，障害者やその家族の地域生活を支援する活動を社会的リハビリテーションといい，保健婦や保健師，社会福祉士やソーシャルワーカーなどが主な担い手である．

④ **教育的リハビリテーション**　心身障害児の教育的なリハビリテーションは，特殊教育としてあげられる．主に養護学校，聾学校，盲学校の三つの施設で，行われ，各教科，道徳，特別活動，なかでも自立活動が教育的リハビリテーションの中核的な活動である．

4）**高齢社会とリハビリテーション**

わが国の平均寿命は，男女とも世界のトップレベルである．高齢化が進めば進むほど，程度の大小はあるものの，何らかの障害を抱える可能性は高くなる．よってこれからの高齢社会は，障害を抱えながらでも社会活動に積極的に参加することができる社会である必要性がでてくる．

今日の社会では，交通事故や疾病が原因で，さまざまな障害をもった人の数も増加傾向にあり，リハビリテーションの重要性も高まってきた．しかし，リハビリテーションの施設や設備，専門の指導員の数は不十分で，誰もが容易にリハビリテーションを受けられる状態ではないのが現状である．

また，障害者のための社会環境の整備もすすめられてきてはいるが，まだ開

第3節 福祉・障害とスポーツ　229

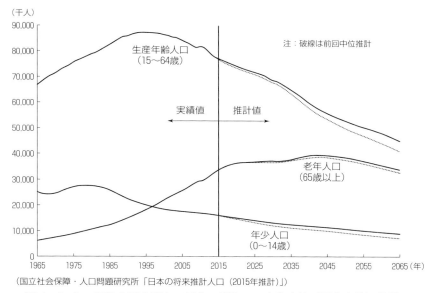

図4-3-3　年齢3区分別人口割合の推移　─出生中位（死亡中位）推計─

始されたばかりなので，十分とはいえない．そこで，1994年に高齢者，障害者が円滑に利用できる特定建築物の建築促進に関する法律（ハートビル法）が制定された．ハートビル法が建築設計の技術基準として全国のバリアフリーデザインの基準を法的に位置付けた意味は大きい．さまざまな障害を持つ人達が，安心して社会活動に参加できる環境をつくりあげていくことが，高齢化社会を迎えたわが国の重要な課題である．

【課題研究】
1）アンチエイジングに効果的な食べ物を調べてみましょう．
2）日本が抱える高齢化問題について要因をまとめ，検証してみましょう．

230    第4章　健康と生涯

**参考文献**

相澤譲治・井村圭壮編（2002）：社会福祉の基本体系第3版．勁草書房，東京．

星野貞一郎（2002）：社会福祉原論〔新版〕．有斐閣，東京．

社会保障入門編集委員会編（2001）：社会保障入門．中央法規出版，東京．

豊山大和（2001）：現代社会福祉論．中央法規出版，東京．

日本リハビリテーション医学会スポーツ委員会編（1996）：障害者スポーツ．医学書院，
　　東京．

㈶日本障害者スポーツ協会（2003）：障害者スポーツの歴史と現状，東京．

日本パラリンピック委員会 http://www.jsad.or.jp/paralympic/what/chronology.html

浅見俊雄ほか編（1984）：現代体育・スポーツ体系第10巻．講談社，pp. 136-156，280-293.

楠林信正（1994）：30代からのスポーツ＆トレーニングのやり方．かんき出版，東京．

魚住廣信（1996）：スポーツ外傷・障害とリハビリテーション．山海堂，東京．

近畿高専体育連盟体育研究会編（1997）：改訂保健体育要論．啓文社，京都．

## 第4節　保健行政と医療制度

### 1　保健行政の役割

#### 1）保健行政とは

健康であるためには個人の努力が必要である．しかし，環境汚染や疾病など健康を阻害する諸問題（健康問題）を個人の努力だけで解決する事は困難である．そのため，国や地方自治体は，公的な責任において，病気の予防や健康の増進のための活動を組織的におこなってる．これを保健行政という．

#### 2）保健行政のしくみ

健康問題はさまざまな生活環境と密接な関連をもっていることからわが国の保健行政は次の4つの分野で展開されている．

- ● 一般保健行政
- ● 産業保健行政
- ● 環境行政
- ● 学校保健行政

また，各分野は「国→都道府県→市町村」という系統で組織化され，地域特性や住民のニーズに応じた対応ができるようになっている（図4-4-1）．

① **一般保健行政**　一般保健行政は，家庭や地域社会の生活を対象としている．国レベルでは厚生労働省が担当し，都道府県または政令市・特別区レベル，さらに市町村のレベルに至り，直接対象者に接することになる．保健所は，都道府県により設置されており，住民の健康に密接にかかわる事業所（病院・美容院・飲食店など）の監視や情報公開などの仕事をすることで，地域住民の健康づくりを支援している．一方，地域住民のニーズに応じた直接的なサービスは，保健所との連携をはかりながら，市町村（保健センターなど）が提供するこ

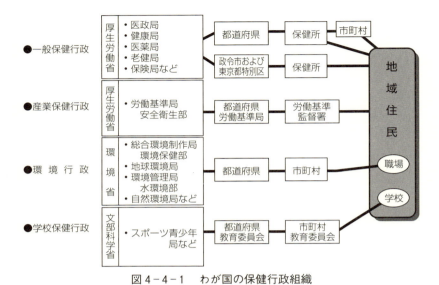

図 4-4-1　わが国の保健行政組織

とになっている．保健センターの中には，妊産婦から新生児・乳幼児，青少年，成人，高齢者までそれぞれの世代の健康課題に応じたサービスを通し，地域住民の健康づくりを支援しているところもある．

② **産業保健行政**　産業保健行政は，職場の生活を対象としている．国レベルでは厚生労働省が担当している．都道府県レベルには労働基準局があり，いくつかの市町村を合せた地域に労働基準監督署がある．労働基準監督署は主に下記の仕事を行っており，ここで雇用労働者に対する活動を行っている．

● 事業場に対する監督指導
● 重大・悪質な法違反事案等についての司法処分
● 事業主等から提出される許認可申請，届出等の処理
● 申告・相談等に対する対応
● 生産設備の安全性の検査
● 災害調査・統計調査の実施

●　労災保険の給付

③　**環 境 行 政**　　環境行政は，国レベルでは環境省が担当し，公害対策や環境保全を総合的にすすめる活動を行っている．都道府県，市町村レベルにも担当部門があり地域の環境問題をあつかっている．また，生活環境の保全および資源の有効利用の観点から，廃棄物等の発生抑制，循環資源のリユース・リサイクル及び処分の推進にも積極的に取り組んでいる．

④　**学校保健行政**　　学校保健行政は，国・都道府県・市町村それぞれのレベルで児童・生徒・学生・教職員を対象に行っている．主な活動としては次のようなものがある．

●　健康教育の充実（学校保健，学校給食など）

●　青少年健全育成施策の推進（エイズ教育，薬物乱用防止など）

## 2　医療制度とその利用

### 1）医療制度とは

健康づくりや疾病予防のための個人の努力や公的な活動があっても，人はけがをしたり病気になったりする．その時には，家族や社会の支援が必要になるばかりか，医師・看護師などの保健医療の専門家，病院・診療所などの医療施設，また薬局や尿・血液などの分析を行う衛生検査所などに，それぞれの技術と機能を発揮してもらうことが必要になる．また，そうした専門家や医療施設があっても，それを知らなかったり，経済的理由で受診できないのでは意味がない．したがって，必要な相談ができたり，医療費が保証されるしくみも欠かすことができない．これらの要素をあわせて医療制度という．

### 2）わが国の医療制度の現状

2000年6月，世界保健機関（WHO）が発表した「健康寿命（健康で自立して生活できる年齢）ランキング」で，日本は世界のトップになった．また，「治療にかかる費用に不公平はないか，患者の意志や立場が大切にされているか，施設

234　第4章　健康と生涯

表4-4-1　健康寿命と総医療費の国際比較

| | 世界保健機構（WHO） | | | 経済協力開発機構（OECD） | |
| | 健　　康 | | 健康達成度の総合評価 | 一人当たり国内総生産1998年 | 総医療費と国内総生産との比1998年 |
| | 健康寿命 | 平等生 | | | |
|---|---|---|---|---|---|
| 日　本 | 1位 | 3位 | 1位 | 5位 | 18位 |
| オーストラリア | 2 | 17 | 12 | 17 | 7 |
| フランス | 3 | 12 | 6 | 12 | 5 |
| イタリア | 6 | 14 | 11 | 16 | 14 |
| カナダ | 12 | 18 | 7 | 18 | 6 |
| イギリス | 14 | 2 | 9 | 14 | 21 |
| ドイツ | 22 | 20 | 14 | 8 | 3 |
| アメリカ | 24 | 32 | 15 | 4 | 1 |

表4-4-2　わが国のおもな医療施設 (2001年)

| 医 療 施 設 | 実　　　数 | 人口10万対 |
|---|---|---|
| 病　　　院 | 9,239 | 7.3 |
| 一般診療所 | 94,019 | 73.9 |
| 歯科診療所 | 64,297 | 50.5 |

は整っているか」などの項目で比べた「健康達成度の総合評価」でも世界一になった．さらに平均寿命（女性：85.2歳，男性：78.3歳）は世界一．乳幼児の死亡率も世界でもっとも低い値になっている．

　では，このようなレベルに達するのに多くの医療費を使っているかというと，そうではない．国民一人当りの国内総生産（GDP／国の経済力の指標）は世界5位と高いレベルにあるにもかかわらず，それに占める総医療費の割合は18位（1998年）であった（表4-4-1）．

　以上のように，わが国の医療制度は世界的に見ても，高い水準を維持している．この背景には医療従事者（医師，歯科医師，看護師など）や医療施設，これらの医療供給を安心して受けることができる医療保険制度（医療費の保障など）の充実があり，私たちの健康を支えてくれている（表4-4-2）．

### 3）医療制度の3つの大黒柱

　「健康で長生き」を支える日本の医療制度には，3つのすぐれた特徴がある．

① **受診機会の平等**（国民皆保険体制）　　診療にかかった費用の全額を個人で支払うとすると，その負担は過大なものとなりやすい．そこで，経済的理由で必要な医療が受けられないことのないよう，保険料を出しあってたくわえておき，そこから必要とした医療費を医療機関に支払う相互扶助のしくみがある．これを医療保険という．わが国では，1961年から国民皆保険体制を実施し，今日に至っている．この保険体制により，全ての国民に保険が適用される医療機関・医療内容での受診なら，医療費を払う時，だれでも等しく医療保障（保険適用）を受けられるようになった．現在，わが国の医療保険には次の4つの制度がある．

- 健康保険：民間の事業所などで働く人が加入
- 船員保険：船員が加入
- 共済組合保険：公務員などが加入
- 国民健康保険：上記以外の人が加入

② **安い費用で，質の良い医療**（現物給付方式）　　希望する医療がすぐに受けられ，その費用は保険組合などから医療機関に支払われる．受診者が一定の額を負担すれば，いつでもどこでも変わらない医療サービスが受けることができる．

③ **いつでも，だれでも，どこでも**（フリーアクセス）　　健康保険証を提示すれば，なんの制限もなく，どこの医療機関でも自由に診療や治療を受けることができ，自分の意志で医療を選択できる．


### 4）他国の医療制度

日本のような医療制度がない国の医療事情はどうであろうか．アメリカは国民全体を対象とした公的な医療保障制度がなく，民間会社の保険が中心である．このシステムでは，指定の医療機関以外で治療を受けた時は保険は適用されない．

イギリスでは初期医療を担う家庭医をあらかじめ登録し，登録した家庭医以

236　第 4 章　健康と生涯

外の診療は受けることができない．入院や専門的治療が必要な時も家庭医の判断・紹介が必要となる．

　日本の医療制度のシステムは「国民皆保険体制・現物給付方式・フリーアクセス」を柱に，高水準の安心できる医療サービスを，低額な医療費で提供してきている．

### 3　保健に関する国際協力

#### 1）世界保健機関（WHO）に対する国際協力

　わが国は WHO の活動に対し，財政面，人材面での協力を行っている．この他にわが国が実施する技術協力等の現場において，協調・連携を図っている．

　財政面では，義務的拠出である分担金（国民所得等に基づいて算出される国連分担率に準拠）の他，自発的拠出金による支援を行なっている．また，人材面では日本人職員を本部（ジュネーブ）や西太平洋事務支局に派遣している．

　さらに，わが国の政府開発援助（ODA）との協力実績の代表例として，西太平洋地域からのポリオ根絶が挙げられる．これは政府開発援助による全国一斉投与用経口ポリオ・ワクチンの供与等による協力を通じて達成されたものであり，1997年の発生例を最後に，2000年10月に根絶宣言がなされた．

#### 2）国連児童基金（UNICEF）に対する国際協力

　わが国は1952年よりユニセフへの拠出を開始しており，現在では主要拠出国の１つとなっている．2001年のユニセフに対する政府拠出額の総計は9760万ドル（第2位）であった．なお，1995年以来，基礎教育普及のため，ユニセフの「その他予算」へ毎年100万ドルを拠出し，主としてアジア，アフリカ地域におけるユニセフ基礎教育普及事業を支援している．

　民間レベルでは，㈶日本ユニセフ協会が学校募金活動，広報啓発を通じてユニセフの活動に協力している．

### 3）国際連合教育科学文化機関（UNESCO）に対する国際協力

　文化遺産保存日本信託基金，無形文化財保存・振興信託基金，識字教育関連信託基金等を設立し，資金を拠出しているほかに，コミュニケーション分野，海洋学や環境問題にかかる自然科学，教育の諸事業にも資金拠出，専門家派遣，研修員受け入れ等種々の協力を行なっている．

　また，平成12年度からユネスコが行なう人造りのための諸事業を支援する人的資源開発信託基金，学生・教員等の国際協力を図る青年交流信託基金を，平成13年度からIT教育信託基金を新にユネスコに設立し，資金を拠出している．

### 4）政府開発援助（ODA）による国際協力

　わが国は，開発途上国の自助努力を支援することを基本とし，インフラストラクチャー（経済社会基盤）及び基礎生活分野の整備を通じて，これらの国における資源分配の効率や統治の確保を図り，その上に健全な経済発展を実現することを目的とした政府開発援助を実施している．

　とりわけわが国と歴史的，地理的，政治的及び経済的に密接な関係にあるアジア地域は重点的に支援が行なわれている（表4-4-3，表4-4-4）．

表4-4-3　アジア地域に対するODAの無償資金協力の事例

| 対 象 国 | 協 力 内 容 |
|---|---|
| ラオス人民共和国 | サバナット地区上水道施設改善計画 |
| ラオス人民共和国 | マラリア対策・寄生虫対策計画 |
| 中華人民共和国 | 重慶市母子保健医療機材整備計画 |
| カンボジア王国 | 乳児死亡率・罹患率低下計画のためのユニセフに対する無償 |

表4-4-4　アジア地域に対するODAの技術協力の事例

| 対 象 国 | 協 力 内 容 |
|---|---|
| カンボジア王国 | 母子保健プロジェクト |
| ベトナム社会主義共和国 | リプロダクティブヘルスプロジェクト |
| ラオス人民共和国 | セタティラート病院改善プロジェクト |

238　第4章　健康と生涯

　これらの例のほかに，環境問題，人口問題等の地球規模の問題に対しては，
先進国と開発途上国の協力によって，開発途上国の自助努力を援助するととも
に，飢餓・貧困により困難な状況にある人々や難民等を対象とした支援や緊急
援助を行なっている．

### 5）その他の機関による国際協力

　1992年国境なき医師団（フランスの後援で設立）に対し，医師団参加の募集及
び派遣，広報活動，現地への資金援助を行なっている．これまでに，武力紛争
地域，難民キャンプ，開発途上国などに多数派遣している．

　また，海外青年協力隊では看護師，保健師，臨床検査技師，作業療法士，薬
剤師等の医療従事者の募集を行い，派遣を行なっている．

### 4　国際的機関の役割

### 1）国際的機関の必要性

　全世界の人々にとって，恒久的な平和と健康で安全な生活を営むことができ
る社会の実現は共通の願いである．国や地域に関わらず，そこに住むすべての
人々が健康で豊かな毎日を送ることは，その国や地域によって保障されなけれ
ばならないことである．

　しかし，世界には干ばつや異常気象などの天災による飢餓や病気，地域間の
紛争やその難を逃れる為に一時的な避難を強いられる人々が存在することも現
実である．それらによって生じる食糧難や，病気治療を受ける為の医師や薬品
の不足，教育の機会が失われる等，本来保障されるべき健康で安全な生活が脅
かされている．

　また，現代は交通技術が発達し，世界的な物流スピードが速まったことで，
特定地域に発生した感染症が，他地域に運ばれる可能性が高くなっている．そ
のため，これらの保健情報を国や地域間で共有することは極めて重要であると
いえる．

第4節 保健行政と医療制度 239

　これらの問題は，国や地域単独で解決できる問題ではなく，国や地域間とい
う国際的協力及び相互援助という仕組みによって，解決を図らなくてはならな
い．その統合的役割を担うのが国際連合の保健衛生分野における専門機関であ
る世界保健機関（WHO：World Health Organization）である．

### 2）世界保健機関

　この機関は，1946年ニューヨークで開かれた国際保健機関が採択した世界保
健憲章に基づいて設立され，「すべての人々が可能な最高の健康水準に到達す
ること」を目的に掲げている．
　2006年5月現在の加盟国は193カ国，準加盟国は2地域である．主な事業活
動としては，
　①　医学情報の総合調整
　②　国際保健事業の指導的且つ調整的機関としての活動
　③　保健事業の強化についての世界各国への技術的協力
　④　感染症及び他の疾病の撲滅事業の奨励・促進
　⑤　保健分野の研究・指導
　⑥　生物学的製剤及び類似の製品，食品に関する国際的基準の発展・向上
等が挙げられる．
　世界の人々の身体的・精神的健康水準の向上を目的として，医療従事者の訓
練やエイズなどの病気に関する知識の普及，母子衛生・栄養・環境衛生殿援
助，国際薬局法や流行病情報の収集と普及など健康に関するさまざまな国際活
動に従事している．

### 3）その他の国際的機関

　①　**国連児童基金**（UNICEF）　　戦争により荒廃した地域の児童に対する緊
急援助を目的とする国連国際児童緊急基金として設立されたこの機関は，国連
組織の人道支援分野における主要機関の1つとなっており，現在では開発途上

240　　第4章　健康と生涯

国，被災地に対する援助機関として活動を行なっている.

　活動内容は，開発途上国の児童に対する保健・衛生，栄養改善，飲料水供給，教育等に関する長期的援助及び自然災害あるいは武力紛争時における緊急援助等を行なっている.

　②　**国連環境計画**（UNEP）　「かけがえのない地球」を合い言葉に開催された国連人間環境会議で採択された「人間環境宣言」及び「環境国際行動計画」を実行に移すための機関として設立された.

　主な活動としては，環境分野を対象に国連活動・国際協力活動を行なっている．オゾン層保護，気候変動，廃棄物，海洋環境保護，水質保全，土壌の劣化の阻止，森林問題，生物多様性の保護等，広範な分野の環境問題をカバーしており，そのそれぞれの分野において，国連機関，国際機関，地域機関，各国と協力して活動している.

　③　**国際連合教育科学文化機関**（UNESCO）　1945年ロンドンで採択されたユネスコ憲章に基づき，教育，科学，文化における国際協力を通じて世界の平和と人類の福祉に貢献する国際機関として，1946年に発足した．また，国際連合との間に協定を締結し，国際連合と連携関係を持つ国際専門機関となった．日本は1951年7月2日に55番目の加盟国となった.

　この機関の目的は，ユネスコ憲章第1条にある「国際連合憲章が世界の諸人民に対して人種，性，言語または宗教の差別なく確認している正義，法の支配，人権及び基本的自由に対する普遍的な尊重を助長するために教育，科学及び文化を通じて諸国民の間の協力を促進することによって，平和及び安全に貢献すること」と定められている.

　主な活動としては，教育，科学，文化及びコミュニケーション等の分野における国際的知的協力や，途上国への開発支援事業等の活動を行なっている.

　④　**国連食糧農業機関**（FAO）　「人類の栄養及び生活水準を向上し，食糧及び農産物の生産，流通及び農村住民の生活水準を改善し，もって拡大する世界経済に寄与し，人類を飢餓から解放する」という目的で，食糧・農業に関

する恒久的機関として設立された.

　主な活動は，食糧・農業に関する国際的な検討の場の提供，世界の農林水産物に関する調査分析及び情報の収集・伝達，開発途上国に対する助言，技術提供の実施などが挙げられる.

　⑤　**国際労働機関**（ILO）　　全世界の働く人々のために社会正義を促進し，そのための労働・生活条件を改善するための国際的な政策や計画を立案し，これらを実施するうえで各国政府にとっての指針となる国際労働基準を作成することである．また，これらの政策が実際に効果を発揮するように各国に対して広範な技術援助計画を実施するほか，こうした努力の推進を助ける為の訓練，教育及び調査を実施する機関である．この機関は，ベルサイユ条約によって，国際連盟と提携する自治機関として設立された.

　⑥　**その他の機関**　　世界最大のシンクタンクとして，政治・軍事を除く社会経済のあらゆる分野のさまざまな問題につき研究・分析し，政策提言を行なっている経済協力開発機構（OECD）や国際的中立機関として特に戦争，内戦等で軍人および一般市民の犠牲者に対して援護と救護を行なうことを目的とした国際赤十字社（IRC）などがある.

## 【課題研究】

1）わが国の医療制度と諸外国の医療制度を比較し，その違いを調べてみましょう.

2）わが国が行っている世界保健機関（WHO）への具体的な協力（支援）について調べてみましょう.

**参考文献**

宇土正彦ほか（1999）：新高等学校保健体育．大修館書店，東京，pp. 209–213.

厚生統計協会編（2002）：国民衛生の動向．東京.

日本医師会編（2002）：日本医師会雑誌127巻3号.

242 第4章 健康と生涯

外務省：行政資料．政府開発援助大綱．

外務省：行政資料．政府開発援助政策，日本の ODA プロジェクト．

外務省：行政資料．国際機関の概要．

# 資　料　編

## 附表　保　健　体　育　年　表

| 西暦 | 事　　　　項 | 西暦 | 事　　　　項 |
|---|---|---|---|
| 1606 | ○ 京都三十三間堂で通し矢開始 | 1813 | ○ スウェーデン王立中央体育学校設立 |
| 1608 | ○ (英)世界最初のゴルフクラブ結成 | 1816 | ○ (独)ヤーンとアイゼレン，『ドイツ体育』を著す |
| 1612 | ○ 家康，鷹狩りで得た鶴を天皇に献上 | | ● (仏)ラエンネック，聴診器創製・聴診法を発見 |
| 1640 | ○ 隅田川に水練小屋ができ，競技としての水練始まる | 1820 | ○ (独)「ヤーン体育（体操）禁止令」発布 |
| 1655 | ○ 長崎でペーロン行われる | 1823 | ○ (英)ラグビーが考案される |
| 1661 | ○ (英)世界最初のヨットレース開催 | 1829 | ○ (英)オックスフォードとケンブリッジの大学対抗ボートレース始まる |
| 1713 | ● 貝原益軒，『養生訓』を著す | | |
| 1740 | ○ (英)イギリスで最初の海水浴場開設 | 1830 | ● (英)ロンドンで欧州最初の公共給水 |
| 1743 | ○ (英)ブロートン，世界最初のボクシングルールを成文化 | 1833 | ○ (独)ベルリンで女子体育学校設立 |
| 1760 | ○ (仏)パリで最初の水泳場開設 | 1841 | ○ (英)トーマス・クック，ガイド付き団体旅行を開始 |
| 1780 | ○ (英)第1回ダービー競馬開催 | | |
| 1783 | ○ (仏)モンゴルフェイ兄弟，熱気球創製 | 1843 | ○ 町人の武芸稽古が禁じられる |
| 1791 | ○ (英)『スポーティング・マガジン』誌創刊 | | ● (独)クロイケ，結核の感染性を発見 |
| 1800 | ○ 須走口からの富士登山者が5398人に及び，女人登山も許可される | 1845 | ○ (英)イートン校で一定ルールによる陸上競技会開催 |
| | | | ○ (英)ラグビー校蹴球ルールを成文化 |
| 1802 | ○ (英)イートン，ハロー校間の対抗クリケット試合はじまる | | ○ (米)ニューヨークでニッカボッカー・ベースボール・クラブ結成 |
| 1804 | ○ (デ)軍隊体育学校設立 | | |
| 1810 | ○ 墺人仕官プフェル，ヨーロッパ初の水泳学校をプラハに設立 | 1855 | ○ 安中藩士，御遠足と称し，長距離走を実施 |
| 1811 | ○ (独)ヤーン，ハーゼンハイデに体操場を開設 | 1858 | ● (独)フィルヒョー，細菌病理学説発表 |

246　附表　保健体育年表

| 西暦 | 事　　項 | 西暦 | 事　　項 |
|---|---|---|---|
| 1859 | ○ (米)初の大学対抗野球開催 | | ○ (英)第1回全英テニス選手権 |
| 1860 | ○ (英)全英オープンゴルフ初めて開催 | | 開催 |
| | | 1878 | ○ (英)サッカーの審判，笛を用い始める |
| 1863 | ○ (英)フットボール協会（FA）設立 | | ○ 体操伝習所に米人リーランドが着任し，手具及び器械体操・テニスを紹介 |
| 1867 | ● (仏)パストゥール，微生物病原体発見 | | |
| 1868 | ○ 福沢諭吉，慶応義塾に遊園・運動場を設置 | 1881 | ○ 須磨に海水浴場開設 |
| | | | ○ (ス)国際体操競技連盟（FIG）設立 |
| 1869 | ○ (英)アマチュア水泳協会設立 | | |
| 1870 | ○ 政府，平民の乗馬を禁止 | 1882 | ○ 嘉納治五郎，柔道場を開く |
| | ○ (英)イギリス・ホッケー連盟設立 | 1886 | ○ 学校令公布（小・中・師範学校で「体操」必修に） |
| 1871 | ○ (英)ラグビー・ユニオン設立 | 1887 | ○ (米)ハンコック，ソフトボール考案 |
| 1872 | ○ (英)イングランド対スコットランドの初の国際サッカー試合が行われる | | |
| | | 1888 | ● 文部省直轄学校に対し，学徒活力検査の実施を訓令（学校身体検査の始まり） |
| | ○ 大学南校（東大の前身）に運動所を設置 | | |
| | ○ 小学校教科に「体術」「養生法」 | | ○ (英)ダンロップ，自転車用中空ゴムチューブタイヤを発明 |
| 1873 | ○ 英人ダグラス少佐，サッカーを紹介 | 1890 | ● (独)コッホ，「ツベルクリン」創製 |
| | ○ (米)フットボール大学連盟結成 | | ○ テニス用中空ゴムボール創製 |
| 1874 | ● 種痘規則発布（強制施行に） | 1891 | ○ (米)ネイスミス，バスケットボールを考案 |
| 1875 | ○ (英)ウィングフィールド，ローンテニスを考案 | | |
| | | | ○ 日高藤吉郎，「日本体育会」を設立 |
| 1876 | ○ 英よりストレンジ来日，陸上競技・ボートを指導 | 1892 | ○ (仏)クーベルタン，古代オリンピックの復興を提唱 |
| | ○ (米)大学フットボール協会設立 | 1893 | ○ 体操練習所を設立 |
| | | 1894 | ○ (米)第1回全米オープン・ゴルフ開催 |
| 1877 | ○ 平岡熈，野球・ローラースケートを紹介 | | |
| | | | ○ (仏)国際オリンピック委員会 |

| 西暦 | 事　　項 | 西暦 | 事　　項 |
|---|---|---|---|
| | （IOC）創設 | 1907 | ○ 百貨店で女性用水着販売はじ |
| 1895 | ● (独)レントゲン，X線発見 | | まる |
| 1896 | ○ (米)モーガン，バレーボール | | ○ (ス)世界初の常設スキー学校 |
| | を考案 | 1908 | ○ 大森兵蔵，バスケットを紹介 |
| | ○ 第1回オリンピック大会（ア | 1909 | ○ 嘉納治五郎，IOC委員になる |
| | テネ）開催 | | ○ この頃より，陸上競技でのス |
| 1897 | ○ (米)ボストンマラソン創設 | | パイク靴の使用が一般化 |
| | ○ 運動界社『運動界』誌を創刊 | 1911 | ○ 墺人レルヒ少佐がスキーを指 |
| | ● 伝染病予防法公布 | | 導 |
| | ● 志賀潔，「赤痢菌」発見 | | ○ (仏)国際カトリックスポーツ |
| 1898 | ● 公立学校に学校医設置 | | 連盟設立 |
| | ○ (デ)ニールセン，チーム・ハ | | ○ (ノ)アムンゼン，南極点到達 |
| | ンドボールを考案 | | に成功 |
| | ○ 田中銀之助他，ラグビー紹介 | 1912 | ○ 第5回オリンピック大会（ス |
| 1899 | ○ (仏)世界初の国際自動車レー | | トックホルム）日本初参加 |
| | ス開催 | 1913 | ○ 第1回東洋オリンピック（第 |
| 1900 | ○ (英)卓球連盟設立 | | 2回より極東選手権大会と改 |
| 1902 | ○ 坪井玄道，卓球を紹介 | | 称）マニラで開催 |
| | ○ (米)ローズ・ボール・ゲーム | | ○ (仏)国際ローンテニス連盟設 |
| | 開催 | | 立 |
| | ○ 日本初の六甲ゴルフ場開場 | 1915 | ○ 第1回全国中等学校優勝野球 |
| 1903 | ○ 早慶野球戦はじまる | | 大会（豊中）開催 |
| | ○ (仏)「ツール・ド・フランス」 | 1916 | ○ ドイツで予定されていた第6 |
| | 開始 | | 回オリンピック大会が第一次 |
| | ○ (米)ライト兄弟，飛行機を発 | | 世界大戦のために中止 |
| | 明 | 1917 | ○ 第3回極東選手権大会(東京) |
| | ○ (ス)国際オートバイ連盟設立 | | （日本で最初の国際競技会） |
| 1904 | ○ (仏)国際サッカー連盟 | 1918 | ○ 少年野球用ゴムボールが発売 |
| | （FIFA）設立 | | される |
| | ○ 子どものメンコ遊びが流行 | 1919 | ○ 高等学校(旧制)体操科必修に |
| 1905 | ○ (仏)国際航空連盟(FAI)設立 | | ● 結核予防法，トラコーマ予防 |
| 1906 | ○ 美津濃運動用品㈱大阪で創業 | | 法公布 |
| | ● 医師法，歯科医師法，各公布 | | ● 学校伝染病予防規則公布 |

| 西暦 | 事　項 | 西暦 | 事　項 |
|---|---|---|---|
| 1920 | ○ 清水善造，全英庭球選手権（ウィンブルドン）に初参加 | | 道必修に |
| | | | ● 寄生虫病予防法公布 |
| 1921 | ○ 大谷武一，ソフトボールを紹介 | 1932 | ○ （米）第1回国際レクリエーション会議 |
| | ○ 国際女子スポーツ連盟（FSFI）設立 | 1935 | ○ （独）ベルリンで世界最初のスポーツ・テレビ放送はじまる |
| 1922 | ● 健康保険法制定 | 1936 | ○ 第11回オリンピック大会（ベルリン）で，前畑，女子で初の金メダル |
| | ○ 大谷武一，11人制ハンドボールを紹介 | | |
| 1923 | ○ 日本軟式庭球協会設立 | 1938 | ○ 第12回オリンピック大会（東京）の返上が決まる |
| | ○ 第1回国際学生競技会(パリ)開催 | | |
| | ○ 第1回全国選抜中等学校野球大会開催 | 1939 | ○ 厚生省，体力章検定を15–25歳の男子に義務化 |
| 1924 | ○ 第1回冬季オリンピック大会（シャモニー）開催 | 1940 | ○ 国民体力法公布（17–19歳男子の身体検査義務化，体力手帳公布） |
| | ○ 日本女子体育協会結成 | | |
| | ○ 第1回明治神宮競技大会開催 | 1941 | ○ 国民学校令公布（体操科が体練科に） |
| 1926 | ○ （独）国際卓球連盟（ITTF）結成 | 1942 | ○ 大日本体育協会が大日本体育会に |
| 1928 | ○ 国際スポーツ医学連盟（FIMS）設立 | 1943 | ○ 文部省，学徒体育大会を一切禁止 |
| | ○ 第9回オリンピック大会（アムステルダム）開催，三段跳びの小田，水泳の鶴田が優勝，日本人初の金メダル | 1944 | ○ （英）バトラー教育法で娯楽及び身体訓練のための施設設置を義務化 |
| | ○ ラジオ体操はじまる | 1945 | ○ 文部省，学校教練，剣道及び武道の全面停止を通達 |
| 1930 | ○ （独）第1回ヨーロッパ体育会議開催 | | ● GHQ，公衆衛生対策の覚書交付 |
| | ○ 第1回サッカーW杯大会(ウルグアイ) | 1946 | ○ 第1回国民体育大会開催 |
| 1931 | ○ アメリカ大リーグ初来日 | | ○ 国際ハンドボール連盟（FIHB）設立 |
| | ○ 中等学校・師範学校で柔・剣 | | ○ （米）プロ・バスケット組織 |

| 西暦 | 事　項 | 西暦 | 事　項 |
|---|---|---|---|
| | （NBA）創設 | 1964 | ○ 第18回オリンピック大会（東京）開催 |
| 1947 | ○ 日本国憲法，教育基本法，学校教育法公布 | | ○ アジア初のパラリンピック開催（東京） |
| | ○ 日本レクリエーション協会設立 | 1965 | ○ 体力づくり国民会議設立 |
| 1948 | ○ 全国高体連結成 | 1966 | ○ 体育の日（10月10日）を制定 |
| | ○ 文部省，学校体育指導要綱を制定 | | ○ 第1回全国高専体育大会（名古屋）開催 |
| | ● 世界保健機関（WHO）設立 | 1967 | ● 公害対策基本法公布 |
| 1949 | ○ 大学で「保健体育」必修化 | | ○ 全国高専体育協会（専体協）設立 |
| 1950 | ○ 日本体育学会，日本体力医学会設立 | 1968 | ○ ボーリング，釣りがブームに |
| | ● 精神衛生法公布 | | ● 大気汚染防止法公布 |
| | ○ 学校体育教材で柔道が復活 | 1970 | ○ 国際剣道連盟設立 |
| 1951 | ○ 第1回アジア競技大会（ニューデリー）開催 | | ○ ㈱スポーツ安全協会設立 |
| | ○ 学校弓道（中学以上）が復活 | 1971 | ○ 保健体育審議会「体育・スポーツの普及振興の基本方策」中間報告を発表 |
| 1952 | ○ 第15回オリンピック大会（ヘルシンキ）（日本が復帰） | 1972 | ○ 第11回冬季オリンピック大会（札幌）開催 |
| | ○ 文部省，中学以上の体育教材に「しない競技」の採用を認める | | ○ ミュンヘン・オリンピック選手村でアラブ・ゲリラによるテロ事件発生 |
| 1954 | ○ 中体連発足 | 1973 | ○ 日曜と祝日が重なる際は連休とする祝日法改正法案成立 |
| 1958 | ● 学校保健法，国民健康保険法公布 | | ○ 日本体育協会，国民スポーツ振興新3カ年計画を発表 |
| 1959 | ○ 第18回オリンピック大会の開催都市，東京に決定 | 1974 | ○ 大阪に身障者用スポーツセンター完成 |
| | ○ 国際ストーク・マンデビル大会（後のパラリンピック）開催（ローマ） | | ○ IOC，アマチュア規定を緩和 |
| | ○ スポーツ振興法公布 | 1975 | ○ ヨーロッパ会議が「欧州みんなのスポーツ憲章」を採択 |
| | ○ 文部省，スポーツテスト実施要項発表 | | ○ （米）体育・スポーツにおける |

250　附表　保健体育年表

| 西暦 | 事　項 | 西暦 | 事　項 |
|---|---|---|---|
| | 性差別を禁止した「タイトルIX」公布 | 1987 | ○ (蘭)国際トライアスロン連盟（TFI）創設 |
| 1978 | ○ (米)第1回国際女子マラソン開催 | 1988 | ○ 第24回オリンピック大会（ソウル）禁止薬物使用でベン・ジョンソン（カナダ）の金メダルを剥奪 |
| | ● 日本，世界一の長寿国に． | | |
| 1979 | ● 日本性教育協会「性教育指導要領」発表 | 1989 | ○ 和泉雅子，日本女性として初めて北極点に到達 |
| 1980 | ○ 第22回オリンピック大会（モスクワ）国際情勢の悪化により，日本不参加 | | ● 国内で初の生体肝移植手術（島根医大，京大，信州大） |
| | | 1990 | ○ 初の全日本女子野球選手権大会開催 |
| | ○ (米)第1回世界女子柔道大会開催 | 1991 | ○ スポーツ振興基金発足 |
| 1981 | ○ IOC，女子マラソンの採用を決定 | | ○ 大学設置基準改正により，「保健体育」の必修枠とれる |
| | ○ (米)第1回ワールド・ゲームズ開催 | 1992 | ● エイズ患者，世界で45万人，感染者は1100万人と推計 |
| 1983 | ● HIV ウィルスの発見 | 1993 | ○ Jリーグ・サッカー開幕 |
| | ○ IOC，スポーツ仲裁裁判所（CAS）設置 | | ○ ハワイ出身の曙関，外国人として初めて横綱に昇進 |
| | ● 日本で初の体外受精・着床に成功と発表(東北大学医学部) | 1994 | ○ (英)第1回世界女性スポーツ会議 |
| 1984 | ○ 植村直己，北米マッキンリーの冬季単独登頂に初めて成功するも消息を絶つ | | ○ セナ（ブラジル），F1レースで死亡 |
| | | 1995 | ○ 大リーグ・ロサンゼルスドジャースに野茂投手入団，ナ・リーグ新人王 |
| | ○ 第23回オリンピック大会（ロサンゼルス）でソ連はじめ東欧諸国不参加 | | ○ 欧州司法裁判所，サッカー界の移籍金と外国人選手枠がEU内での労働者の移動の自由に違反との判決（いわゆる「ボスマン判決」） |
| 1985 | ○ ユニバーシアード神戸大会開催 | | |
| 1986 | ○ 日本体育協会，アマチュア規定を「日体協スポーツ憲章」に変更，題目から「アマチュア」の文字消える | 1996 | ○ 2002年サッカーW杯日韓共 |

| 西暦 | 事　　項 | 西暦 | 事　　項 |
|---|---|---|---|
| | 催が決定 | 2003 | ● 健康増進法の施行 |
| | ○ 最高裁,「エホバの証人」信徒が宗教上の理由で格技の授業を拒否し, 留年, 退学になったのを違法と判断 | | ● SARS ウィルスの発見 |
| | | | ○ (独)映画『民族の祭典』の監督レニ・リーフェンシュタール死去 |
| | ● 大阪堺市の学校給食で病原性大腸菌0-157による集団食中毒発生 | 2004 | ● ヒトゲノムプロジェクトの完成版が公開される |
| | | | ○ プロ野球再編問題から日本プロ野球選手会が史上初の土日ストライキ |
| 1997 | ○ (仏)国際柔道連盟, 総会で「カラー柔道着」の導入を可決 | | |
| | ● 環境アセスメント法成立 | | ○ イチロー選手が1920年にシスラー選手が放ったシーズン最多安打記録257本を更新 |
| | ● 臓器移植の場合に限り脳死を人の死とする臓器移植法成立 | | |
| | | 2005 | ○ 南アフリカで開催された第1回ワールドカップ女子ゴルフで日本(宮里藍・北田瑠衣組)が優勝 |
| | ● 地球温暖化防止会議（京都） | | |
| 1998 | ○ 第18回冬季オリンピック大会（長野）開催 | | |
| 1999 | ○ 米ソルトレークシティー五輪招致をめぐるスキャンダル発覚 | | ○ プロ野球公式戦初の交流戦 |
| | | | ○ 日本初のプロバスケットボールリーグ「bjリーグ」開幕 |
| | ○ IOC, 国際ドーピング監視機関の設立を決議 | 2006 | ○ トリノ五輪フィギュアスケートで荒川静香が金メダル |
| | ○ 国旗・国歌法成立 | | |
| 2000 | ○「世界アンチドーピング機関」発足 | 2007 | ○ 日本初の大都市マラソン, 東京マラソンの開催 |
| 2001 | ○ 大リーグ・シアトルマリナーズにイチロー選手入団, 打率と盗塁数の二冠を達成しア・リーグ最優秀選手賞を受賞 | | ● 2006年の流水プール事故を受けて文科省・国交省がプールの安全標準指針を公示 |
| | | | ○ スコティッシュ・プレミアリーグで中村俊輔が年間最優秀選手に選ばれる |
| | ○ スポーツ振興くじ, 全国販売開始 | | |
| | ○ 秋田ワールド・ゲームズ開催 | | ○ IOCがユースオリンピックの開催を決定 |
| 2002 | ○ サッカーW杯（韓国・日本で共催） | | ○ 日本初のフットサル全国リー |

252 附表 保健体育年表

| 西暦 | 事　項 | 西暦 | 事　項 |
|---|---|---|---|
| 2008 | グ・Fリーグが開幕<br>○ 日本高等学校野球連盟が野球特待生容認を決定<br>○ 日本のナショナルトレーニングセンターが竣工<br>○ プロテニスの伊達公子が12年ぶりの現役復帰を発表<br>○ プロスキーヤーの三浦雄一郎がエベレストに登頂，日本人最高齢登頂（75歳）<br>○ 本田技研が金融危機による業績の悪化でF1世界選手権シリーズからの撤退を発表<br>○ スズキと富士重工が世界ラリー選手権の参戦休止あるいは完全撤退を発表 | | ○ 国際水泳連盟が競泳用の水着素材を織物に限定し，水を弾く素材を禁止<br>● 新型の豚インフルエンザ流行 |
| | | 2011 | ○ 第6回FIFA女子ワールドカップで日本が初優勝<br>○ スポーツ基本法が成立 |
| | | 2015 | ○ スポーツ庁が発足 |
| | | 2016 | ○ 国際柔道連盟が技の判定基準を「1本」と「技あり」のみと決定 |
| | | 2017 | ○ 第23回世界バドミントン選手権で奥原希望が優勝 |
| | | 2018 | ○ 日本体育協会が，日本スポーツ協会に<br>○ 全米オープンテニスで大坂なおみが初優勝 |
| 2009 | ○ 第2回ワールドベースボールクラシックで日本が2006年大会に続き連続優勝 | 2020 | ○ 第32回オリンピック大会（東京）開催 |

（近畿地区高専体育研究会編「新版保健体育概論」2000，岸野雄三他編「新版近代体育スポーツ年表」三訂版1999，稲垣正浩他編「スポーツ史講義」1995，東大教養部体育研究室編「保健体育資料」第2版1975，岸野雄三編「最新スポーツ大事典」資料編1987，参照）


凡　例

1．略語について
　（英）はイギリス（連合王国），（米）はアメリカ，（独）はドイツ，（仏）はフランス，（ソ）旧ソビエト連邦，（ス）はスイス，（墺）はオーストリア，（蘭）はオランダ，（デ）デンマーク，（ノ）ノルウェー

2．○印，●印について
　○印は体育・スポーツ関係
　●印は保健関係

改訂新版
保健体育概論

| | | |
|---|---|---|
| 2000年3月20日 | 初　版第1刷発行 | ＊定価はカバーに |
| 2003年4月15日 | 初　版第3刷発行 | 　表示してあります |
| 2004年4月10日 | 増補版第1刷発行 | |
| 2010年3月25日 | 増補版第5刷発行 | |
| 2011年4月10日 | 改訂増補版第1刷発行 | |
| 2018年4月15日 | 改訂増補版第8刷発行 | |
| 2019年4月10日 | 改訂新版第1刷発行 | |
| 2025年4月15日 | 改訂新版第7刷発行 | |

近畿地区高等専門学校
編　者　　体育研究会編ⓒ
（代表　中田裕一）

発行者　　萩　原　淳　平

印刷者　　河　野　俊一郎

発行所　株式会社　晃　洋　書　房
〒615-0026　京都市右京区西院北矢掛町7番地
電話　075（312）0788番㈹
振替口座　01040-6-32280

装丁　クリエイティブ・コンセプト　　　印刷・製本　西濃印刷㈱

ISBN978-4-7710-3166-1

JCOPY　〈㈳出版者著作権管理機構　委託出版物〉

本書の無断複写は著作権法上での例外を除き禁じられています．
複写される場合は，そのつど事前に，㈳出版者著作権管理機構
（電話 03-5244-5088，FAX 03-5244-5089，e-mail: info@jcopy.or.jp）
の許諾を得てください．